小峰和夫著

満洲紳士録の研究

吉川弘文館

目次

第三章　郷関を出た人びとの生き方——サンプル＝「紳士」の総量分析……三

どのように明治を描くか ――プロローグ

このような人のあつまりは、必然的に、一つの社会全体のさまざまな要素を縮図として示すはずであり、げんに示していたのである。(1)

明治というのは立志の時代であった。立志とは、《将来に向かって何かの目的を立て、それを成し遂げようと決意すること》である。立志するのは若者である。若者が夢や希望を抱いて家郷を離れ、刻苦勉励、艱難辛苦の歳月の後、ある者は努力の甲斐あって大望を成就し、晴れ晴れと故郷へ錦を飾る日を迎え、またある者は傷心のままちぎれ雲となり、やがて異郷の土と化して人生を終える。人びとがいさぎよく鮮烈に生き抜き、波乱に富んだ様々のドラマが生まれた時代、それが明治という時代だったのではないか。そこにはいまもって我々に訴えてくる何かがある。

しかし、いつのころからか、世上に江戸学ブームなるものが起こって以来、明治の影は次第に薄れていったように思われる。小説・映画・テレビなどの世界では、かってあれほど人気を集めた「明治もの」や「開化もの」はめっきり減って、むしろ時代劇のほうが好まれるようになっている。学問領域でもいまや明治史研究は明らかに低調である。本書は、明治を一口に「立志の時代」ととらえ、志を抱いて郷関を出た人びとの足跡を追うことにより、もう一度その面白さを掘り起こし、語ろうというものである。明治の人びとの緊張と活力に満ちた生き方を描き出し、江戸に劣らぬ明治の面白さを伝えたい。これが本書の志である。

では、これまで明治はどんなイメージで語られてきたのか。話の糸口として何人かの著名な人物の言説に触れてみよう。まず、日本の民俗学の祖である柳田國男は、明治八年生まれの維新世代であるが、晩年になってから明治を次のように回顧している。(2)

明治は四十五年の永きに亙っている。しかも、それは単に永かったのみではなく、封建的な社会制度から、資本主義的自由競争への飛躍の時代であった。若干の弊害は伴なったにしろ、国全体が青年的な若々しい元気に満ちあふれた時代であった。

弊害が若干にとどまったかどうかは別として、総じてあの時代がもっていた「若々しさ」や「満ちあふれる元気」を否定する者はいないであろう。明治というのは近代日本の青年時代だったのである。

明治を肯定的にとらえる点では政治学者の丸山眞男も共通していた。丸山は大正生まれであるから、柳田のように明治を体験した人間ではない。戦後まもなく出版された歴史学研究会編『日本社会の史的究明』に、丸山は「明治国家の思想」と題する論考を載せ、明治の政治的社会的思潮の足取りをスケッチした。(3) 明治について丸山が注目したことの一つは、政府の欧化政策や教育政策などへの国民の積極的な反応もさることながら、宰相伊藤博文のような立場の者でさえ、「人民の生活力こそ国家の基礎である」ということを意識していた点である。まさにそういうところに、明治という時代の、「後の時代と区別するところの、健康さ、健全さ」が表出されていると丸山は見抜いたのである。

これによく似た見方を思い切り前面に押し出し、精力的に小説や評論を展開したのが歴史作家の司馬遼太郎である。丸山よりは年少だが彼もまた大正生まれである。明治を舞台にした司馬の作品を代表するのが『坂の上の雲』であるが、この長編小説の「あとがき」にはこう記されている。(4)

維新後、日露戦争までという三十余年は、文化史的にも精神史のうえからでも、ながい日本歴史のなかでじつに特異である。これほど楽天的な時代はない。…（略）…政府も小世帯であり、ここに登場する陸海軍もうそのように小さい。その町工場のような小さい国家のなかで、部分々の義務と権能をもたされたスタッフたちは世帯が小さいがために思うぞんぶんにはたらき、そのチームをつよくするというただひとつの目的にむかってすすみ、その目的をうたがうことすら知らなかった。この時代のあかるさは、こういう楽天主義《オプティミズム》からきているのであろう。

明治時代や明治国家に対する肯定的・好意的な司馬史観は、歴史学界の外では知識人にも庶民にも広く受け入れられていったが、いわゆるアカデミズム史学はこれを事実上無視し続けた。それは、三谷博が言うように、近代資本主義の命運、没落の不可避性を早呑み込みしていたマルクス主義の影響にほかならない。ほとんどの近代史家が、明治維新以降の歴史に関して、「救いがたい近代」というイメージを語り続けていたのである。(5) かくいう筆者自身も当時はそうした流れの中に身を置いていたのであるが。しかし、アカデミズム史学の世界にも明治を肯定的に評価する声がなかったわけではない。名もなき在郷の自由民権運動家の存在に光を当て、明治史研究に新たな地平を開いた色川大吉はその一人である。次のような発言には、明治に対する強い思い入れと共感がストレートに表れている。(6)

明治人にはたしかに、現代人とはちがうある種の精神的な骨格がある。ある種の責任観念にもとづく宿命のような焦燥（エートス）がある。…（略）…一八六八年、きびしい国際環境のなかで、それこそカミソリの刃渡りをするようなおもいで、民族の統一と自主権をかちとってきたかれらには辛苦の感情が、血潮のなかに消しがたく残っている。

明治の人びとに、色川の言うような精神的な骨格や責任感が生まれたのはなぜなのか。それは明治国家自身が立身出世を目指さなければならなかったからである。明治日本の最大の課題は、国際社会において独立を維持し市民権を得ること、不平等条約を克服することであった。そのために掲げられたのが文明開化や欧化の政策である。この流れのもとで、国民もまた欧風に「進化」するよう求められ、舶来の学問文化の摂取に励めと鼓舞された。学問教育を基礎とする立身出世の競争は、国民の欧化＝「脱亜」を進めることでもあったのである。丸山眞男が言うように、欧化は日本という国の立身出世を、立身出世は国民（若者・書生）の「欧化」を意味したのである。(7)

立身出世を若者に呼びかけるメッセージは、早くも明治の初年から発せられていた。サミュエル・スマイルズの『自助論《セルフヘルプ》』が中村正直により翻訳され、『西国立志編』として刊行されたのが明治三年、福沢諭吉の『学問のすすめ』が登場したのは明治五年である。ベストセラーとなったこれらの著作を真似るかのように、やがて『東洋立志編』（松村操編・明治一三〜一五年）、『日本立志編』（千河貫一・明治一四年）、『耐忍偉業商人立志篇』（香夢楼主人・明治二一年）といった書物が、明治の前半期のうちに次々と現れた。立身出世主義が広く国民に受け入れられたということである。再び柳田の言葉を引いてみよう。(8)

それはちょうど私たちが育ち盛りの一八八七年（明治二十年）頃であった。当時の人々は世の中がかわったということを意識して生活していた。徳川時代の厳しい階級制度が破棄されて、立身出世が男子の本懐の如く唱えられ、事実百姓の子でも本人の器量次第で、大臣にも博士にでもなれる時世になったということが、驚異をもって喜びむかえられた時代であった。

事実、新しい時代への国民の反応は不思議なほど素早いものであった。進学志向、職業選択、営利追求などを動機にして、人びとの家郷＝伝統社会からの離脱、立身出世の風潮が広がっていった。つまりは、近代化・工業化に必要な人的資源の移動が起こったのである。そもそも新政府が、身分制度を撤廃して職業選択を自由にしたのは、近代化に要する人的資源の動員を図るためにほかならなかった。堰を切ったようにして多様な形で広がった人的資源の移動は、文明開化の時代を象徴する現象の一つとなり、明治の社会史を構成する最も重要な流れの一つとなったのである。

こうして、明治は人びとが志を立て果敢に生きる時代となった。だから、彼らが実際にどのようにしてどこで勉学し、どんな職業を選んで立身し、また出世していったのかを語らなければ、明治の社会史を描くことはできない。またそれなくしては、明治の面白さや若々しいエネルギーはとらえきれないであろう。この点になると、柳田も丸山も、そして司馬や色川もあまり多くの事実を語っていない。少なくとも学問的に論証することはなかった。しかしこれはこの四人にかぎったことではない。職業の選択移動を中心とする明治の社会移動・立身出世社会の実態・実像については、これまでそれほど詳細に考察されたことはなかった。本書の目的は、出郷・進学・職業遍歴等に関する特定個人の履歴を追い、「立志の時代」と呼ぶにふさわしい明治の時代的相貌を浮き彫りにすることである。

その手がかりにした史料が、明治の末年に刊行された『満洲紳士録』という立志伝集である。(9) 本書の表題を『満洲紳士録の研究』としたのはその故である。この文献からデータを抽出し、それを徹底的に分析することにより、言わばミクロの世界からマクロの全体像を想像するという手法をとった。満洲在留の日本人を紹介したこの紳士録が出版されたのは日露戦争の直後である。経歴が紹介されている人物は四〇〇名ほどであるが、幅広い世代の者が含まれていた。書名は紳士録となってはいるが、登場する人物の中に高位高官や秀でた実業家など、文字通りの名士やエリートはいなかった。全員が社会の中堅層程度の、ほとんど無名の人びとである。『満洲紳士録』は明治を生きた「名もなき庶民」の立志伝集と言ってよいものである。

筆者がこの文献に出会ったのは二〇年余りも前のことになるが、何度か目を通しているうちに一つのことに気づいた。そこに綴られている個々の人物の紹介記事は、明治の社会史を織り成した市井の人びとのヒストリーにほかならない。それらは、進学、職業遍歴、戦争とのかかわりなど、当時の人びとの社会移動の様子を生き生きと伝えている。

登場人物はそれぞれに個性的であるが、その集まり全体が明治の社会、明治の人びとの特徴を凝縮しているようにも思われた。もしこの紹介記事から社会移動の実態を分析するためのデータを摘出できれば、明治社会史の重要な一断面に迫ることができるのではないか。そのようなことを着想したのである。(10)それが本書のそもそもの成り立ちであった。(11)

第一章　立身出世をめぐる議論

およそ半世紀、国全体が常に張りつめた空気と高揚感に包まれた時代、それが明治であった。背景にあったものが何であるかは自明であろう。鎖国下の太平と引き換えに、近代化に大きな後れをとった日本が、すでに帝国主義の論理を孕んでいた資本主義の世界市場に、国の独立を堅守しつつ参入できるかどうか。明治はその瀬戸際から始まったのである。

やがて沸き起こってきた立身出世主義や欧化主義、あるいはナショナリズムの風潮も、向かうところの究極の目標は、日本が独立した近代国家、自立した資本主義の国に成長することにあった。誕生したばかりの明治政府は、欧米由来の資本主義の精神をほとんどまるごと受け容れた。封建から近代への社会制度変換の手続きは、何らの迷いもみせず迅速果断に遂行されていった。この時、社会の原理は江戸の「静」から明治の「動」に切り替ったのである。それを表徴したのが身分制度の廃止であった。国民には職業選択と営業の自由が与えられ、自らの意思で職業を選ぶ世の中が訪れた。人生は、選択の自由の名のもとに、他人との競い合いの中で駆け抜けるべきものとなった。立身出世が鼓吹されたゆえんである。またたく間に時代は封建から近代に移り、社会は日を追って流動化の様相を深めていった。明治の社会を覆った特有の緊張感や高揚感の底にあったのは、実を言うとこうした職業選択社会の到来にほかならなかった。では、江戸に対比しての明治の「動」たる特徴について、研究者はこれまでどの程度明らかにしてきたのか、少し詳しく検証してみることにしたい。

一　近代日本は流動的な社会だったのか

一九六〇年代の後半といえば、東京五輪を開催した日本が、次の国家的イベント大阪万博に向け邁進していた時代である。一〇年をこえる経済の高成長のもとで、ようやく敗戦国の面影も急速に薄れつつあった。国民は次第に自信と誇りを取り戻し、論壇や学界では「日本人論」が流行り出していた。折しも昭和四三年（一九六八）は「明治百年」の節目の年であり、日本近代史や近代化の功罪をめぐる議論も盛んになっていた。当時出版されたもので、日本人の特性を多面的な角度から討議した『日本人の経済行動』と題する本がある。(1)日本人の価値観・経済観念・勤労観・経済行動などを、社会科学の専門家が座談会的に議論するという内容のものであった。社会系諸学問分野の英知を集め、幅広い学際的討議がおこなわれたのである。テーマは、「日本人はなぜよく働くか」、「家は日本の経済発展にどのような役割を果たしたか」、「日本の企業者活動を支えるものはなにか」といった具合であった。急速な近代化や経済復興、さらには高度成長を成し遂げた日本人の資質を究明しようというのが企画のねらいであった。

設けられたテーマの中に本書の問題意識とぴったり重なるものが一つあった。タイトルは、「日本の社会は流動性・開放性に富んでいるか」というもので、叩き台の報告者は社会学者の富永健一である。(2)報告の主旨は、近代日本社会に関する通説に異を唱えることであった。当時、社会科学の主流は相変わらず封建制の残滓や天皇制イデオロギー、あるいは古い家族制度などに強い関心を向けていた。そこに描き出されるのは、総じて躍動感に欠ける閉鎖的・非流動的な暗い社会であった。学界のそうした潮流の淵源が、戦前のいわゆる講座派マルクス主義にあることは自明だった。通説に疑問を抱いていた富永は、むしろ「日本では社会的移動が大であるという仮説を立てるほうが、その反対の仮説よりも、真実に近いのではないか」との異論を提起し、それには一応の反証材料もあるとした。一つは、明治以来「故郷に錦を飾る」という言葉が流布したことにみられるように、田舎から都会に出て成功を目指す人の流れが相当にあったこと。二つめは、高度に開放的だった学校制度が果たした役割で、これが人材の吸い上げと出世競争の主要なルートになったこと。三つめは、そうした高学歴＝官僚型出世とはまた別に、急速な経済成長に伴う投資需要の拡大に乗って、叩き上げ型の上昇移動の道も開けていったこと。こうした点からみると、実際には、「よくいえば活気があり、わるくいえばセカセカして落ち着きのない」のが日本の社会であると富永は特徴づける。

富永報告をめぐっての討論参加者は、司会の隅谷三喜男のほか、長幸男・神島二郎・間宏であった。富永の主張に同調的だったのは経済思想史の長幸男で、幕末以来明治の半ばまでは「非常にエネルギッシュでじめじめしない立身出世主義」がみられたとする。また、下層勤労者の子弟にも、師範学校コースや陸大コースなどの立身出世の街道がつくられていった事実を指摘する。政治思想史の神島二郎も、戦前の日本社会には職業の階層差・序列意識が一応成立しつつも、同時に「一代の間にかなり伸びられるというケースも、日本では割合多いのではないでしょうか」と推測し、富永の主張を否定しなかった。しかし、社会学の間宏はやや批判的で、日本の立身出世主義は個人主義に基づく西欧型のものとは異質であったという。しかも庶民レベルの出世などは、せいぜい「人を使う立場になる」とか、「兵隊に行って伍長になれば出世したことになる」といったつつましいものであったとし、富永が言うほどには流動的ではないとした。このように、討議参加者の中には、富永説を真っ向から否定して日本社会の閉鎖性や非流動性を唱える論者はいなかった。しかしながら当時は、近代日本を立身出世主義の流動的社会であったとみるのは異端であった。少なくとも学界の中ではそうであった。そもそも立身出世に関心を向けること自体、学者の間では不興を買うことであった。実証的な社会移動論の専門家安田三郎が、次のような興味深い証言をしている(3)。

知識人にとって、立身出世が相対的にタブーであることは歴然としている。いやそればかりでなく、立身出世の研究をすることすらタブーであったのではないか。立身出世についてある程度肯定的な意見を含んだ論文を書いたある研究者が、立身出世主義者だと軽蔑されたという噂を筆者は身近かに知っている。

これが事実とすれば、近代日本社会の流動性や立身出世主義などを、いかなる意味でも肯定的に評価するのは、研究者にとっては禁忌＝タブーへの挑戦という勇気のいる仕事だったことになる。一九七〇年代の初めくらいまで、大体において日本の社会科学は反世俗主義や反資本主義の思潮に覆われていたのである。そういう学問潮流の一つが下層社会の研究であった。

二　視野狭窄におちいった下層社会研究

近代日本社会の流動性に関連する議論ということであれば、農民離村や労働力移動、階級階層構造などの研究が、最も近い関係にあろう。この方面の研究には戦前以来の分厚い蓄積がある。まず、明治の社会構造の俯瞰的把握ということであれば、真っ先に挙げられるのが横山源之助の『日本の下層社会』である。(4)これは歴史書ではなく当時（明治中後期）の現状分析の書である。同書が「ルポルタージュの古典」と称賛されるのもそれ故である。横山の視線は、近代社会の形成に伴って登場した新たな貧民、下層社会全般に向けられている。登場するのは社会の吹き溜まりとされた貧民窟の住人、零落する伝統的職人、男女の工場労働者、そして農民（小作人）などである。横山には、貧民とは対極にある富豪に関する著作もあり、彼の関心は決して下層社会にのみ向けられていたわけではない。しかし、横山のどの著作やルポをみても、当時の日本の社会階層や職業構成の全体像、それらの変動や職業移動などに迫ろうとしたものは見当たらない。

話は大正を飛びこえて昭和の初めに移るが、いわゆる日本資本主義論争の中から生まれた山田盛太郎『日本資本主義分析』は、講座派マルクス主義の聖典とされる著作である。(5) 明治中期の産業資本確立期に焦点を当て、近代日本経済の歴史的動態と再生産の構造を、経済学（＝マルクス経済学）に基づいて初めて本格的に分析した不朽の名著である。戦前の日本の階級構造を緻密に俯瞰した点においては、横山の著作と類似したところもある。『分析』において描き出された幕末維新を起点とする日本経済の成長過程や社会構造は、おしなべて民衆が抑圧される陰惨なイメージのものであった。およそ物事・事象には陰と陽との両面があると思われるが、『分析』では日本資本主義の陰の面しか照射されていない。そういう傾向は日本のマルクス主義に共通する傾向だったが、とりわけ講座派マルクス主義、なかでも山田『分析』において最も際だっていた。

戦後、一九七〇年代になって書かれた中村政則『労働者と農民』は、これもやはり講座派の系譜に連なる著作で、戦前の労働農民問題を扱ったものとしてはすでに古典の位置にある。(6) 明治大正期に出た『日本の下層社会』（前掲）、『職工事情』（農商務省）、『女工哀史』（細井和喜蔵）等々の成果に、著者自身による豊富な歴史調査を加えたドキュメンタリータッチの本書も、関心はもっぱら社会の下層に生きた人びとに注がれ、それらの実態を生々しく伝えてはいる。しかし、戦前における階級階層構造、職業構成、労働移動、あるいは旧中間層やホワイトカラーなどについては、すべて課題の埒外に置かれているので一切触れられていない。戦前の職業構成に関する研究では、「全国府縣別戸籍表」などを分析した平野義太郎・山口和雄などの業績が最も先駆的なものであるが、分析は静態的なものにとどまり職業移動などについては言及されていない。(7) また、農村問題研究家らの実証的な労働移動分析も、ほとんどが農村下層民の動きだけを追ったものであった。(8) 農村から都市への人口移動をスケッチしたものとしては、柳田國男の『明治大正史』[9]や農政学者東畑精一の『日本資本主義の形成者』[10]などのほうが視野が広く参考にできるところが多い。

労働問題研究の分野に目を移せば、真っ先に挙げられるのが隅谷三喜男の仕事である。[11]隅谷のばあいには工場労働者だけでなく、都市部の雑業層や旧中間層なども視野に入れて、より包括的な研究になっているが、職業移動の実証などの成果には乏しく、立身出世主義への関心も薄かった。明治史料研究連絡会の『明治前期の労働問題』も、鉱工業部門の賃労働分析に終始し、自営業やホワイトカラーに関しては論及されていない。[12]日本の資本主義の発達に伴う労働者階級の成長史を追った森喜一の『日本の近代化と労働者階級』[13]も、やはり工場労働者の話が中心であった。

このような研究傾向は、日本経済史の最も詳細な通史、石井寛治『日本経済史』（第二版）を読んでみると一層明白になる。[14]とくに、明治期に関する記述、あるいはそこに挙げられている参考文献をみても、当時の職業構成や職業移動、人口の社会移動に関する言及は見当たらない。石井自身は、別のところで国民の階層分化と絡めて、「出世回路＝教育」についてわずかながら触れてはいるが。[15]最近の著作である大門正克他編『近代社会を生きる』でも、明治以降の暮らしの変容を、国民化・地域生活・家族・軍隊等々の側面から描いてはいるが、職業選択社会到来の意義についてはあまり触れられていない。[16]

以上に紹介した先行研究の多くは、マルクス主義あるいはその影響を強く受けた立場のものである。おのずから関心は社会の下層の人びとに向かい、そこに釘付けになる傾向があった。下層社会への同情や共感が研究のベースにあって、その思い入れが強ければ強いほど、貧困問題や労働農民運動には興味が湧いても、個人の立身出世や「成功物語」には関心が向かない。そういうことであろう。立身出世の議論がタブー視されたというのも、こうしたことを背景にしていたのである。司馬遼太郎などの目線はまさしくこういう潮流の対極に位置するものであった。彼自身そのことを明確に意識しており、あえて明治史をネガではなくポジの面から映し出そうとしたのである。再び彼の言を引

いてみよう。(17)

庶民は重税にあえぎ、国権はあくまで重く民権はあくまで軽く、足尾の鉱毒事件があり女工哀史があり小作争議がありで、そのような被害意識のなかからみればこれほど暗い時代はないであろう。しかし、被害意識でのみみることが庶民の歴史ではない。明治はよかったという。その時代に世を送った職人や農夫や教師などの多くが、そういっていたのを、私どもは少年のころにきいている。

では、立身出世の風潮など明治の高揚した気分に関心を向けた学問はなかったのかといえば、決してそういうわけでもない。一部の社会学者、とくに教育の歴史社会学者、あるいは政治学者や近代文学の研究者などが、そうした側面に目を向けてきたのである。

三　学歴エリート、立身出世研究の流れ

明治政府が仕組んだ人的資源の動員策は大きな効果を発揮した。大量の人口が伝統的基盤＝共同体から流れ出し、人びとは活発な地理的移動を開始すると共に、激しい社会的な上昇・下降移動（成功・不成功）を起していった。身分制度の解体に伴い極めてモビリティの高い社会状況が生まれ、明治の初期には「非階級社会の出現」とさえ言えるありさまにもなったのである。当時の半ばアナーキーな状況を想像した橋川文三は、前田愛との対談「明治初年の可能性」の中で次のようにコメントしている。(18)

とにかく、明治十年までは政治的にも混沌が続いており、社会、風俗、人間の生活様式を含めて、われわれには何かぴたっととらえ切れない。つまりあまりにも猥雑であり、低俗であり、愚劣であり、あるいはむしろ醜態で

あるという感じが伴うくらい（である）

やがてこれほどの混沌は収まっていったが、社会移動は性格を変えながらさらに広がっていった。その基盤作りになったのが学校制度の整備である。学校は、一面では生徒に古い道徳観などを説きながらも、総じて営利追求、立身出世、欧風文化など、様々の夢や刺激、新しい価値観を国民に植えつける場となり、伝統的基盤からの青少年の離脱を促したのである。産業主義的な教育立国の戦略こそ人的資源動員策の柱であった。人の社会移動や立身出世主義の広がりは、明治史の最も重要な側面の一つであったにもかかわらず、くどいようであるが歴史学者はそのことにまともに関心を向けようとはしなかった。たとえば、一九七〇年代末に出た林屋辰三郎編『文明開化の研究』には、全部で一七編の論考が収められているが、この問題に触れたものは一つもなかった[19]。あるいは八〇年代以降の自作論文を集めた安丸良夫『文明化の経験』にしても、「近代転換期の日本」という副題が付けられてはいるが、立身出世主義などに関してはほとんど何の言及もない[20]。

けっきょく、学歴社会の成立に伴う人的資源の動員や立身出世については、社会学者・教育学者・教育社会学者などが最も強い関心を向けることになった。それらのうちまず挙げられるのが麻生誠のエリート研究である。明治中期から戦後に至るまでの「人事興信録」を手引きに、麻生が明らかにしようとしたのは、学歴とエリートとの相関関係であった。それによれば、明治末年から大正一〇年ころまでは、高等教育制度はまだ「エリートの社会的選択装置として、大きな役割を占めていない」という[21]。理由は、当時の実業指導者には高学歴の者が少なかったことであるが、これは明治時代の社会移動、立身出世の分析にとっては示唆的な指摘である。同じくエリート研究に属するもので、よく引用されてきたのが萬成博の『ビジネス・エリート』である。そこでは、明治初期のビジネス・エリート＝経営者について、学歴だけでなく出自や職歴・経歴なども洗われ、その実像が描き出されている。たとえば次のような興

味深い指摘がみられる。(22)

明治のビジネス・エリートは、流動性を特徴としている。日本の工業化の初期における指導力は、出生や特定のキャリアをもった人びとの運動ではなく、商人、武士、農民を含む全社会のタレントを動員したものである。別言すれば、明治初期のビジネス・エリートは、すべて革新的動機と企業家的行動によってその地位を達成したということである。

このようなビジネス・エリートの典型として、萬成が第一に挙げているのがほかならぬ渋沢栄一である。明治社会のエネルギーの源泉を、ビジネス・エリートの出自の多様性に見出している点も重要である。次に挙げたいのは勝田守一・中内敏夫の『日本の学校』である。これは新書版の通史であるが、明治から戦後に至るまでの各級各種の学校の性格、社会的役割などを驚くほど丹念に追い、いくつもの鋭い解釈を示している。たとえば、明治以降の日本は社会移動の幅が大きく、その点では西欧型というよりも米国型の国、つまり「立身出世の国」であると特徴づけたうえで、「村を出つつ、村を育てる『でかせぎ』型が、日本の学校の地域主義である。『立身出世』とはこのような構造をもっている観念である」というように、日本の立身出世を出稼ぎ型であると特徴づけた。(23) つまり、「故郷へ錦を飾る」というのが伝統社会を離れて立身出世の道を志した人びとに共通した思いだったというのである。そして、立身出世は学歴本位におこなわれるようになり、「理論には明るいが、実際には暗い大学卒の人間と、なぜそうすればよいかには暗いが、実際のやり方には通じている小学卒の人間、という二種類の国民」を再生産することになったのだとした。(24)

学校制度の紆余曲折した構築過程と学歴社会の形成に関して、最も緻密な研究を積み重ねてきたのは天野郁夫である。(25) 職業に連なる試験制度は明治の初めからスタートしたが、実際には学校を経由する学歴の道＝メインロードと、学校を通らない学力の道＝サブロードという二つの立身出世の道が開けていったと天野は言う。とくに明治二〇年ころまでは、学校制度が未整備で混沌とした状況だったので、「純粋に『学力』がものをいった」時代となり、「学力があり学力で試験を突破しさえすれば、進学の機会も、職業資格も手に入れることができた」という。(26)つまり、試験による社会的な上昇移動が可能だったということ、少なくとも明治前半期はそうであったということである。ところが、明治も後半期に入ると主要な職業について資格試験制度が整備され、受験資格＝一定の学歴が求められるようになり、ここから「社会移動の手段としての高等教育の機能」が決定的となった。(27)天野はそう指摘し、各種の高等教育機関の性格や役割について、学生の出自や就職状況などの実態をもとに、克明な検証を進めていった。天野によれば、明治三〇年代が大きな時代転換の節目ということになるが、そのころには「藩閥」よりも「学閥」という言葉のほうがよく使われるようになったという。(28)そして、若者たちの前に、「官僚でも専門的職業でもなく、実業の、サラリーマンへの道」が大きく開かれてきたのも同じころであったとし、新しい時代への移行を展望する。

学校制度や試験制度を柱とする明治時代の立身出世や社会移動に関する天野の考察は、それが丹念な実証に基づいているので、多くの興味ある歴史的事実を提供してくれる。参考にできる知見が豊富に含まれているのは確かである。しかし、専門分野が教育学ということから、目を向けるのは学校（学歴）や資格試験を目指した人たちに限定され、学校とはあまり縁のない「叩き上げ」の世界の話はほとんど抜け落ちている。当初の仕事に比べれば、後に天野の視線はより下方に移ってきたとの指摘もあるが、基本的には「学歴」や「試験」にこだわった研究なのである。(29)

学歴がらみの立身出世主義といえば見落とせないのが竹内洋の研究である。竹内によれば、明治二〇年代までと三〇年代以降とでは立身出世競争に質的な違いがあり、個人の栄達が家名や郷党の名を上げ、同時に国家に寄与するという「理想化された立身出世イメージ」は、三〇年代にはしぼんでいったという。(30)立身出世の機会が狭まり、勉強立身の競争は私欲にかられたゼロサム・ゲームの様相をみせるようになり、しかもいわゆる「苦学」が大量化してきて、それも従来と異なる裸一貫型の苦学が主流になったという。それまでの苦学には様々な庇護のネットワークがみられたのに、そういう余裕が社会から失われていったというのである。竹内の仕事の特徴は、立身出世主義を近代日本人を虜にした「欲望とロマン」であるとみなし、そのメンタリティを仔細に分析している点にある。対象に向けられた目線はどちらかといえば冷ややかであるが、それゆえに「勉強立身」のもつ宿命的なむなしさのようなものをよく浮き彫りにしている。ただ、やはりここでも取り上げられているのは、学校を基盤としての立身出世の世界であって、「無学の徒」はまったく登場しない。教育の歴史社会学者による立身出世研究は、文書資料に依存するものが多く、対象が一定以上のリテラシーの獲得者に限られ、非「学歴エリート」への視点が欠落するきらいがあるとの批判的コメントは、社会階層論の研究者からも出ている[31]。

そこで、立身出世に関するほかの分野の人びとの言説を追ってみたい。明治維新を契機に広がった立身出世の風潮や、学歴主義に関心を向けてきた研究者としては、再び政治学の丸山眞男を挙げねばならない。丸山は、一九六〇年代初頭に発表した『日本の思想』の中で、明治維新に始まった立身出世主義の盛衰を、欧化主義や前近代的伝統社会との関連において素描している。そこでは近代日本社会はこう特徴づけられる。もともと日本では、貴族的伝統や自治都市、特権ギルドなど、国家権力へのバリケードとなる中間組織が脆弱だったため、幕府倒壊後極めて早くから立身出世の社会的流動性が高まり、たちまちにして「成り上り社会」が生まれてしまった[32]。丸山は、立身出世主義を日本の近代社会の起動力と位置づけているのである。この点、丸山史学は講座派とは明確に一線を画していた。

次に挙げるのは、時代の社会思潮の鋭い分析で知られた社会学者見田宗介の言説である。見田は、「それぞれの地位に応じて機能する『精神』（心構え！）をバネとする、立身出世主義の全構造こそ」、日本型資本主義の急速な発展の内的起動力にほかならなかったと断定する。(33) プロテスタンティズムが西欧近代の主導精神だったとすれば、立身出世主義は日本近代の主導精神にほかならないという。そのうえで、丸山と同じように、日本の立身出世主義には、「個人の野心の追求と国家の興隆との幸福な予定調和観」があったと指摘する。マルクス主義の経済史家が、近代日本の経済成長の動因を、もっぱら資本の蓄積衝動や労働搾取に求めようとしたのとは大きな違いである。見田によれば、実際の立身出世のコースとしては、比較的上層の庶民に対しては学歴＝官吏登用の道が開かれ、低学歴（小学校卒）の民衆には二宮金次郎主義＝勤倹貯蓄主義が吹き込まれたという。後者は、立身出世主義の底辺を構成するものとして、大多数の農民の人生訓となっただけでなく、企業の労務管理や労働運動の理念にも入り込んだ、と見田はみる。立身出世主義における上層と下層（基底）の二重構造の存在を指摘した点で、丸山よりも見田のほうがより現実に近づいているように思われる。しかし、学歴志向型の立身出世コース以外のものを、すべて二宮金次郎主義に押し込めてしまったのは適当ではなかった。なぜならば、底辺に置かれた民衆の間には、学歴コースとは異なる「叩き上げ」や「一旗組」の出世街道が開かれていったからである。そういう出世街道を歩んだ人物のばあい、うちに宿した精神は、勤倹貯蓄の二宮金次郎主義とはやや異なるものであろう。

とはいえ、無学の庶民による立身出世に関しては、これを本格的に研究した者はこれまでのところいないようである。立身出世の実証的研究といえば、ほとんどもっぱら教育＝学校＝学歴と絡めて進められてきており、必然的に下層庶民の話は事実上切り捨てられてきた。そして、分析の対象が学歴エリートに絞られたことから、これにかかわるのが主に教育学者、とくに教育の歴史社会学者になっていったのは自然の成り行きであった。日本経済史の大門正克も指摘しているように、そもそも一般の歴史学者による日本近代史研究では、教育や学校の問題が本格的に取り上げられたことがほとんどなかった。(34) 立身出世に対する関心が大方の歴史学者に薄かったからである。

立身出世主義に関する一九七〇年代前半までの言説を集めたものに、門脇厚司編集・解説『現代のエスプリ―立身出世／学歴社会の心情分析―』[35]がある。その中には、政府が学校教育を通じて立身出世を促した事実はないとする、通説に反する見方を示した法学者川島武宜の論考がある。それによれば、戦前の小学校では立身出世のノウハウなど教えられなかったし、そもそも「すべての国民に立身出世の可能性を与えることは意図されていなかった」と注目すべき指摘をしていた[36]。それは、もともと「従順なる子羊」を作るのが、当時の小学校教育に期待した政府の目的だったからであるという。若者が立身出世のノウハウを身につけたのは、身分階層性の厳しい村の暮らしや奉公先の商店においてであった。あるいは高等学校とか専門学校においては、先輩後輩関係のもとで「士官クラスの身分に必要な処世の道」が教えられたのであるという。安田三郎も、明治時代から社会移動が奨励されていたとする議論が近年（一九七〇年代―引用者）盛んになってきたが、「それは全く誤解」であると断じている。近代になってからも、日本の社会には身分制的な観念が濃厚に残存してきたのであり、「社会移動否定、立身出世否定の規範」は現代でも生き続けているとした[37]。もちろん安田も、社会移動や立身出世競争が事実として存在したことを否定しているわけではなく、ただ社会通念や道徳観としては、そういうものはむしろ批判的にみられていたということを強調しているのである。

そして、比較的最近の発言になるが、社会階層論の原純輔・盛山和夫は、かつてブームとなった学歴社会論は一九八〇年代には急速に下火になったとしている[38]。進学率の上昇によって高学歴と出世とは重なりにくくなり、しかも豊かな社会に生まれた世代には立身出世は夢にはなりえなくなったからである。他方、近年の雇用流動化を背景に、職業選択の問題がクローズアップしてきたことをとらえ、近代日本人の職業意識を検証する研究も登場した。池田功・上田博編『「職業」の発見―転職の時代のために―』がそれである[39]。時宜にかなった仕事ではあるが、分析されているのは著名な小説家や学者の履歴や職業観であって、一般庶民の職業遍歴を追ったものではない。

四　本書の課題と位置づけ

教育社会学の菊池城司によれば、社会学者がよく使う「社会階層と社会移動（ＳＳＭ）全国調査」のばあい、歴史的データは一九二〇年（大正九）以前には遡及できないという。したがって明治に関するデータを求めるとすれば、明治時代の資料に拠るほかないと指摘している。[40] これは、実は富永健一も前出の報告の中でつとに指摘していたことである。富永は、日本の近代社会の流動性の高さを強調する自説について、「推察を根拠づけられるような材料を提出しなければならない義務を負っているのであるが、資料的な制約から、この作業はたいへんむずかしい」と告白していた。[41] 大量の官庁統計を駆使してのマクロの社会移動分析は、明治時代について言えばまったく不可能なのである。それに代わって利用されてきたのが伝記・紳士録・系図などの個人記録であった。

永谷健『富豪の時代』によれば、日本で紳士録が登場したのは明治二〇年代であるという。[42] そのころから「紳士」なる言葉が、社会的エリートを指すカテゴリーとして使われ始め、多種多様な人名録が刊行され、人名録ブームの様相さえ呈するほどになった。先鞭をつけたのは、明治二二年に交詢社が発行した『日本紳士録』で、これをもってエリート集団が明確に定義されることになったのだという。そうした紳士録や人国記をもとにしたエリート研究は、早いものでは戦後まもなくのころに現れた。たとえば、昭和二一年出版の牛島義友『農村児童の心理』は、中小企業の経営者まで登録されている『大衆人事録』（国勢協会・昭和一五年版）を手がかりに、エリートと学歴との関係を調べ上げている。[43] また、昭和二七年の吉田昇の論文「明治時代の上京遊学」[44]は、昭和五年に刊行された報知新聞社通信部の取材による『名士の少年時代』[45]（東北・関東・中部篇の三分冊）を使って、名士の出身階層などを分析している。そして、もっと後年になると、明治中期以降の人事興信録に拠る麻生誠のエリート研究などが出てくるのである。しかし、これらの研究は、特定個人の経歴を詳細に追って社会移動の傾向や職業移動の実態を明らかにしたものではなかった。紳士録を使った最近の研究成果としては、『私の履歴書―経済人編―』を分析した石岡学「生きられた『学歴エリート』の世界」という論考があるが、取り上げられているのは、ほとんどが大正期以降に活躍した実業家で、しかも高学歴者のみである。[46] 修学だけでなく就職等についても言及されてはいるが、広く社会移動の実態を追った研究ではない。

さて、そこで本書の課題と位置づけであるが、プロローグでも断ったとおり、本書は明治末年に出された藤村徳一・奥谷貞次編『満洲紳士録』という紳士録を分析の手がかりとした。この紳士録が前後編の分冊で出版されたのは明治四〇・四一年（一九〇七・〇八）、つまり日露戦争の直後、日本の満洲経営がスタートした時であった。紹介されている人物は重複分を除くと四〇二名である。そのうち二名は清国の男性、一名は日本の女性で、残りの三九九名は日本人男性である。本書が分析材料にしたのは三九九名の日本人男性である。年齢は二〇歳代から七〇歳代までのほぼ全世代にわたっていた。

少なくとも『満洲紳士録』が編纂された時点では、ほとんど全員が社会の中堅層かそれ以下に属する人びと、いわば「名もなき庶民」であった。綴られている個々の人物の紹介文が語っているのは、明治の社会史に織り込まれた市井の人びとの遍歴である。この点においても、『満洲紳士録』は明治の日本人の社会移動を知るには格好の資料である。先ほど挙げた報知新聞社通信部の取材による『名士の少年時代』なども、多方面の人物伝としては貴重であるが、出てくるのは大きく功なり名を遂げた名士ばかりである。一九七〇年代半ばに、社会移動研究の現状を整理した三谷博も言うように、明治や大正時代以前の社会移動の研究のばあいには、残された伝記・人名録・系図などに頼るほかなく、したがってほとんどがトップ・エリートに関する研究である。(47) しかし、それほどのエリートでない人びとの生きざまを明らかにしてこそ、明治特有のエネルギッシュな雰囲気や立身出世社会の現実をよりリアルに描けると思われるので、そういう意味で『満洲紳士録』は貴重な史料であると判断された。

なお、通例の紳士録と同様に、『満洲紳士録』のばあいも、登場するのはほとんど男性である。当時の女性の社会的地位からみてこれは当然のことである。紳士録を手がかりにする研究では女性の動きはまったくつかめない。その点では本書の分析には一つの限界があると言えるが、しかし次のように考えることもできよう。かつて歴史家の和歌森太郎は、明治政権の基本的特質を「下士官的である」と形容したうえで、明治日本は一口に言って「男性国家」だったのであり、伊藤博文こそは立身出世のピークを体現した明治の男性にほかならないと述べた。(48) 正鵠を射た指摘である。もしそうした明治の明治らしさ、その主導的側面を取り上げようというのであれば、対象を男性に絞ってもよいのではないか。ひとまずはそう考えた。

先ほども述べたように、『満洲紳士録』が編纂されたのは日本の満洲経営が始まったばかりの時である。そのこともあって、三九九名の人物のほとんどがまだ在満期間の短い人びとであった。経歴紹介の中身は、おもに生い立ちから渡満に至るまでのものとなり、満洲での足跡についての記述は多くない。つまり、彼らが「満洲在留日本人」というやや特殊な存在になる前の、日本の国内を中心に展開されたキャリアが書かれているのである。時代的には幕末から日露戦争直後までのほぼ明治の全体に及ぶ話である。つまり、この点でも『満洲紳士録』は明治の社会移動の実態をつかむのに、とても有効な手がかりになるのである。要するに本書の課題は、明治末期の文献『満洲紳士録』を手がかりに、これまであまり実証されてこなかった明治時代の社会移動、立身出世の実態に迫ろうというものである。そのようなものとしては、おそらくほかに類書はないのではないか思われる。

第二章　データの源泉『満洲紳士録』

在満日本人の紳士録は植民地時代に数種類発行されている。たとえば、『満洲紳士縉商録』（一九二七年）、『満蒙日本人紳士録』（一九二九年）、『最新満洲国人名鑑』（一九三四年）等々である。藤村・奥谷編『満洲紳士録』は、それらの嚆矢となったものであるが、体裁も内容も明らかに異彩を放っていた。以下、その出版の時代背景、内容のあらまし、資料的価値、そしてデータの抽出加工方法について簡単に説明しておきたい。

一　資料解題『満洲紳士録』

1　編纂の背景と経緯

奥付によると、前編が刊行されたのは明治四〇年（一九〇七）一〇月、後編は翌年八月の刊行である。編纂兼発行者は藤村徳一・奥谷貞次の二名で、どちらも茨城県水戸市の在住であった。前編の奥付の前に、岡崎遠光[1]による「巻末に書す」という一文が掲載され、編集者について短い紹介がなされている。

奥谷貞次君は水戸の人資性快活曾て官に仕へて志を得ず商を営みて大成せず南船北馬今満洲に在りて頃者藤村某氏と共に南満紳士録を編す

つまり『満洲紳士録』を企画したのは奥谷貞次で、彼は水戸出身の元官吏、もしくは官庁雇い人で、実業の経験もあったが、志成らず遍歴と放浪を重ねるうち満洲に渡り、そこで藤村徳一に出会った。彼を誘って在満邦人の紳士録の作成を思いついたという経緯のようである。(2)ではこの紳士録はどんな時代背景の中で生まれたのか。これを伝える文章が、やはり奥付の前に載っている。書いたのは上田黒潮である。(3)当時は東京二六新聞の編輯局にいた。(4)

日清日露の両大役を経たる満洲の野に於て邦人の発展今日あるを見るは当然也、然も満洲経営の声一時に高かりしに似ず、秩序漸く整ひ利便益々進むに当りて、機去り熱冷むるの現象を見るは何の故ぞ。鉄火の戦争はいまや牙籌の戦争となり、北清の天地に活躍す可き邦人の基礎は、新たに得たる満洲の野に築かざる可らずなりぬ、天の時、地の利は既に之れを得たり、而して此局に当る者は即ち在満洲の同胞なり。

これを読むとやや意外な感じも受ける。国の存亡を賭けたあれだけの壮絶ないくさをしのぎきり、甚大な犠牲を払った末に満洲の一角をもぎ取ってから三年。早くも国内では満洲ブームは下火となって、新天地への熱は冷めつつあったようである。日本人の満洲進出は、けっきょくは「満洲国建国」にまで行き着くことになるが、満洲ブームは日露戦争の勝利を機に一気呵成に広がったわけではなかったのである。所詮は遠い異郷の地である満洲への関心は、平時に戻ると共に潮が引くように薄れ始めたのであろう。初めての満洲在留日本人紳士録が企画されたのは、そうしたいく分冷めた雰囲気の中でのことであった。編者自らも「趣意書」の中で刊行の意図をこう述べている。(5)

夫れ諸氏は斯重大なる責任を負ひ戦后の後続部隊として牙籌を握り簿冊を按し奮戦激闘其成功は我が同胞幾万の忠魂義魄を満洲の野に慰せんことを期するものなり而して戦時の偉励を思ふもの亦戦后経営の殊勲者に対して敬意を払はずんばあるべからざるなり是に於て吾人は浅学不才を顧みず諸氏が嘗め来りたる閲歴を叙し且つ真《ママ》彰を挿入したる冊子を編纂し諸氏の名誉を表彰し（以下略）

満洲経営の国策的重要性を国民に訴え、新天地に奮って進出してもらいたい。そのため、いま現に満洲の地で活躍している人物を内地の人びとに紹介し、国民の目を大陸に向けさせたい。これが奥谷・藤村らの意図であった。

2 刊行に賛同した重要人士

巻頭に何枚かの揮毫が飾られている。寄せたのは、関東都督陸軍大将子爵大島義昌、関東守備師団長陸軍中将男爵鮫島重雄、旅順鎮守府司令長官海軍中将男爵橋元正明、旅順要塞司令官陸軍少将税所篤文、満鉄初代総裁後藤新平、安東県木材廠長陸軍少将小島好問である。揮毫の後には「序」が用意され、奉天総領事萩原守一、吉林領事島川毅三郎等々の文章が載っている。いかにも錚々たる顔ぶれである。編者は本の中身に相当の自信を持っていたのであろう。前編「緒言」の末尾には、出版の遅れを詫びる件《くだり》があるが、そこには、「賛助員中常に多忙の人多く随て少きも数回多きは十数回訪問を重ね」たと記されている。(6)「賛助員」というのは、経歴紹介文の掲載に同意してくれた人物のことである。肖像写真だけを掲載することになった人たちもいたらしく、それについては、「的確なる経歴を聞くことを得さる為め揣摩憶測過誤を伝ふるは却て賛助の好意に戻《ママ》るを以て止むを得す之を省略したるなり」とわざわざ断っている。要するに、聞き取りには十分な時間をかけ、可能なかぎり正確な取材を心がけ、内容に保証が持てるものだけを掲載したということである。

さらに、前後編合わせて一〇〇名余の満洲統治機関の重要人士の肖像写真が掲載され、その中には前出の後藤新平、関東都督府参謀長神尾光臣、関東都督府民政長官中村是公なども含まれていた。あるいは奉天駅長・奉天総領事・大連郵電局長・奉天農事試験廠長・大連実業会長・正金銀行大連支店長などの顔も並んでいる。これらは在満邦人の中の文字通りの名士で、公的機関の役職者が多かった。しかし、経歴を紹介された者は一人もいなかった。『満洲紳士録』では一級の名士はすべて外し、ほぼ無名に近い人物（大半は民間人）のみを紹介の対象にしたのである。つまり登場するのは「小成功者」や中堅的人物ばかりであり、ここのところにこの紳士録の大きな特徴があった。いずれにせよ『満洲紳士録』は、立派なお墨付きをもらって刊行されたのである。

3　人物紹介＝本文

本文に当たる人物紹介は、前編二四五名、後編一五九名に分かれている。いったいどんなものだったのか、ここに一例を掲載しておこう。(7)

営口　井上公司　大関誠一郎君

君は明治十一年一月新潟県中蒲原郡白根町に生る襁褓の頃慈母に訣れ十歳にして復た家厳を喪ひ北海道函館に赴き伯父の許に養育せらる少壮の頃軍人となる志望ありしも伯父の同意なき為め札幌北溟中学に入り学ぶこと二年にして廃校となる後東京に出て錦城学校に入り卒業と同時に又伯父の仆音《ママ》を聞く天何ぞ君に幸ひせさるの甚しきや若し夫れ薄志弱行の徒をして斯る境遇にあらしむれば則ち自暴自棄に陥り一生を過るもの比々皆然らざるはなきにも拘らず君は爰に独立苦学所謂大器晩成の決心を以て大隈秀麿氏を訪ひ食客たらんことを悃請したるに秀麿氏も君の熱心と境遇を察し月謝及食料を免除し早稲田大学（当時は東京専門学校─引用者）に入学せしめ法律学研究の傍ら講義録の編輯に従事せしむ二年生となるに及び一ヶ月六円の学資を得ること、なりたるを以て講義録編輯を止めたるも学校にても君の志を感じ特に月謝を免ず三年級に入り学校内に柔術道場の設置と共に其助教となり又講道館の推選と紹介により他の道場に教習となり其報酬と六円の学資金を以て終に学校を卒業したり三十二年学校を出て新潟県柏崎日本石油株式会社に入り庶務課長たること二年三十四年一年志願兵として近衛工兵大

隊に入り入営満期除隊後石油興業会社の主事となる（以下略）

このように、明治の書物らしき語り口の文章の中に、被紹介者の出身地・出自・学歴・職歴など、当時の社会移動の実態を知るうえで貴重と思われる多くの事実＝データが埋め込まれているのである。問題はこれらをどうやって抽出し分析するかであった。

二 『満洲紳士録』からのデータの抽出と処理

紹介記事は文語調で句読点もない。このままではデータを抽出するのは難しいので、原文をいったん現代文に直すのが最初の作業となった。次にそこからデータを抜き出すために筆者が考えついたのが、「擬似アンケート」という方法である。抽出したい事柄を質問事項として並べたアンケート用紙を作り、紳士に「回答」してもらうことを想定したのである。もちろん実際の「回答」は、アンケートを取る筆者自身が、紹介記事を読みながら本人に成り代わっておこなうことになる。出生から渡満後の現在に至るまでの行動を追跡するため、全部で八〇前後の聴き取り項目を設定した。すなわち、①生年、②出身地、③続柄、④生家の職業、⑤学歴、⑥出郷の動機、⑦出郷先、⑧外国経験、⑨職歴、⑩戦争への関与等々である。紹介文には内容の詳しさの点で個人差があった。また、項目によってはわずかの回答しか集まらなかったものや、かならずしも正確な事実を拾えないものもあった。事実関係にあいまいな記述が出てきて、「回答」に迷うこともあったが、このような作業に完璧性を求めるのはもともと無理な話なので、適宜に判断して作業を進めていった。

次に待っていた作業は、アンケートの結果＝データをパソコンに移してデータベース化することと、それに基づく統計処理であった。本書に掲載した統計表はその結果の一部である。統計分析は社会移動の傾向をつかむために必要不可欠なもので、それがなければ散文的な話に終わってしまう。しかし、数字を並べただけの「乾いた」分析では、人の社会移動の実相を伝えること、時代の雰囲気を伝えるのは無理である。そこで、これはと思う人物を選び、紹介文を大幅にリライトした「人物伝」を考察に加えることにした。その際には、様々な文献・新聞などから情報を集め、紹介文の内容を補足するようにした。数量分析と「人物伝」の併用は、本書の一つの特徴と言えるかもしれない。

三　サンプルとデータの特性

では、『満洲紳士録』から得られたサンプルとデータには、どのような特性や価値があるのか、改めてその点を押さえておくことにしたい。紳士録が編纂されたのは日露戦後で、人物紹介の記事は幕末からほぼ明治時代全般にわたっている。サンプルの数は三九九なので、決して多いとは言えないかもしれないが、これほど長期にわたってこれだけの数の個人の経歴を詳述した資料は、少なくとも明治時代のものとしてはほかにないであろう。その点での価値は非常に高いと思われる。しかも、サンプルには様々な年齢の人物が含まれており、社会移動を世代別に比較分析するのにも適している。

『満洲紳士録』には統計資料が付されているが、それによると当時満洲にいた日本人の数は戸数にすると一万四五七戸であった。紹介されている人物（紳士）は戸主とみられるので、これを在留邦人戸数で除すれば三・八％に相当する。編者が在留邦人の中から一握りの成功者を選んだことが窺える。当時の満洲在留日本人の実態については、たとえば横山源之助が次のように述べている。(8)

今日満洲各地に散在せる日本人は、安東《あんとう》県附近に、遼陽《りようよう》附近に、奉天《ほうてん》附近に、鉄嶺《てつれい》附近に、約一万人と言われている。しかしながら事業に成績を現わしているのは、旅店、料理店、飲食店の類で、醜業婦に関係ある営業に限られた体である。

ただし、三九九名の紳士が成功者だったとしても、社会階層的にみれば中堅層や準エリート層の人たちであった。したがって、この研究はエリート研究には該当しないであろう。つかめるのは中堅人物や「小成功者」の足跡である。これは従来ほとんど明らかにされてこなかったものなので、その意味でサンプルの持つ価値は高いと思われる。と同時に、後ほど示すとおり、彼らは学歴の点では非常に多様な集団であり、学歴と立身出世などの関係を知るうえでも貴重なデータを得ることができる。

サンプルはすべて「渡満者」である。当時としては特殊な集団である。彼らの中には渡満以前に清国や台湾に渡った者も多く、極めて移動性の高い人物が多かった。この特性をどう位置づければよいかであるが、けっきょくそれは明治をどう理解するかにかかわってこよう。筆者が考える明治の明治たる特徴は冒頭に述べたとおりである。職業選択の自由化に伴い人の移動が堰を切ったように起こったのが明治であった。移動は都市から都市へ、農村から都市へ、さらには国内から国外へと広がっていった。明治らしさを体現したのは移動性の高い人びとである。『満洲紳士録』の人物たちの特性も、それこそが明治の時代的特徴を先端的に表すものである、と理解できるのである。また、先ほどの実例に示されるように、この紳士録の人物紹介は様々なエピソードを織り込みながらの記述、一種のヒストリーになっている。これもほかにあまり類書のない特徴で、明治の社会史を知るには大きな助けになるところである。

四　時代の移り変わりの中での人の移動

明治は激動の時代であった。社会は急激に変化していった。生まれ育った環境は、世代が違えば相応に異なるものだったはずである。本書ではこの点をとくに重視した。三九九名の人物をいくつかの世代に分けて社会移動の実態を追うことにした。そうすれば時代の移り変わりも的確に描くことができるからである。世代区分は以下のように四つに設定した。

第一世代　二六人（六・五％）〔一八五七年（安政四）以前生まれ〕

最年長の世代である。明治維新の年には最年少者でもすでに一〇歳だったので、ほとんどが幕末の動乱を記憶していたであろう。最高齢者は、『満洲紳士録』刊行時には七〇歳の高齢に達し、そのころには最も若い者でも五〇歳になっていた。

第二世代　一〇七人（二六・八％）〔一八五八年（安政五）～一八六八年（明治一）生まれ〕

彼らが生まれたのは幕末最後の一〇年間である。明治維新の年には最年長者でもまだ一〇歳であるから、戊辰戦争について実地に知る者は少なく、すでに記憶さえない者もいた。この世代も「幕末世代」と言えようが、第一世代に比べるといかにも若いという感じである。

第三世代　二〇二人（五〇・六％）〔一八六九年（明治二）～一八七九年（明治一二）生まれ〕

全体の半数を占めるこの世代は、まさに明治維新期生まれの新世代である。彼らは、もはや旧幕期の暮らしも戊辰戦争も知らず、西南戦争さえ記憶にない者が半数近くはいたはずである。ポスト動乱世代の走りであった。その代わり日清戦争の時には、一〇代後半から二〇代後半だったので、この世代には戦場に出た者が少なからずいた。

第四世代　五四人（一三・五％）〔一八八〇年（明治一三）以降生まれ〕

この世代は日清戦争の時でさえまだ一五歳以下であった。彼らが戦場に出たのは次の日露戦争である。紳士録に紹介されたころは一九歳から二九歳の青年だった。つまり、この世代は明治のうちはまだ若輩者であって、彼らが本当に活躍するのは大正・昭和の時代であった。

生年不詳者　一〇人（二・五％）

第三章　郷関を出た人びとの生き方——サンプル＝「紳士」の総量分析

いきなり世代別の考察に入る前に、まずはサンプル全体（生年不詳者を含む）の傾向をつかんでおかねばならない。総量的・平均的な傾向を明らかにする必要があるからである。以下、三九九名のサンプルから抽出したデータをもとに、出身地、出自、出郷の事情、学歴、職歴、海外経験、戦争への関与等々について分析し、そこから明治時代の社会移動、職業選択、あるいは立身出世の全般的な傾向を探ってみたい。なお、以下の叙述では便宜的に三九九名の人物を「紳士」と呼ぶことにする。

一　故郷と出自——人材の伝統的基盤

郷里や出自は人が生まれ育った伝統的基盤である。近代社会になるとそこから都会＝商工業＝市場に流れ出る人が増え、社会的移動を繰り返すようになる。これは周知の事実ではあるが、特定個人の行動分析からそのプロセスを実証した研究は、明治・大正時代に関してはない。地域移動研究の多くはマクロデータを使ったものであって、ミクロデータにより特定個人の軌跡を追ったものではない(1)。以下に示すのは三九九名の人物の経歴からつかんだ様々な事実である。明治時代の男子の社会移動の実態を知るうえで、極めて貴重な手がかりになるであろう。

1　西日本に盛んな人の移動

人材の輩出、移動、さらには社会的選抜過程などの考察には、地域差を考えることが必要である。しかし、これも近代史に関しては十分追究されてはこなかった点である。[2]「紳士」の出身地（出生地）を地域別に集計してみたところ、そこには鮮明な偏りのあることが分かった（表1）。人数を地域ブロック別にみると、第一位は九州出身者で全体の三〇％に達した。とくに多かったのが長崎・鹿児島・熊本・福岡である。第二位は近畿地方で、これに中国・四国地方を合わせると、けっきょく「紳士」の六六％が西日本の生まれだった。東の方では中部・北陸地方の生まれが一

表1　出身地　（単位：人・％）

	人数	比率		人数	比率
（九州）	(121)	(30.3)	（中部北陸）	(68)	(17.0)
福岡県	20		岐阜県	5	
佐賀県	14		愛知県	8	
大分県	8		静岡県	3	
熊本県	20		山梨県	5	
宮崎県	5		長野県	12	
長崎県	32		福井県	6	
鹿児島県	22		富山県	6	
（四国）	(37)	(9.3)	石川県	12	
愛媛県	13		新潟県	11	
徳島県	5		（関東）	(45)	(11.3)
香川県	8		東京府	21	
高知県	11		神奈川県	6	
（中国）	(46)	(11.5)	埼玉県	3	
山口県	16		千葉県	2	
島根県	6		茨城県	6	
鳥取県	5		群馬県	4	
広島県	13		栃木県	3	
岡山県	6		（東北）	(19)	(4.8)
			福島県	6	
（近畿）	(60)	(15.0)	宮城県	6	
大阪府	15		岩手県	1	
京都府	10		山形県	2	
兵庫県	13		秋田県	4	
和歌山県	5		青森県	0	
滋賀県	7		（北海道）	(2)	(0.5)
奈良県	3		不　明	1	
三重県	7		総　　数	399	(100)

資料：藤村・奥谷編『満洲紳士録』より作成。
以下、本書の表は、すべて同書による。
注）以下、表1〜4、6〜12には「生年不詳者」が含まれている。

七％を占めたが、東北・北海道地方が五％にすぎないなど、東や北に行くほど人数が少なくなっている。このような出身地の「西高東低」傾向にはしかるべき理由があったはずである。

一つ考えられるのは、社会構造、とくに農村や農家（家族）の構造や形態の違いである。西日本の伝統社会のほうが、東日本のそれに比べて余剰労働力を滞留＝繋留させておく力が弱かったのではないか。そもそも江戸時代における物流や人の移動も、東よりも西のほうが活発で、近代化への準備が進んでいた。逆に言えば、東日本ほど後進的・保守的な社会構造に支配され、一気に人の移動を起こす力が弱かったということである。

もう一つ考えられるのは、各地方と中国大陸（満洲）との地理的・歴史的・文化的な距離（感）の差である。抜群に出身者の多い九州地方は、古い時代から大陸や海外との往来が盛んであった。たとえば、西と東の日本の差異に最も早く言及したとされる明治三九年（一九〇六）上梓の原勝郎『日本中世史』には、九州の特性が次のように語られている。(3)

> 太宰府《だざいふ》の設けは、九州の人民に、ほとんど一独立国なるがごとき観念を与え、博多港によりて接受せる支那渡来の文明は、この地方の教化ならびに物質の上に、少なからざる影響を及ぼし…（略）…ある方面においてはかえりて京畿よりも先だちしものありしがごとし。

そういう土地柄の九州であれば満洲情報にしても入りやすかったであろう。それが多数の渡満者を生む要因の一つになったことは十分考えられる。九州以外の府県では、首都の東京や大商都の大阪、貿易港神戸を擁する兵庫などの出身者が多かったが、これらの地域は文明開化の風がまともに吹き込み、人の移動も激しく海外情報にも触れやすい土地柄であった。当然満洲への関心も生じやすかったはずである。それに比べて中部・関東以北の人間にとっては、満洲などは縁遠い存在だったに違いない。

では、こうした「西高東低」の傾向は、当時の日本人の社会移動全般にまで当てはまるのか。明治時代においては、西日本の人間ほど郷里を離れて別の土地、遠くは海外にまで移動する志向が強かったのか。移動を促す力が西日本の社会ほど強かったのか。それとも、これはあくまでも「紳士」＝「渡満者」という特殊な人たちに限られたものなのか。当然にわく疑問である。

一つの統計を参考にしてみよう。『日本帝国人口静態統計』によれば、明治四一年の東日本と西日本との人口比率は四八対五二であった。これは男性だけの数値ではないのだが、ともかく人口数の点でいえば東西の差はそれほど開いてはいない。にもかかわらず、渡満者において西日本出身者が目立って多かったというのは、やはり西日本の人間のほうがより高い関心を満洲に持っていたか、あるいはそもそも移動傾向が強かったということになるのではないか。

もう一つ、明治二八年から三一年にかけて刊行された紳士録で、広田三郎編『実業人傑傳』(全五巻)というのがあるが、それも参考にしてみた(4)。紹介されている人物＝実業家は総数四六六人で、出身地の内訳は東日本二五二人、西日本二一四人という具合に、東のほうがやや多かった。しかしこれは、編者が「選んだ」人物の数が、たまたまこういう結果になったということで、西より東のほうに実業の「人傑」が多数いたことを意味するものではなかろう。この資料の中で注目されるのは、出身地とは別に「主な活動地」が記載されている点である。それを集計してみたところ、東日本出身者のばあいには、主な活動地が出身地以外の「県外」だという人物の割合は三四％であった。これに対して西日本出身者では、比率がそれより九ポイントも高く四三％に達した。つまり、出身地から離れて他府県で活動している人間の比率は、東日本出身者よりも西日本出身者のほうが明らかに高いのである。これもやはり西日本出身者の移動性の高さを示していると言えそうである。

さらに、参考のため昭和四年(一九二九)に刊行された『満蒙日本人紳士録』に収録されている人物の出身地も調べてみた。すると、総数三一四七人の出身地の比率は西日本五八%、東日本四二%であった。『満洲紳士録』から二〇年たち、比率の変化はそれなりに顕著で東西の差は縮まっている。しかし、それでも依然として西高東低の傾向は根強く続いていたのである。

2　移動性の高い都会生まれ

昭和一五年版（一九四〇）の『大衆人事録』（国勢協会）を使って、「都鄙別に見たる名士数」を調べた牛島義友によると、当時刊行されていた紳士録や人名辞典などで、名士の出身地について市町村名まで明記したものはほとんどないという(5)。この点、『満洲紳士録』には出身地に字名まで書かれている人物もいるくらいで、その点でも貴重なデータを得ることができた。「紳士」の郷里は、行政上の区分でいうと市（三二%）、町（一七%）、村（四四%）、不明（七%）という内訳になった。多い順に並べると、「村」「市」「町」ということになる。当時はもちろん人口の大半は農村で生まれたはずである。ところが「紳士」のばあいそれが五割にも達していない。町や市の生まれが半数以上もいたのである。これは少し予想外であった。ただ、行政区分のうえで「町」となっている地域も、柳田國男が「町と村とは決して類の差ではありませぬ」と言っているように、環境や暮らしぶりには村との違いがさして大きくはなかった(6)。これも広義の村とみなせば、「紳士」のばあいでも村の出身者は六割になる。それにしても全体の三割が市部出身者で占められたのである。

なぜなのか。理由は次のような事情にあると思われる。明治維新を迎えた際に、社会変動の波をもろに被ったのは江戸をはじめとする城下町などの都市であった。士族・商家・職人の零落その他、都市部の伝統社会は根底から揺さぶられ、そこにとどまれなくなった人間が激増したとみられる。しかも、もともと都市は様々の情報・知識が入りやすく、人の往来も頻繁なので人知が啓かれていた。社会移動を起こしやすい素地があったのである。まして「紳士」は海外にまで移動していった人たちなので、都市の出身者が多数いても不思議ではない。

ちなみに、出身地の市町村別内訳と学歴との関係も調べてみた。後で明らかにするように、「紳士」の六割弱は低学歴者（＝小学校卒程度）だったが、彼らのばあいは市部の出身者が三四％を占めた。これに対して、中学校卒以上の高学歴者のばあいには、市部の生まれは二九％にすぎず、むしろ村や町、つまり田舎の出身者の多さが目立った。これはどういうことか。高学歴者の生家は概して裕福だったはずである。仮に地方の片田舎に生まれたとしても、上級の学校への進学を機に、郷里を離れる条件に恵まれていた。だから高学歴者のほうにむしろ村の出身者が多かったのである。麻生誠によれば、近代日本のエリートは、「土着的エリート」、「都市定着エリート」、「流動的エリート」の三類型に分けられるが、最後の「流動的エリート」の中にこそ高学歴者が多かったという(7)。主に明治二〇年代生まれの名士を分析した牛島も、「日本の指導者達は農村出身者が最も多く」と述べている(8)。これに対して、田舎に生まれた低学歴者のばあいには、移動を起こすには経済的にも文化的にもハンディが大きかったので、低学歴者においては都会生まれが多くを占めることになったのであろう。

もう一つ興味ある点に触れておきたい。「紳士」の中には東京に集中していた専門学校（多くは後の私立大学）の出身者が八六人（二二％）いたのであるが、彼らの出身地と世代の関係を調べてみた。すると、維新前夜に生まれた第二世代では、出身地は市・町・村の比率がほぼ均等だったが、維新後の生まれである第三・第四世代では、市部出身者の比率は二〇％台に低下した。この変化が何を物語っているかは明らかである。文明開化の進展と共に、全国津々浦々に進学熱が浸透し、草深い田舎から上京して専門学校に入る若者が増加していったのである。時代と共に人材移動の波が都会から農村へと広がっていったということを示している。

3　郷関を出たのはおもに次三男

親の職業は社会移動を見るうえで重要なポイントの一つである。とくに身分制度が廃止されたばかりの明治時代についてはそうである。しかしながら家業が記載されている「紳士」は二割あまりにすぎなかった。八割は生家の職業・族籍が何も記されていなかった。彼らは農家をはじめとする下級庶民の生まれだったと思われる。親を頼らず立身出世を図らねばならない境遇にあったとみられるが、後ほど示すように「紳士」の四割は中等以上の学歴をもっていた。苦学してでも上級の学校を目指した若者がいたこと、それだけ進学熱が高まっていたことを物語っているとみてよかろう。

家業や族籍を明らかにした者の中では、目を引いたのが士族の多さで、士族を名乗る者が四一名、全体の一〇％に相当した。全国戸数の中での士族の比率は、明治時代では五％程度だったと言われているので、「紳士」のばあいにはその倍の比率で士族がいたということになる。『満洲紳士録』が編纂されたのは明治末期である。武士が身分でも職業でもない単なる族籍にすぎなくなってからすでに久しい。それでも、当時はまだ社会の至るところに旧幕期の遺風や気風が残っていたので、士族であることを誇りにする者は少なからずいたようである。たとえば、仙台藩に連なる没落士族の家に明治一三年に生まれ、貧苦と苦学の末に岩手県下初の女医になった女性の伝記『祖母、わたしの明治』などを読むと、そうした雰囲気が生々しく伝わってくる。(9)そこに描かれているのは、「四民平等の原則と強固な身分意識の共存は、明治社会の一つの特色」だったという状況そのものである。(10)

実を言うと、士族の解体という問題についてもその実態は解明されておらず、明治の社会変動の中で武士がどのように身を処していったかという問題を、「正面きって分析した研究はほとんどなかった」のである。(11)あったのは、ここでもやはり麻生誠らによる学歴エリートや立身出世研究の中での士族の分析だけである。エリートコースに乗れなかった大半の士族の行く末については、ほとんど忘却されたままになっている。幕藩体制の崩壊後、士族の一部は新たな人材登用手段＝能力主義のフィルターを通って官職＝旧武士的職業を手にしたが、多くの者はそこからこぼれて庶民の職業世界に埋没していった。士族の命運には少なくともこの二極が存在したはずである。しかし、ほかにも様々な生き方があったであろうから、けっきょく明治維新以後の士族の全体像はほとんどつかめていないのが現状である。

「紳士」が明かした生家の職業としては、ほかには商家・豪農・製造業（醸造家など）・資産家・医師などがあった。相当の資産を持つ富家や、土地の有力者たる旧家と目されるものが多い。「なぜ、こんな家筋の者が満洲などに？」という疑問がわくほどのものもある。予期せざる社会の激変に翻弄されて、短い間に浮沈を繰り返した家。土地の名望家ゆえに、近郷の救済や公共事業のため散財を惜しまなかった人物。かならずしも切羽詰まった理由もなく、冒険心にかられたかのようにして家業を棄てて飛び出していった者等々。これら富家に生まれた人物たちの足跡には異彩を放って個性的なものが多い。高学歴を有する人物で、家業が判明した者のほとんどは、豪農・商家・士族などの生まれであり、とくにそのうちの半数を士族が占めた。士族は勉学立身の志向が強かったのである。

戦前の日本では、長男に生まれた者が単独で家督を相続するのが普通であった。明治民法によってそれが制度化されたからである。そのことの社会的影響は様々あったと思われるが、農村から長男以外の労働力を潤沢に供給させ、産業化に貢献させたとする福武直の指摘は重要である[12]。家督を相続できない人びとは、機会さえあれば進んで家を出て、ほかに生活の場を移していった（いかざるをえなかった）。これら他出していった肉親に対しては、彼らにもし失業など困窮の事態が生じた時には、実家は何らかの援助の手を差しのべる義務を果たした。家産を分与しなかった代償としてである。そうした事例は一般的にみられたようである。であるがゆえに、次三男もそれなりに安心して出郷できたのである。生家がいまでいうセーフティネットの役割を担っていたことになる。こうして、若い労働力が絶えず伝統社会＝「家」から産業社会に移動してきて、日本の急速な経済成長の礎になっていったのである。

続柄については不明な人物がほとんどで、記載されていたのは三六人にすぎない。そのうちで最も多いのが長男だったが、彼らの家業は、豪農・林業家・商家・士族等々で、とくに商家が多かった。記載のなかった人たち（全体の九五％）は、家や郷里にとどまる必要性の低かった次三男以下の生まれであろう。彼らは出るべくして故郷を後にしたのである。

二　出郷の目的と移動先

明治維新は人びとに職業選択と移転の自由を与えた。これを機に社会移動の大きなうねりが起こってきたのであるが、だからといって人びとが勝手気ままに家郷を離れられたというわけではない。そこにはなお観念的・倫理的な束縛が残ったのである。当時、先祖伝来の村に生まれ育った人びとが、それを「捨てて」見知らぬ外の世界に出ていくことは、当然のことながら容易ならざる決断を必要とした。近代以前の社会では、何があっても家を永続させ、先祖の霊を祭り続けることは、避けることのできない子孫の務めであった。そうした絶対的な義務感は、暗黙の約束（黙契）のようにして、どの家でも代々継承されてきたのであり、政治権力による移転の自由の拘束とは別の次元のところで、人びとの社会移動をなにがしか制約してきたのである。観念的な縛りであるだけに、一編の法令で簡単に払拭されるようなものではなかった。次の漢詩は、立身出世がまだいくばくか青年の夢だった戦後の高度成長の時代までは、日本人に馴染み深いものであった。

男児立志出郷関　（男児こころざしを立てて郷関を出づ）
学若無成不還帰　（学、もし成るなくんば、また帰らず）
埋骨何期墳墓地　（骨を埋む、何ぞ期せん墳墓の地）
人間到処有青山　（人間到るところ青山あり）

これを詠んだのは月性《げっしょう》（一八一七〜五八年）という幕末の僧である。若き日、学問をするため郷里の周防から京都に旅立つ時、悲壮な覚悟でこの詩を作ったのだという。後に月性が勤王派の志士と親しくなったことから、まず彼らの間で口ずさまれるようになり、「勤王立志の詩」などと呼ばれて広まっていった。そして、立身出世主義の明治を迎えると、一般庶民の間でも愛唱される詩になったのである。詩中に出てくる「青山」とは墳墓のことである。男子たるものは、志を立てて故郷を出たからには、本望が成就しないかぎり二度と戻ることはなく、いざとなれば骨を埋める場所などにこだわる必要はない。墓地などは何処にでもあるものだ。そんな意味の詞であろう。色川大吉は、これは家の存続を最優先にした民俗的慣習への反逆を意味し、言わば「一つの意識革命のすすめ」を意味したと解釈している。作者がそこまで詠み込んでいたかどうかはともかく、この詩に触発された青年たちが、そのような決意を秘めて郷関を後にしたということは考えられる。そういえば、福沢諭吉が『時事新報』に書いたもので、「奮て故郷を去れ」という小論がある。ちょうど歴史に名高い松方デフレの大不況の時で、人びとに海外への出稼ぎや移住を呼びかけた文章である。そこには次のような件《くだり》がある。(13)

墳墓の地を去るは不孝に似たり、生誕の国を後ろに見るは不忠の如くなるも、彼の英国人の先例を見れば、遂には日本富強の起源と為りて、いまの不孝不忠は却て大孝大忠たりしを證するの日ある可きなり。

郷里を出ていくことに対して、当時の人びとがうしろめたい感情を抱いていたことが、こうした文章からも窺い知ることができる。『満洲紳士録』の人物たちも、同じような心理的葛藤をくぐり、何らかの動機があって家郷を離れ、進学や職業遍歴といった移動を起こしたに違いない。では、彼らはどこに向かったのか。

1　立身出世を目指す若者は東京へ

そもそも立身出世を目指す人材の移動には、最初から地理的移動も含意されていた。(14)「紳士」のばあい、出郷後の行き先の明らかな者が七五人いた。そのうち県内の別の土地に移ったとみられる者は一〇人で、残りの六五人（八七％）はいきなり県外に出ていったとみられる。しかも県外移動先には明らかな偏りがみられた。移動先は、東京三九人、大阪九人、その他一七人という内訳である。東ならば東京、西ならば大阪、この二つの大都会が、頭抜けた磁力をもって若者を引き寄せていたことが見て取れた。とりわけ東京の存在感が圧倒的である。立身出世のためには首都＝学都の東京に向かわねばならなかったのである。

東京に向かった「紳士」の出身地を調べたところ、西日本が五六％、東日本が四四％という比率であった。西日本の出身者がやや多いとはいえ、東西の差はそれほど大きくはない。東京が東に位置していたこともあって、上京志向は東西均等に広がっていたのかもしれない。西日本でいえば、遠い九州からも九人の者が上京しており、その中には南端の鹿児島県出身者が四人もいて、県別にみればこれが全国最多だった。明治政府は薩長の藩閥政権である。鹿児島の若者にとっては、物理的には遥か遠くの東京も、社会的な距離感としてはずっと近いところにあったのかもしれない。

明治の青年の東京への憧れはどんなものだったのか。九州熊本の片田舎の没落士族の家に、明治元年に生まれた徳富健次郎（蘆花）は、「東京！ あゝこの二字はいかに僕の心を鼓動せしめたであろう。…（略）…東京は僕の好奇心名誉心の焼点《ママ》であった」と少年のころを回想している。(15) そして、実際に上京したばかりのころは、山の手を歩くのが「一大快楽」となったという。というのは、山の手を歩くと、新聞や雑誌の上で知っている名士の門札を見ることができたからであった。(16) 小説『不如帰《ほととぎす》』によってやがて自らも名士の一人となる文豪も、青雲の志を抱いて東京の地に足を踏み入れた時には、その胸中に立身出世を成し遂げた人士への素朴な憧れを抱いていたのである。当時としてはありふれた話であったに違いない。

このように、文明開化の時代には、東京熱や向都熱と言われるものが、全国の青年の間に生まれていたのである。「ともかく東京へ行こう」という若者が、全国津々浦々で急増したのである。先ほどの数字はそれを裏づけていると言ってよかろう。大門正克は、明治初期から立身出世主義が広がっていたとする見田宗介を批判し、それが民衆レベルに浸透するのは日露戦争後、本格的には第一次世界大戦後であるとする。(17) しかし、ほとんどが明治時代に青年期を送った『満洲紳士録』の人物をみると、立身出世の志望はすでに明治前半期のうちから地方の青年にまで浸透していたのではないかと思われる。大正一五年に出版された生方敏郎の回想記にも、日清戦争で清国を負かした後世相は一変し、次のような風潮が広がったとある。(18)

若い人たちは皆都会に憧れた。小僧や番頭が主家を逃げて当て度もなしに東京へ飛び出す者が、彼地にも此地にも現われた。百姓の息子が若い嫁と一緒に東京へ逃げたのもあった。

ちょうどその日清戦争の後、弱冠一三歳の少年の時に、複雑な家庭の事情があって石川県の漁村から出奔した作家の加能作次郎は、回想記の中でその経緯を次のように明かしている。(19)

継母《はは》の手前は、その頃村の青年達の間によく流行《はや》った様に、私が全く誰にも秘密に逃げて行ったもののように繕《つくろ》ったのであった。

明治も半ばを過ぎると、土地によっては夜逃げをしてまで村を抜け出る青年が後を絶たなくなったようである。学校制度を通じて立身出世願望や東京熱が、全国隈なく農村の子弟にまで染み渡っていったのは、たしかに大門のいうように大正期に入ってからかもしれない。しかしそれは、明治の先輩世代が紡いだ「出世物語」なくしては広がらなかった夢なのである。

2　進学は出郷の大きな動機

では、当時の人びとはいかなる動機で故郷を出ていったのか。「紳士」の中には動機の判明する者が七三人いた。そのうちの半数の三六人が進学を目的としていた。出郷の事情を明かした人物の中では、とにかく「学業」というのが圧倒的に多かった。「学業」＝「進学」は誇らしい出郷の動機だったので、それを明かす人物が多かったのであろう。全体のほぼ一割に相当した。逆に、学業以外の動機では語るほどの値打ちもないものが多く、そういうばあいには出郷の動機を明かさなかったのであろう。つまり、出郷動機の判明しない人物は、学業以外の目的で家郷を離れたものと推測できる。具体的には、商売・職探し・その他である。これが九割いたということである。

上京した人物三九人について、その動機を調べたところ学業を志した者が二七人もいた。やはり明治の若者にとって東京は何よりも「遊学の地」であり、そういう意味でのメッカになっていた。ここにもそういう風潮が鮮明に表れている。幕末維新の動乱騒擾も収まり、帝国の体制が整った明治二〇年代には、早くも『東京遊学案内』といった類の本が登場してきた。それらは、とりわけ官吏を目指す地方の青年に広く読まれたという(20)。しかし、後ほど明らかになるように、「紳士」について言えば、高学歴者でも強い官吏志向はみられなかった。ということは、官吏を目指す青年でなくとも進学志向は強く、したがって『東京遊学案内』の読者ももっと幅広くいたということであろう。

ちなみに、出郷と学歴との関係を調べてみたところ、以下のようなことが分かった。低学歴者では出郷の動機の分かるものは三一人いたが、その内訳は学業九人、職探し六人、商売七人、その他九人であった。意外なことにここでも学業が一番多かった。これはつまり、進学を目指して郷里を出たが、その目的を成就できなかった者が少なからずいたことを物語っている。中学校卒以上の高学歴者のばあいには、動機の判明した人物四一人のうち、学業目的の者が二七人を占めた。たいていの者が、進学するには故郷を出なければならなかったが、とくに専門学校生のばあいには郷里を出て東京に向かった者が圧倒的に多かった。専門学校の多くが東京にあったからである。一方、低学歴者においても、出郷先の判明する者三四人のうち三〇人までが県外への移動で、しかもその半数が東京へ向かっていた。大阪に出た者も五人いた。小学校を出たか出ないかの学歴でも、東京や大阪などの大都市に出た少年が意外に多かったことを窺わせる数字である。こうしてみると、明治の若者の間には東京熱＝中央志向が、無差別的に広がっていたのかもしれない。

参考までに、上京者三九人のその後の経歴について触れると、そのまま渡満するまで東京にとどまった者は一〇人である。残りの二九人（七四％）は、その後東京を離れて他府県に移動し、また一部は清国・台湾などに出ていった。つまり、進学目的などのため地方から中央＝東京に流れ込んだ人材のうち、その多くがやがてまた地方に流出し、各地を転々と移動していったのである。ということは、中央が一方的に人材を飲み込み、吸い上げていたというのではなく、中央で陶冶された人材の多くは、再び地方に散っていくという流れもできていたのである。中央志向の強い青年にしてみれば、「都落ち」の挫折感をかみしめる事例が多かったのかもしれないが。

三　高学歴者が多い「紳士」

明治維新をもって職業選択社会に移行した日本であるが、同時に国民皆教育制度が布かれ、さらにはエリート養成の高等教育体制もつくられていった。人びとは、職業を選ぶ前に何らかの教育を受けねばならず、ばあいによっては学校や学歴を選ぶ機会にも遭遇することになった。教育の程度や学歴の違いが、人びとの職業や仕事を規定することが多くなり、社会的地位を左右する重要な条件になっていった。初期の近代国家が、何を置いても取り組まねばならない課題は、国民の間に産業的意識や進歩への意欲を植えつけることであった。その最も有効な手段とされたのが学校教育である。とりわけ初等教育の普及は、人的資源の開発動員にとって必須の条件とされた。開発学などの分野では、初等教育の普及には「ネットワーク外部経済効果」があるといった評価がなされている。[21]確かに国民に共通の「読み書き算盤」能力が普及することは、人的資源の開発・動員・移動を進めるうえでも、物流を促進する面でも、あるいは情報伝達の点でも、非常に有効な外部経済的なネットワーク効果を持ったに違いない。

明治政府も近代化にとっての学校教育の重要性を早くから認識していた。それを整えることを近代国家の必要条件とも考えていた。教育政策こそ、日本の欧米先進国への「追いつき」思想の具体的な表現だったと言うことができる。[22]その際、新政府にとって極めて好都合な条件が一つあった。旧幕期における「初等教育」の普及である。ある推計によると、幕末期には男子の四割までが寺子屋教育を受けていたという。[23]武士の子弟であれば、藩校等において高度な学問を修める機会も与えられていた。いずれにせよ日本のばあいには、社会移動を研究するにあたっては、学校教育との関連を第一義的に重視しなければならないのである。[24]

「紳士」のうち半数あまりは、学歴の記載がなかった（表2）。彼らは、小学校しか出ていないか、もしくはそれすら満足にはいかなかったため、あえてそれに触れなかったということであろう。そのように判断し「低学歴者」とみなすことにした。残りの「紳士」については、学校名や塾名などの明らかな人物が多かった。彼らは、小学校以上の教育を受けたとみられる。満二〇歳の男子を対象にした学歴調査が、明治期には三三年（一九〇〇）、三八年（一九〇五）、四三年（一九一〇）などに実施されている(25)。それによると、中学校卒かそれと同等以上の学歴を有する者の比率は、三三年が一・三％、三八年が三・三％、四三年が五・二％であった。明治末年でさえも、中学校卒以上の者は同年齢の男子の五％にすぎなかったのである。これからみると、『満洲紳士録』の人物がいちじるしい高学歴集団だったことが明らかである。

そもそも紳士録というのは、何らかの意味での「成功者」の名簿である。高学歴者の比率が高くなるのは不思議ではない。『満洲紳士録』もそうだったということである。このことは、当時の立身出世競争において、すでにある程度の「学歴効果」がみられたということなのかもしれない。植民地経営が始まったばかりの満洲においても、一廉の「紳士」とみなされるほどの成功を手にするには、やはり学歴があったほうが有利だったことを物語っているからである。しかし、これについては別の見方もできなくはない。当時の在満邦人の群れの中に高学歴者が混じっていたということは、たとえ学歴が高くとも内地において安定した職が保障されていたわけではなかったことを示唆する。だから高学歴者でも植民地に流れてくる者がいたのであろう。以下、「紳士」が卒業した各種各級の学校について、天野郁夫の研究などをもとに簡単に解説しておこう。

表2　学歴構成

（単位：人・%）

	人数	比率
低学歴・不詳	226	56.6
師範学校	2	0.5
中学校	18	4.5
高等学校	7	1.8
専門学校	86	21.6
大　学	9	2.3
「その他」の学校	47	11.8
中退者	4	1.0
総　数	399	100.0

注）中退者は、中上級学校の中退者にして学歴の特定できない者。

1　低学歴者—一二二六人

明治新政府は、財政基盤が脆弱だったにもかかわらず、相当強引に義務教育＝小学校を普及させていったのであるが、それは国力をこえるほどの無理をしたとも言えるものであった。(26)一日も早く富国強兵の目標を達成するには、近代国家の国民としての最低限の素養を、すべての児童に修得させねばならないと考えたからである。そこで、初等教育について明治政府は、国民皆兵に類似した国民皆教育の制度を採用した。しかし、小学校制度が最終的に落ち着いたのは明治の末年であり、それまではめまぐるしい改正を重ねなければならなかった。試行錯誤の連続だったのである。小学校教育が明確に義務化されたのは明治一九年の「小学校令」からであるが、それ以前においても明治五年の発足以来、子供の小学校就学は父母の責任とされていた。小学校開設には当初国民の反発が強かった。政府に十分な財源がないままに、「一村一学校」の原則で小学校の設立を促し、実際には村民の負担で学校の建設が進められたからである。当時の記録を引いてみよう。明治一〇年前後に、儒学者で太政官吏だった木下真弘の遺した文書には、以下のような生々しい記述がある。(27)

・各地僻邑寒村到る所小学校の設立あらざるなく、賈児《こじ》牧童往々誦読《しょうどく》の声を聞くことあり。学校の設け斯の如し。而して、各地人民冒乱を作《な》すや、かならず先ず学校を破却するは何ぞや。人民を強圧し、錙銖《ししゅ》を尽して之を建築するを以てなり。

・某府所聞、該地学校の建築、尤も壮麗とす。而して金を課する貧戸猶お月に三十銭に及び、民之を誹《そし》る者多しと。

・某県所聞、某地学校を建築す。人民課金を苦み、名けて涙学校と云う。其入費皆人民涙を流して出金せしを以てなりと。

このようなありさまだったので、はじめのころの小学校は児童を集めるにもかなり苦労したようである。旧加賀藩の石川県下では、「士族の小供には是非小学校へ入るよう、頻《しき》りに其筋より勧誘」があったという具合に、勉強に馴染んでいた士族の子弟を呼び集めたところもあった。集まった生徒の中には適齢とは言えない一〇歳くらいの児童もいて、たいていはすでに家庭や寺子屋で四書五経や「千字文」などを習っていたという。(28)「紳士」の生まれ育った土地でも、多かれ少なかれこのような状況であったろう。彼らのうち六割弱は、けっきょく小学校しか出なかったか、もしくはそれもかなわなかった人びとであった。とくに、幕末生まれの中には寺子屋教育しか受けなかった人もいたと思われる。また、「紳士」が学んだ時代の小学校はまだ四年制であったから、そのまま働き出した人たちは一〇歳くらいで職に就いたということになる。

2　中学校卒業者—一八人

明治一九年は、「学制」公布以来の明治の教育制度の大きな画期になった年で、「小学校令」のほか「中学校令」・「帝国大学令」・「師範学校令」が定められた。この改革整備を主導したのは森有礼であったが、この時中学校は尋常中学校と高等中学校の二段階に分けられた。尋常中学校について、森は「一府県一中学校」の方針を採用し、高等中学校(後の高等学校)のほうは全国に五校しか設けなかった。「紳士」の中では、明治維新後に生まれた第三世代(その一部)と第四世代とが、この新たな制度に適応した人たちであったと推測される。

ここに整えられた勉学立身の理想のコースは、尋常小学校→高等小学校→尋常中学校→高等中学校→帝国大学というものであった。学歴エリートになるにはまずもって尋常中学校に進まねばならなかった。尋常中学校は政府の人材育成戦略のうえで重要な位置を占めることになった。(29)しかし、中学を受験するには高等小学校を出ていなければならず、しかも中学校の就学年限は五年であった。これだけ長期間子弟を学校に通わせることができたのは、経済的に相当余裕のある家にかぎられた。政府は少数精鋭の選良教育を考えていたのであろう。だから一府県一中学校くらいが適当だったのかもしれない。ところが、日清戦争後の明治三〇年代に入ると様子が一変した。「国力が膨張した結果か、臥薪嘗胆の第一歩か」、中等教育の拡充が叫ばれるようになって、一県に「五つも六つも中学校が新設」される時代を迎えたのである。(30)「紳士」たちが中学校に入ったのは、最も遅い者ではその三〇年代中ころであった。それにしても当時としては、田舎ならば尋常中学校卒でも立派なエリートであった。

3　高等学校卒業者―七人

いまも述べたように高等学校は当初は高等中学校と称し、全国にわずか五校のみ開かれた。与えられた性格は、帝国大学進学者ための予備教育機関というもので、卒業すれば無試験で帝国大学に入ることができた。教育面で最重視されたのは外国語である。これは当時の大学の学問が「輸入」に依存するものだったからにほかならない。明治二七年（一八九四）に「高等学校令」が布かれると、高等中学校は高等学校と改称されたが、学校の性格に基本的な変化はなかった。学校数は明治末までに八校となったが、いずれも官立であり、これがいわゆる旧制高等学校である。高等学校に通う者は「天下の秀才」と仰がれた。

4　大学卒業者―九人

学校体系の頂点に立ったのは帝国大学である。といってもそれは明治の初めから存在したわけではない。高等教育の黎明期にあって重要な働きをしたのは「専門学校」である。それには諸官省設立の司法省法学校・工部大学校・東京農林学校・札幌農学校などのほか、東京外国語学校・東京商業学校、あるいは府県立の医学校など様々な学校があったが、いわゆる「大学校《グランゼコール》」が日本でもつくられたのである。

高等教育の体制が一変したのは明治一九年である。この年、帝国大学令が布かれ、東京に帝国大学が開設されたのである。これに伴い府県立の専門学校は、札幌農学校を除いてみな帝国大学に吸収され、また府県立の医学校は三校を例外にしてすべて廃止されてしまった。東京外国語学校や東京商業学校など官立の専門学校は、実業学校の方向に特化して生き残りを図り、私立の専門学校は職業資格試験の受験資格などの特典を得つつ、これも国家の統制下に入っていった。帝国大学の最大の使命は、国家の統治機構の屋台骨となる上級官僚を養成することにあった。まもなく東京のほか京都と仙台にも帝国大学がつくられ、それぞれ東京帝国大学・京都帝国大学・東北帝国大学の名称を冠することになった。なお、「紳士」の中には米国の大学を卒業した人物も二人いた。一人は、第三高等学校を出た後にアメリカに留学し、セントルイスのセントラル大学に入りそこを卒業している。

5　専門学校卒業者―八六人

幕末には、武士の子弟が学問を修めるための藩校のほかに、漢学や洋学などを講じる私塾が全国各地に簇生した。維新後、藩校は姿を消したが私塾の多くは存続し、明治七年に官立学校・公立学校・私立学校の種別に関する文部省布達が出ると、それらは私立学校の範疇に入ることになった。しかるに、学校制度の中央集権化を進める政府は、初等教育を手始めに、やがて中等教育も官立公立の学校で独占する方針で臨んだ。そのため、私立学校の生きる余地は、官立公立学校の少ない高等教育の領域に押し上げられることになった(31)。つまり私学は仕方なく高等教育分野に追い込まれていったのである。ところが、その高等教育においても、政府は大学や高等学校については官立しか認めない方針をとるようになった。先ほども述べたように、政府の考えるエリート＝高級官僚の正規の養成コースは、尋常小学校→高等小学校→中学校→高等学校→帝国大学という階梯であり、そこに連なっているのはすべて官立公立の学校であった。私立の学校に国家の選良を育ててもらう気持ちは明治政府にはなかったのである。慶応義塾や東京専門学校などを「大学」として認可することを、政府は大正七年の新大学令まで拒み続けたのである。

では、私学はこれにどう対応していったのか。彼らはやむなく「専門学校」の資格で生き残りと発展を期すことになった。当時すでに若者の間には立身出世主義と進学熱が高まっていたので、これを受けて種々雑多の専門学校や実業学校が生まれ、しかもその多くが東京に一極集中する形で開校されていった。すでに明治二〇年代の初めには、多少名の知れたものだけでも、およそ九〇もの専門学校や実業学校が東京に開設されていた。学生数は三万人に達したという(32)。専門学校で教えていたのは、法・商・医・工・語・文など幅広い分野の学問であった。三〇年代に入るまでは、専門学校の設立や入学試験制度などをはじめ、高等教育の世界では相当に自由が許されていた。牧歌的な時代だったのである。

やがて政府は、高等教育にも規制のたがをはめる姿勢に転じ、文部省は厳格な基準を設けて専門学校の整理に乗り出した。明治三六年の「専門学校令」・「公立私立専門学校規程」・「専門学校入学者検定規程」などの制定がそれである。専門学校は、「高等ノ学術技芸ヲ教授スル学校」であると定義され、修業年限は三年以上、入学資格者は中学校卒業者（女子は四年以上の高等女学校卒）またはそれと同等の学力を有する者とされた。この時、名だたる私立の専門学校が改めて官公認の私立専門学校の資格を与えられたのである。同じ年に「実業学校令」（明治三二年公布）も改正され、官立の高等工業学校・高等商業学校・高等農林学校などが、今度は専門学校令の適用を受けることになり、ここに官立の専門学校も誕生した。東京高等商業学校・東京外国語学校などがそれである。

こうして近代日本の学校制度は、複線型・階級型体系と言われるものに仕上がった。その中で私学を主とする専門学校が持たされた役割は何だったのか。専門教育の高等教育機関としてはすでに帝国大学が創設されていた。専門学校の生きる余地は「速成の専門教育」を施すところに求められた。当時の学問は輸入物・舶来物で、大学では専門教育を受ける前提として、高い語学力が求められた。そのため高等学校からの修学年限は長期にわたることになり、よほど経済的余裕のある者か、一部の士族の子弟のような勉学エリートでなければ、とても帝国大学を目指すことはできなかった。一方、ほとんどの専門学校では外国語の壁を設けなかった。それならば金に余裕のない者でも入学できた。文部省もまたこれを容認したのである。政府が専門学校に期待したのは、国家の指導層の養成ではなかったので、「簡易速成」の教育を許したのである(33)。つまり専門学校は、准エリートを育てる教育機関、具体的に言えば実用的な知識を身につけ、それを出世の具とする人びとを送り出すのが役目とされたのである。

士族の子弟が官僚になるべく帝国大学への進学を第一としたのに対して、農工商の子弟の多くは専門学校に進み、各種の国家試験を目標に勉学し、実業に有利な職業資格を身につけるべく励んだという。帝国大学と専門学校との格の違いを物語る話がある。明治三三年に帝国大学を卒業して農商務省に入った柳田國男は、翌年から二年ほど東京専門学校で、その後専修学校でも二年ほど教壇に立ち、農業政策の講義を担当した。そのころは、帝国大学を出て官庁に入ると、「たいていどこかの私立大学へ講義に行かせられたものである。まあ一つの関門であった」からである(34)。帝国大学卒というのはそういう存在だったのである。専門学校令が出たころには、進学熱は大衆の中に広く浸透し、すでに学校の序列化さえ始まっていた(35)。ランキングのトップはむろん帝国大学で、次が官立の専門学校（東京高等商業学校・高等工業学校・医学専門学校・札幌農学校・高等師範など）、私立の専門学校はその下に置かれた。さらに私立の専門学校にも序列がつけられた。こういう情報は、『就学案内』（博文館）といった受験ガイドブックなどを通じて、全国津々浦々に伝えられていった。

さて、「紳士」の学歴に話を戻すが、彼らの中には官公私立合わせて専門学校の卒業者が八六人もいた。彼らが専門学校に就学したのは、最も若い者でも専門学校令の施行以前であったから、まだ牧歌的な時代に書生暮らしを楽しんだのである。出身校は全部で三七校に及ぶが、そのうち三一校が現存する大学の起源や前身である。それらの学校のうち、慶応義塾や東京専門学校など八校は法律経済系で出身者が二六人、東京高等商業学校など六校は商業系で出身者は一五人、東京工手学校や東京水産伝習所など四校は技術系で出身者一一人、東京外国語学校など五校は語学専門校で出身者は一四人いた。さらに、長崎医学専門学校など一一校が医歯薬系で、出身者は一八人いた。このように紳士の出身校は、法律・経済・商業・語学・工学・医学など、広く実学の諸分野にわたっていた。柳田國男は、明治三〇年ころを次のように回想しているが、まさに上記の数字にみるとおりの話であった。[36]

学術の分野のなかで、最も青年の心をとらえたのは法学であった。…（略）…ついでは医学、更には工学だったようであるが、いずれも応用の学問である…（略）…東京の神田の町で、済生学舎という医学校と、法学院（中央大学の前身）とが最も幅を利かしたという。両者とも当時既に千人の学生を擁していた。

「紳士」のばあい、卒業生の多かった学校は、慶応義塾（六名）、東京専門学校（六名）、明治法律学校（七名）、東京高等商業学校（九名）、東京工手学校（七名）、東京外国語学校（一〇名）、長崎医学専門学校（五名）、東京済生学舎（四名）などで、当時人気の高かった顔ぶれが並んでいた。帝国大学や専門学校の学生は、文明開化の時代にあたかも一つの社会階層のようにして現れ、世間では一般に「書生」と呼ばれた。彼らは、坪内逍遙の『当世書生気質』、二葉亭四迷の『浮雲』、夏目漱石の『三四郎』など、明治文学の代表的作品にしばしば登場するので、それらを通じて彼らの生態を知ることができる。立身出世主義の高まりは、書生をして「末は博士か大臣か」といった将来価値で

たのであろう。[37]

崇める風潮を生み出した。とはいえ、「明治の書生の境遇は、種々相《しゅじゅそう》であって、医学書生は一般に堕落していたように想像され、文学書生は戯作者《げさくしゃ》を以《もっ》て目され」などという回想もあるように、一口に書生といっても実態は様々だったのであろう。[37]

6 師範学校卒業者―二一人

学校教員という職業は、「学制」によって生まれた新しい職業であった。そのため、近代的な学校制度が始まった時には、それにふさわしい教員はほとんどいなかった。やむなく政府が取った方法は、江戸時代に発達した藩学・郷学・私塾・寺子屋などの教師を、そのまま小学校の教員に採用するというものであった。[38]そうした事情もあって教師に一番向いていたのが士族であった。武士は旧幕時代のインテリである。実際に士族が多かった地域では士族の教員が多かったという。[39]明治一六年の全国統計によると、小学校教員の四〇％、中学校教員では七八％が士族で占められた。[40]しかし彼らも学校教員の訓練を受けていたわけではなく、自己流に近い教育がおこなわれていたようである。

教育の近代化は喫緊の国策的課題だったので学校教員の養成を急がねばならなかった。とくに小学校教員の養成が最優先の課題であった。そのためつくられたのが師範学校であり、官費給費制度によって貧しい家庭の子弟、たとえば没落士族の子弟でも進学できる機会を与えるようにした。卒業者には、小学校教員の正式な資格が与えられ、町や村の小学校に着任していった。田舎では師範学校と中学校の生徒は、互いにライバル意識を持っていたという。どちらにも学力優秀な少年が集まっていたが、立身出世という面でみれば、明らかに中学校の生徒のほうが優位に立っていた。彼らには、その先に高等学校→帝国大学→官僚という最高の立身出世が、努力と運次第では可能であった。そういうエリートコースは師範学校の生徒には閉ざされていた。彼らに負わされた責務は、卒業した後学校教育の現場で児童を啓発し、国の人材基盤を厚くすることであった。

文明開化・国民啓蒙の時代にあって、小学校教育が児童に与えた精神的感化は決して小さくはなかった。田舎の少年の心にまで立身出世の夢が湧くようになっていったのは、小学校の教育と教師から受けた影響によるところ大であった。とくに士族出身の教師の影響が大きかったという。前出の『名士の少年時代』（昭和五年）を分析した吉田昇は、次のようにコメントしている。(41)

士族出身の教師達は、広い社会のことを、農民や商家の子弟にも繰返して説いた。農民や商家の子弟が上京遊学するようになった背後には、これら士族出身の教員の力も大きかったのである。

7　その他の学校卒—四七人

以上のほか、「紳士」の中には特色ある学校や教育機関で学んだ人物が多くいた。彼らはいくつかのグループに分けることができる。一つめのグループは、軍関係の教育機関の出身者である。陸軍士官学校・海軍主計学校・海軍兵学校の卒業生などである。二つめのグループは、私塾で学んだ人たちである。ここには、中村敬宇や馬場辰猪など著名な人物の私塾も含まれている。三つめのグループは、商業学校や工業学校を出た人たちである。これらは、専門学校の資格を有していたという確証がないため、実業学校とみなしてここに分類した。四つめのグループはやや特殊である。清国において日本人が主宰する教育機関で学んだ人たちである。中でもとくに目を引くのが、上海の日清貿易研究所と東亜同文書院を出た人たちで、人数が一〇人をこえていた。五つめのグループは、独学によって医師開業免状を取ったような人物である。

以上のように、『満洲紳士録』の人物の学歴は、あたかも明治の学歴社会の縮図といった感じであったが、では、学校を出た後、彼らはどのような職に就いたのか、職業遍歴の実態を追ってみよう。

四　様々な職業の発生と立身出世の機会

明治政府は、誕生するとまもなく職業選択の自由化に踏みきり、門閥主義の否定や人材主義の採用など福沢流の政策を矢継ぎ早に打ち出した。職業の自由化に道を開いた一連の制度変更というのは以下のようなものである。(42)

明治元年『商法大意』の布達　株仲間など特権的組合制度の廃止
四年　華士族への職業の自由化　「田畑勝手作」の許可
五年　百姓の商工業参入及び町人の農村進出の自由化　人身売買・世襲的隷属の一掃

新しい世の中では、一生のうちに何度も職を変える人間も珍しくなくなり、職業遍歴という言葉もよく使われるようになった。実際にはそれはどのようなものであったのか。

1　最初の職業・職種

(1)全体の傾向（総数）——出郷者の行き先は第三次産業

まず「紳士」が実際にどんな産業分野の職に就いたのかをみてみよう（表3）。総数の「初回」の数字をみると、最初の就職では民間の「商業金融サービス業」部門の職に就いた人物が過半（五三％）を占めていたことが分かる。二番目に多いのは「公務その他」部門で、約三〇％がここに就職した。生産部門である農林水産業は二％、鉱工業部門にしても一五％にすぎなかった。当時の男子の労働人口や就業人口では、むろん農業部門が最大の比率を占めていた。「紳士」の就職傾向は明らかに特殊である。それは、彼らの就職が家郷＝農業を離れて都会＝商業・公務・工業に出ていった者たちのものだからである。明治時代に家郷を出ていった男子の主な行き先は、第一次産業はもちろんのこと第二次産業でもなく、民間および公的部門の商業・金融・サービス業などの第三次産業だったのである。そのことを「紳士」の職歴はやや突出した形で示しているのではないかと思われる。

（単位：人・%）

雇人	その他		総　数	
累　計	初　回	累　計	初　回	累　計
1 (0.2)			2 (0.6)	5 (0.6)
			2 (0.6)	2 (0.2)
2 (0.4)			3 (0.8)	6 (0.7)
				1 (0.1)
3 (0.6)			7 (2.0)	14 (1.6)
9 (1.8)			3 (0.8)	17 (1.9)
1 (0.2)			1 (0.3)	3 (0.3)
2 (0.4)			1 (0.3)	3 (0.3)
5 (1.0)			6 (1.7)	18 (2.0)
7 (1.4)	1 (3.7)	1 (1.4)	11 (3.1)	21 (2.4)
43 (8.7)			23 (6.5)	80 (9.0)
6 (1.2)			7 (2.0)	20 (2.3)
73 (14.7)	1 (3.7)	1 (1.4)	52 (14.7)	162 (18.3)
42 (8.5)			30 (8.5)	70 (7.9)
49 (9.9)	2 (7.4)	4 (5.6)	82 (23.2)	175 (19.8)
15 (3.0)			10 (2.8)	20 (2.3)
1 (0.2)				2 (0.2)
38 (7.6)			16 (4.5)	51 (5.8)
1 (0.2)				2 (0.2)
2 (0.4)			7 (2.0)	11 (1.2)
39 (7.8)		2 (2.8)	22 (6.2)	57 (6.4)
35 (7.0)	1 (3.7)	4 (5.6)	22 (6.2)	59 (6.7)
222 (44.7)	3 (11.1)	10 (13.9)	189 (53.5)	447 (50.5)
16 (3.2)	1 (3.7)	3 (4.2)	11 (3.1)	19 (2.1)
	17 (63.0)	32 (44.4)	17 (4.8)	32 (3.6)
40 (8.0)		1 (1.4)	14 (4.0)	43 (4.9)
90 (18.1)			31 (8.8)	90 (10.2)
17 (3.4)			6 (1.7)	17 (1.9)
28 (5.6)			18 (5.1)	29 (3.3)
6 (1.2)			1 (0.3)	6 (0.7)
	2 (7.4)	12 (16.7)	2 (0.6)	12 (1.4)
2 (0.4)	3 (11.1)	13 (18.1)	5 (1.4)	15 (1.7)
199 (40.0)	23 (85.2)	61 (84.7)	105 (29.7)	263 (29.7)
497 (100)	27 (100)	72 (100)	353 (100)	886 (100)
56.1	7.6	8.1	100	100

表3　職歴と就業上の地位：産業別

	自営業者		経営者		社員
	初　回	累　計	初　回	累　計	初　回
（農林水産業）					
農業	2（ 2.8）	3（ 1.6）		1（ 0.8）	
林業	1（ 1.4）	1（ 0.5）	1（ 2.3）	1（ 0.8）	
水産業	1（ 1.4）	1（ 0.5）		3（ 2.4）	2（ 0.9）
その他		1（ 0.5）			
（小　計）	4（ 5.6）	6（ 3.1）	1（ 2.3）	5（ 4.0）	2（ 0.9）
（鉱工業）					
鉱山業		3（ 1.6）	1（ 2.3）	5（ 4.0）	2（ 0.9）
煉瓦製造業				2（ 1.6）	1（ 0.5）
金属機械製造業				1（ 0.8）	1（ 0.5）
紡織被服業		2（ 1.0）	4（ 9.1）	11（ 8.9）	2（ 0.9）
食品製造業		2（ 1.0）	5（11.4）	11（ 8.9）	5（ 2.4）
土木建築業	9（12.7）	27（14.0）	4（ 9.1）	10（ 8.1）	10（ 4.7）
その他	3（ 4.2）	5（ 2.6）	2（ 4.5）	9（ 7.3）	2（ 0.9）
（小　計）	12（16.9）	39（20.2）	16（36.4）	49（39.5）	23（10.9）
（商業金融サービス業）					
商社貿易商	8（11.3）	20（10.4）	1（ 2.3）	8（ 6.5）	21（10.0）
商店	30（42.3）	88（45.6）	19（43.2）	34（27.4）	31（14.7）
銀行				5（ 4.0）	10（ 4.7）
貸金倉庫貸屋業		1（ 0.5）			
交通運輸業	2（ 2.8）	5（ 2.6）	1（ 2.3）	8（ 6.5）	13（ 6.2）
旅館ホテル業		1（ 0.5）			
写真業	5（ 7.0）	8（ 4.1）		1（ 0.8）	2（ 0.9）
医師薬剤師	7（ 9.9）	15（ 7.8）		1（ 0.8）	15（ 7.1）
その他	2（ 2.8）	8（ 4.1）	6（13.6）	12（ 9.7）	13（ 6.2）
（小　計）	54（76.1）	146（75.6）	27（61.4）	69（55.6）	105（49.8）
（公務その他）					
職業軍人					10（ 4.7）
兵士（徴兵）					
軍属・用達商	1（ 1.4）	2（ 1.0）			13（ 6.2）
官吏					31（14.7）
警察監獄署					6（ 2.8）
教員				1（ 0.8）	18（ 8.5）
官庁雇い人					1（ 0.5）
議員					
村長その他					2（ 0.9）
（小　計）	1（ 1.4）	2（ 1.0）		1（ 0.8）	81（38.4）
合　　計	71（100）	193（100）	44（100）	124（100）	211（100）
就業の地位別比率	20.1	21.8	12.5	14.0	59.8

注）1.「就職経験無し」または「不詳」の者は集計から除いた。
　　2. 累計は初回から9回目の就職までの合計である。

個別の職業（種）で人数の多かったのは、①商店、②官吏、③商社貿易商、④土木建築業、⑤医師などである。商店が飛び抜けて多いのは不思議ではないが、官吏や医師が上位にあるのは少し意外であった。これらを含め「紳士」の就職先は相当多様な広がりをみせていた。ということは、男子に対してもそれなりに職業機会が開けてきてはいたのである。かつては、農村から都市に流出した過剰人口、とりわけ男子は、「工場労働者となりえない限り、日傭人夫・車力・仲仕などとなり、かかるものとして一家を形成するほかない」というような見方が有力だった。[43]しかし、かならずしもそうとばかりは決めつけられないようである。都会に行っても最底辺の仕事にしかありつけないようであれば、立身出世や職を求めて次々と若者が農村から飛び出していきはしなかったはずである。それなりに希望を持たせるような現実が、確かにそこにあったということである。そういうことを示しているデータである。

(2)就業上の地位でみると相対的に自営業者が多かった

次に就業上の地位別に職業分布をみてみよう。職業には就業上の地位というものがあるが、ここではそれを①自営業、②経営者（使用人を雇っている）、③社員雇人、④その他（名誉職など）に分けてみた。雇用労働に依存しない自営業者なのか、多数の従業員を使う経営者なのか、人物紹介記事では判然としないばあいもあったので、この事項についてはデータの確度にやや問題があるが、大筋での傾向をとらえることはできたと思われる。

一回目の職業をみると、自営業二〇・一％、経営者一二・五％、社員雇人五九・八％、その他七・六％という内訳である（表3の最下行）。当然のことかもしれないが、誰かの使用人・従業員として出発した者が圧倒的に多かった。「紳士」の大半は、家督を継げない次男以下の者であり、しかも親に大した資産もないとなれば、社員雇人になって自立を図るのが常識だったはずである。紹介の記述から省かれてしまった職業もあったようだが、その多くも丁稚などの雇人であったと推測されるので、実際には社員雇人の比率は表の数字よりもっと高かったであろう。

他方、若いうちから自営業に就いた者が二〇％もいたのが注目される。文明開化の時代が来たとはいえ、近代的な工場といえばほとんどが繊維工場で、そこに働くのは未成年の女子であった。男子にはまだ工場労働者のような近代的労働市場が開けていなかった。だから丁稚小僧などになる少年が多かったのであるが、多少の資金を工面できれば、小さな商売を始めるチャンスもあったのである。ただ、それにしても、最初から自営業を開いた者が、全体の二割もいたとは考えにくく、実際には雇い人や奉公人を経験した後に、小商売を始めた者が多かったと思われる。同様に、最初から経営者になった者が一二％もいたというのも、実態から乖離しているとみてよい。何度かの転職を経てから、人を雇うほどの商売を開いたというのが多かったのではないか。その点を割り引いたうえでのことだが、比較的若いうちに経営者になれた者が、「紳士」の中に相当数いたという事実は注目しておきたい。青年にもそういうチャンスが開かれた、というところに明治という時代の若々しさが表れているとみられるからである。

「その他」の地位に就いた者も七％強いた。具体的に職名を挙げると、議員・村長・戸長・兵士（徴兵）などである。兵士は職業ではなかったが、ここではこれも一応職業の中に含めた。数としては兵士が一番多かった。それ以外のものも、本来経済的利得にはつながらないが、社会的には重要な役割を持つ名誉職的なものであった。若くして地域の要職に就いた人物が「紳士」の中に少なからずいたのである。出自の項目でも指摘したように、少数ではあるが地方名望家の子弟が含まれていたからである。以下、就業上の地位ごとに職業の中身をみてみよう。

(3)社員雇人となった者――官庁に雇われた者が意外に多い

「社員雇人」になった人たちのばあいであるが、やはり就業先は商業サービス部門に集中していた。しかし、ここで注目されるのは公的部門の比率が三八％にも達している点である。官庁とその周辺に雇われた男子が意外に多かったのである。個別の職種では、商店員と官吏が同数一位で、ほかに商社員・教員・医師などが人数上位にあった。一位が商店の丁稚や店員だったのは不思議ではない。都市化に伴う商業部門の拡大が、旧幕時代からあった商店の丁稚に対する需要をますます増やしたのである。それがまた少年を都会に惹きつける大きな要因になっていた。(44)ここにもそれが端的に表れているのである。実際に「紳士」が就いた雇用先を挙げてみると、陶器商・時計店・軍酒保・軍用達・材木商・ドイツ人商館・呉服店・綿布問屋・洋糖販売・煙草販売商会等々である。ややもすると伝来的部門と思われがちであるが、実際には新種の近代的な商売が多かったのである。文明開化の時代に新たな商業分野が拡大しつつあったことを物語っている。

同じく一位の官吏であるが、就職者の学歴と共に列挙すると以下の通りである。

福岡県庁職員（東京工手学校卒）　農商務省嘱託（東京高等商業学校卒）　農商務省官吏（帝国大学卒・林学士）　長崎地裁検事（帝国大学卒・士族）　内閣官房職員（独逸学協会学校卒）　逓信省勤務（東京専門学校卒）　鉄道局勤務（低学歴）　始審裁判所書記官（海軍兵学校中退）　島根県隠岐庁書記（東京水産講習所卒）　大蔵省（陸軍士官学校卒）　台湾総督府土地調査局勤務（三名、慶應義塾卒・九州学院卒・低学歴）　粟津村役場書記（慶應義塾卒）　広島県鉱山係（低学歴）　埼玉県庁土木課（低学歴）　三重県庁土木課（鉄道学校卒）　農商務省嘱託（コロムビア大学卒）　逓信省（低学歴二人）　大蔵省官吏（低学歴）　官吏（低学歴）　郡衛生土木課（低学歴）　門司市役所技手（私立工業学校卒）　外務省勤務（藩校）　会計検査官（日本法律学校卒・高等文官試験合格）　横浜市役所（鹿児島造士館高等学校卒）　宮内省勤務（低学歴）　官吏（低学歴）　農商務省官吏（低学歴）　郵便電信局（低学歴）

一見して中央省庁に雇用された人物が多かったことが分かる。一般に官吏こそ士族に向いた職業と言われたが、右のリストの中には士族は四人しかいなかった。「紳士」には四〇人ほどの士族がいたが、最初の職業で官途に就いた者は一割にすぎなかった。下級職まで入れれば、官庁に雇われた者は族籍を問わず多数いたということである。明治政府のもとでの中央官吏の階級編成は、「高等官」と呼ばれる勅任官と奏任官のほか、「半人官」などと蔑称された判任官の三つに分けられた。勅任官は、本省の次官・局長級、官選知事、会計検査院院長、帝国大学総長、内閣書記官長、法制局長官、警視総監などトップクラスの高級官僚である。それに次ぐ奏任官は、各省庁の課長以下の事務官や技師などである。これら二つがいまでいうキャリア官僚である。下級官吏である判任官は「属」とも呼ばれたノンキャリア組である。明治一六年の数字では、勅任官が一一七人、奏任官一〇五二人、判任官一万九〇〇〇人弱というように、官僚組織は典型的なピラミッド型機構になっていた。しかもこのほかに、雇用契約で雇われる雇員（傭人）が多数いたのである。(45) 先に列挙した「紳士」の官職には、勅任官や奏任官らしきものもあるが、実際にはどうだったのか。多くは判任官か雇員だったのではないか。当時は、正規の官吏となれば、最も社会的地位の高い職業であった。明治の文学作品には、そういう事情を窺わせる場面がよく出てくるが、たとえば次に引用するのは二葉亭四迷の自伝的小説『平凡』の一節である。(46)

法律学はそのころ流行の学問だったし、県の大書記官も法学士だったし、それに親戚《しんせき》に、私立だけれど法律学校出身で、現にわたしたちの目には立派な生活をしている人が二人あった。一人は…（略）…どこかの地方代言《だいげん》をして…（略）…今一人は内務省の属官でこそあれ、よいところを勤めている証拠には、かつて帰省した時の服装《なり》を見ると、地方では奏任官には大丈夫踏める素晴らし服装《なり》で、何しても金の時計をぶら下げていたという。

こういう時代背景からすると、官吏になった者が簡単に転職するとは考えにくいが、後でみるように、「紳士」のばあいにはほとんどが定着していないのである。出世を約束された帝国大学卒などもいたが、彼らでさえ途中で進路を変えていた。それ以外の学校の出身では官僚として大成するのは難しく、キャリアを積めないとなれば長くは勤めずに転職する者が多かったのであろう。一握りのエリートを除けば、官庁はそれほど魅力ある職場ではなく、見切りをつけて他出する者が後を絶たなかったのかもしれない。ただ、それにしても広い意味での官界が男子の有力な雇用労働市場であったことは確かである。また、先ほど並べた官庁の中に台湾総督府の名が入っていたが、実は植民地となった台湾で官職に就いた人物が、「紳士」の中には少なからずいたのである。この点も重要な事実である。

三位の商社員の雇用先としては、三井物産・大倉組・小泉洋行などの会社が人数上位の中に入っていた。「紳士」には高学歴者が多かったこともあって、大手の商社に雇われた人物が少なからずいたのである。ちなみに、三井物産に入った人物の学歴を調べてみると、東京高等商業学校卒（三人）・東京外国語学校卒・神戸商業講習所卒・新潟中学校卒であった。東京高商出が三人もいたのが目立っている。明治二七年の同校の卒業生三一三人の就職先をみると、「会社」が全体の四二％を占め断然トップであった(47)。

銀行に入った人物も一〇人いた。雇用先は、日本銀行（四人）・第一銀行・第十八銀行・第百三十銀行・日本勧業銀行・住友銀行・山城川越銀行などである。官吏こそが「男のなかの男」などともてはやされた当時にあって、「銀行員こそ収入や学識の点でそれに対抗しうる唯一の民間人だったかもしれない」とも言われるように、月給取りとしては銀行員がトップエリートだったのである(48)。そういう恵まれた職に就いた人物の学歴をみると、日本銀行に入った者では低学歴（二人）・順天中学校卒・藤沢南学塾というように、かならずしも高学歴ではなかった。低学歴者のうちの一人は「雇員」と名乗っているが、ほかの三人も正規の「行員」だったかどうかは定かでない。ほかでは、第一銀行に入った者が東京高等商業学校卒、第百三十銀行では東京帝国大学卒で、第十八銀行のばあいは馬場辰猪の私塾出身という変わり種だった。これらはみな高学歴者かそれに近い人物である。「紳士」のばあいには、遅くとも明治三〇年代末には就職していたわけであるが、そのころになると、「若者たちの前に大きく開けようとしていたのは、官僚でも専門的職業でもなく、実業の、サラリーマンへの道である」という状況が生まれていた(49)。だとすれば、彼らは日本の民間サラリーマンの先駆けの一人だったことになろう。先ほど出てきた判任官以下の中央官庁の下級官吏は、世間では「泥鰌」だの「腰弁当」などと呼ばれたが、彼らもまたサラリーマン・ホワイトカラーの仲間ではあった(50)。

四位に医師がランクされているが、この典型的な専門職については特殊な歴史的事情があった。明治の職業事情を知るうえでも興味深いので、そのあたりについて少し詳しく説明しておこう。明治維新と共に「学問は身を立てるの財本」と言われる世の中がやってきた。福沢諭吉の『学問のすすめ』は、それをいち早く民間人の立場から鼓吹したものであるが、新政府も明治五年八月二日に「学事奨励に関する被仰出書」という布達を発して、それまで学問の領域から排除されてきた実学（「方技」）に市民権を与え、その振興に旗を振り始めたのである。布達には、〈日用常行《ひびのおこない》・言語《ことばづかい》・書算《そろばん》を初め、士官《やくにん》・農・商《ひやくしようあきんど》・百工《しよくにん》・技芸《げいにん》及び法律《おきて》・政治・天文・医療《やまいいやす》等に至る迄、凡そ人の営むところの事、学《がくもん》にあらざるはなし〉とあるが、これは従来の学問観からすれば「大変な思想的事件」と言えるものであったのかもしれない(51)。

では、学問によって身を立てることを最初に具現した職業は何であったかというと、すなわち教師・学者と医師である(52)。そして、学問で身を立てることに一番熱心だったのが士族である。しかし、士族は教師や役人にはなりたがったが、医師になるのはたいてい忌避したのである。伝統的な職業観念に縛られていたからである。士族の間では、「医は賤業」「医術は賤技」といった古い「方技観」（技術観）が支配し、医師は身分的には低い技術職の一つとみなされていた。

一方、西洋医学と医療体制の導入のため医師の養成を急いだ明治政府は、明治一〇年代半ばに「医術開業試験」

（資格試験制度）を設けた。これにより初めて我が国にも、「医師という専門職業集団が形成され、また身分的な統一の契機が用意された」のである。[53] 医師の養成学校としては、まず東京医学校（東京帝国大学医学部の前身）が創設され、次にその卒業生を教員に用いる府県立の公立医学校が開かれた。そのほか五つの高等中学校にも付設の医学校が設けられ、後にこれらは官立の医学専門学校となる。さらに私立の医学専門学校も登場した。これらのうち、府県立の医学校は国家試験の成績不振、予算の逼迫、政府による医学校への地方税支弁禁止の指示（明治二〇年）などのためやがて姿を消していった。それとは対照的に、明治の後期まで医師養成機関として圧倒的に有名だったのが、私立の東京済生学舎である。これは、明治九年（一八七六）に長谷川泰（元東京医学校・長崎医学校教師）によって開かれた学校で、私立の医学専門学校の中でも最大規模の医術開業試験予備校に成長したものである。野口英世をはじめ多数の医師・医学者がこの学校から輩出した。「紳士」の中にも卒業生が四人いた。

医師資格試験制度は、多くの若者に立身出世の登竜門として歓迎された。それが済生学舎のような一種の受験予備校を流行らせたのである。試験にさえ合格すれば簡単に開業医となれ、数年のうちには「巨万の富」を手にすることができる、などというまことしやかな風説まで広まった。江戸時代からの悪弊が引き継がれたからである。江戸時代の医師制度はもっぱら開業医に頼るもので、町医者は実入りのよい職業であった。流行医ともなれば収入は高額なものとなり、その好例が『解体新書』で有名な杉田玄白であったという。[54] 明治に入っても旧幕期の開業医体制が継承され、相変わらず営利医業が幅をきかす形となった。[55] 経営の才をもった開業医はこぞって個人病院を設立し、金持ちの患者を集めるのに狂奔する始末で、医師の倫理観は完全に混乱におちいっていたという。[56]

さて、「紳士」の中には最初の職で医師になった者が二二名もいた。開業医が七名、勤務医が一五名である。つまり、病院の勤務医がけっこう多かったのであり、彼らの履歴を読むかぎりでは、開業医になった者も含めて「巨万の富」とは縁のない医者ばかりである。勤務医の雇用先は、東京伝染病研究所助手（細菌学）・兵庫県検疫官・陸軍軍医・陸軍補助医（高等官待遇）・京都医科大学助手・彦根病院勤務（薬剤師）・長崎県立病院医師・唐津共立病院勤務医等々である。医者は世間で言うほど金になる職業ではなかったのではないか。開業医以外のいわゆる病院勤務医もかなりいたのが現実であって、しかも「紳士」のばあいの事例からみると勤務先を頻繁に変えるくらいその待遇はよくはなかったようである。もちろんそれでも、医者は「特技を持ったエリート」と言えるし、悪くても中級公務員並みの地位にあったと思われる。(57)

五位は教員で、経験者は一八人いた。教員も士族に向く職業の一つと言われたが、この中にも士族が四人いた。一八人のうち小学校の教員は八人であった。学歴は、静岡県師範学校・秋田中学校・法学院・福島県師範学校（士族）・低学歴四人（士族二人）という具合で、半数は一応資格相当の者だった。しかし、当時の小学校教員の待遇は決して恵まれたものではなく、田舎の小学校には将来に希望を持てない教師も多かった。田山花袋の小説の主人公の発した「ああわれついに堪えんや、ああわれついに田舎《いなか》の一教師に埋もれんとするか」という悲痛な叫びは、おそらくそこらじゅうで聞こえたのであろう。東京などでも、裏店の貧しい長屋に暮らす教師一家もいたようである。(58)しかし、小学校の先生ばかりが教師ではなかった。「紳士」が就いた教職には、中学校教員（慶應義塾卒）・英語学校教師（同志社卒）・私立学校教師（第五高等学校卒）・東亜同文書院教習（東亜商業専門学堂卒）・簿記専門学校助教（滋賀県商業学校卒・士族）・塾教師助手（低学歴）・米国バンダビルド大学講師（セントラル大学卒）・北京警務学堂教習（低学歴）等々、なかなか多彩なものがあったのである。経験者のほとんどは高学歴者であるが、勤める学校が中級以上のためそういうことになったのであろう。明治時代の学校教師というと、とかく小学校教員ばかりが取り上げられることが多いが、学歴や学識があればほかにもいろいろと教師の口はあったのである。勉学立身の時代となった明治をみるうえで、これも見落としてはならない事実である。

(4)自営業者となった者――大半は商店主だった

では、自営業はどんな分野で開かれたのか。戦前の日本社会では、農家をはじめとする自営業の存在は極めて大きなものであったが、都市の自営業についての研究は乏しい。あるのは主に製造業を対象としたもので、家族労働力を中核にした就業者五人未満の零細工場の実態などが調べられてきた。そこに登場するのは、問屋に支配された自己資本のない家内工業、内職に従事する貧民窟の婦女子、あるいは農村の副業的家内手工業などであった。こうしたものが根強く存続する理由は、近代産業の未発達による相対的過剰人口＝低賃金基盤の存在に求められた。過剰人口の最大の貯水池は農村であり、そこから都市部の自営業に労働力が流れ込んだのは、都市に行ってもほかに雇用機会が開けなかったためであるとされた。農村からの離職者の多くが雇用部門には吸収されず、工場からの解雇者と共に自営業に堆積していった。およそこのように説明されてきたのである。(59)他方、自営業者になるには自分の生産手段を必要とするので、一定の準備期間＝職歴を経てからの転職ということになり、その後はあまり移動しないのが特徴であるとする見解がある。つまり自営業者になったことが一つの到達点を意味するというのである。(60)はたしてこのようなことが「紳士」のばあいにもあてはまるのかどうか。

「紳士」のおよそ二割が自営業者として働き出したということであったが、実際にはどのような業界で開業したのであろうか。群を抜いて多いのが商店であった。通説では戦前の自営業の半数以上は商業であるとされているので、それに比べると「紳士」のばあいにはむしろ商業の比率がやや低いのが特徴である。営業を具体的に挙げると、呉服商・雑貨商・軍用達・薬屋・海産物商・材木米穀販売・綿布織物行商・魚販売・金物船具商・酒類卸商・肥料商・骨董屋など種々雑多であったが、比較的多かったのが織物類の商売・雑貨商・売薬、それに軍用達などである。商店以外の業種では土木建築業・商社貿易商・医師などがそれぞれ一割前後で上位にあり、さらに写真業などが挙げられる。土木建築業のほとんどは土木建築工事の請負業で、軍用達や鉄道工事請負業などが多かった。商社貿易商は全員が生糸などを扱う貿易商だった。開業医には、歯科医師・病院長・歯科医兼質屋・薬剤師などが含まれた。写真業は文明開化を象徴する舶来の専門職で、一般には写真師と呼ばれた。写真師がとくに隆盛をきわめたのは明治の前半期で、東京の街でもモダンな建物を代表したのが写真館であった(61)。「紳士」の中にも個性的な写真師が登場するが、それについては後ほど紹介することになる。以上のように、自営業のばあいには、医師や写真師などを別とすると、どちらかと言えば伝来的な商売が主流であった。

(5)経営者となった者——多彩な分野に現れた

次は人を雇う経営者であるが、ここでも圧倒的に多いのがやはり商店で、全体の四割を占めた。具体的に挙げると、時計店・薬種商・食品問屋・海産物肥料商・塩問屋・軍用達・石炭販売業・呉服商・堂島米穀取引所仲買・銅鉄器問屋兼貸金業・材木石炭販売等々である。経営者は、使用人を使っている点が自営業者と異なるが、自営業者の個別職種と比べてみると、問屋や仲買なども含まれ店の規模が大きいことを窺わせる。

二位につけたのは、商業金融サービス業の中の「その他」である。具体的にはどのようなビジネスだったのかというと、たとえば濃飛日報主宰(新聞社)・仁川商報社長(新聞社)・私学経営・語学学校主宰(ロシア語)・潜水業(サルベージ船)、あるいは遊郭主などである。遊郭主のような古くて新しい商売もあるが、潜水業・新聞社・学校経営など新時代にふさわしいものが多く、またインテリが手がけそうなものが多いのも特徴である。近代社会に移った日本ではあったが、多少とも文筆の才があり、かつ自由な思想の持ち主が生きられる業界は、明治のころはせいぜい出版や新聞の世界くらいであった。当時はジャーナリストと文士とはほぼ同義であり、たいていは兼業だったのである。だいたいにおいて現実逃避型や破滅型のインテリがこの世界に入っていったとされる。(62) そういうタイプの人物が「紳士」の中にもいたということかもしれない。

そのほかでは食品製造業・紡織被服業・土木建築請負業などが上位に並んでいる。食品製造業の中身は、パン製造業・缶詰工場（二人、一人は軍用達）・酒造業などであり、紡織被服業というのは、洋裁兼販売店・毛糸紡績会社・洋服裁縫店（用達）・織物業などである。製造業の分野にも経営者になった人物が多少はいたわけであるが、それらもやはり文明開化の時代を映した商売が中心だったことが分かる。そもそも明治・大正のころの経営者というのは、一般的に定義づければ、「自営業層の中で経営基盤を確立し、中間層としての生活水準を享受していた人びと」と考えられ、多くのばあいに「地元の産業活動を主導した」小企業主であるとされる。(63) そういうイメージに重なる人物が、たしかに「紳士」の中にも少なからずいたのである。

(6)「その他」の職に就いた者——徴兵による兵士が多かった

社員雇人・自営業者・経営者のどれにも該当しないのが「その他」である。三分の二が兵士で占められていた。徴兵・召集による入隊であって、いわゆる職業軍人ではない。一般の兵士というのは職業ではないかもしれないが、家郷を離れて最初のころに就いた仕事は何だったかということで、ここではこれも職業の一つとみなして「公務その他」の項目に加えたのである。国民に嫌われて始まった徴兵制度であったが、実はそこには政府も期待しなかったような副次的効果が生まれた。徴兵による入隊は、どんな山間僻地の青年に対しても、軍隊生活を通じて都会の空気を味わわせるまたとない機会になり、満期除隊となって村に帰れば彼らに何ほどか郷里の近代化を促す役割を担わせることになったのである。小学校より上の学校に進む者がごく少数だった時代には、徴兵による三年間の軍隊生活は、狭い共同体の伝統的慣習的訓育しか知らなかった若者に、組織的合理的な団体生活の訓練を施す絶好の機会になったのである。(64)つまり兵役は労働力の陶冶、職業訓練の意味さえ持ったと言えるのである。

ただし、国民皆兵の徴兵制とはいえ平等でない面もあった。たとえば明治のころには、中学校以上の学歴がある者は一年志願兵となる者が多かった。そのばあいには、自費で百円の入営費を前納して入隊すると、士官候補生と一緒に一年間の特別教育を受けるだけで軍曹に昇進し、そのまま除隊となる。あるいはさらに三ヶ月間、今度は官費で兵役を継続して予備役少尉に任官するという道もあった。つまり、高学歴者のばあいには兵役は一年から一年数ヶ月で済んだのである。そのため兵営生活者のほとんどは尋常小学校卒で占められ、高等小学校卒すら珍しかった。(65)三年間も軍隊に縛られることは、学歴のない貧しい青年にとっては経済的にも大きな負担だったはずである。だから徴兵令には国民の強い拒絶反応がみられ、忌避の空気が長らく消えなかったのである。

しかるに、軍隊や兵士をとりまく環境は、同じ明治時代でも日清戦争の前と後とでは相当に違ってきたようである。日清戦争が思いがけない大勝利に終わると、にわかに軍人は「到るところでモテ」るようになり、「私のいた中学分校の同級生の中には、軍人志願の者が一番多かった」などという風潮が生まれたのである。また、実際に戦場に出た村の青年の中には、「二年間の軍隊生活に馴れ鋤鍬《すきくわ》を取ることを忘れるまでに百姓の仕事に遠ざかっていたために、帰郷して再び農事に従事するのを厭う」者さえ出てきたという。(66)つまり、戦争や軍隊生活もまた伝統的基盤＝ムラからの若者の離脱を促す契機になったのである。この作用は思う以上に強力だったのかもしれない。

ほかに「その他の職」として挙げられるのは、職業軍人、国会議員、県会・郡会・村会議員、里正・戸長・村長な

表4　転職と就職地　（単位：人・%）

	日　本	清　国	台　湾	朝　鮮	ロシア	その他	合　計
1回目	289 (82.3)	23 (6.6)	24 (6.8)	5(1.4)	6 (1.7)	4 (1.1)	351 (100)
2	159 (69.7)	29 (12.7)	31 (13.6)	4(1.8)	2 (0.9)	3 (1.3)	228 (100)
3	82 (59.4)	24 (17.4)	22 (15.9)	3(2.2)	3 (2.2)	4 (2.9)	138 (100)
4	49 (61.3)	12 (15.0)	17 (21.3)	1(1.3)		1 (1.3)	80 (100)
5	32 (72.7)	4 (9.1)	6 (13.6)	2(4.5)			44 (100)
6	14 (63.6)	4 (18.2)	3 (13.6)	1(4.5)			22 (100)
7	8 (72.7)	2 (18.2)	1 (9.1)				11 (100)
8	3 (60.0)	2 (40.0)					5 (100)
9	1 (33.3)	1 (33.3)		1(33.3)			3 (100)
累計	637 (72.2)	101 (11.5)	104 (11.8)	17(1.9)	11 (1.2)	12 (1.4)	882 (100)

注）1・3・4回目の就職の時に就職地不詳の者が各1〜2名いたが、集計からは除いた。

どである。年長の世代の中には、若くして村の要職に就いたり議員になったりした人物が少なくなかった。ほとんどは土地の名家に生まれた青年であった。そのうちの何人かは各世代の「人物伝」のところで紹介する予定である。

2　国内にかぎられない就職場所

一般的に考えれば、明治期の職業移動はほとんど国内でおこなわれたに違いない。ところが、「紳士」はいずれも渡満者であり、もともと海外志向の強い人物が多かったのか、満洲に渡る以前においても清国や台湾などで職を得た経験のある者が多数いた。たとえば、最初の職を国内で得たか国外で得たかをみると、国内が八割、外国が二割であった（表4）。厳密に最初の就職だったかどうかは別としても、働き始めて間もないころの就職場所が外国だったという者が、全体の二割に達しているというのは異例の数字である。到底当時の平均的日本人の行動とは言えない。彼らは時代の先端的・突出的な存在だったのである。

海外での就職地は、具体的には台湾・清国（満洲を除く大陸中国）・ロシア・朝鮮などであったが、主なものは清国と台湾であった。朝鮮は意外に少なく、またロシアのばあいはすべて極東地域である。一部には米国での就職などもあったが、就職地の大半は近隣の東アジアないしは極東地域、とりわけ清国・台湾に集中していた。ちなみに、清国で就職した人たちの職種をみると、商社貿易商三人、商店九人、軍属七人などで、とくに軍属の多いのが目立った。台湾では、土建業三人、商店七人、交通運輸業三人、軍属二人、官吏三人などで、日清戦争後の植民地化を反映して、土木建築業・交通運輸業、それに官吏というのが目立っている。また、民間企業を興した者の中には、現地の中国人と手を組んで合弁会社を開設した例が少なくなかった。これも次章以降の人物伝の中にそういう事例が出てくるはずである。

いずれにせよ、二回目以降の就職も含め、「紳士」の職歴には強烈な海外志向がみられ、働く場所として彼らが国内にそれほど拘泥していなかったことが分かる。明治の社会変動と文明開化の思潮は、一部においてこのようないかにも非土着型の人間を生み出したのである。彼らの中には、例の「人間到るところ青山あり」を胸中に抱いて船出した者がいたに違いない。人の移動の先端的な部分では、早くも明治時代の前半から近隣アジア地域もその範囲に入っていたということである。このような青年たちのボーダレスな行動は注目に値するものである。

3　職業移動＝職業遍歴の傾向

では次に職業移動、すなわち職業遍歴の実態をさぐってみよう。

(1)職歴数＝転職の頻度

まず満洲に渡るまでに「紳士」は何度職を変えたのかを調べてみた（表5）。最も人数の多いのは就職回数一回＝転職ゼロの者で、これが全体の三六％を占めた。以下、就職回数が増えるごとに減っていき、職歴数一から三までを合計すると全体の七七％に達した。これだけからみると同じ職にとどまる傾向が強く、移動の頻度はあまり高くなか

表5　世代別職歴数　(単位：人・%)

	1回	2回	3回	4回	5回	6回	7回	8回	9回	合計	不明
総　　数	124 (36.2)	85 (24.8)	57 (16.6)	35 (10.2)	21 (6.1)	11 (3.2)	5 (1.5)	2 (0.6)	3 (0.9)	343 (100)	46
第1世代	7 (29.2)	2 (8.3)	4 (16.7)	5 (20.8)	5 (20.8)		1 (4.2)			24 (100)	2
第2世代	24 (24.5)	24 (24.5)	19 (19.4)	12 (12.2)	9 (9.2)	5 (5.1)	3 (3.1)	1 (1.0)	1 (1.0)	98 (100)	9
第3世代	65 (35.7)	54 (29.7)	31 (17.0)	16 (8.8)	6 (3.3)	6 (3.3)	1 (0.5)	1 (0.5)	2 (1.1)	182 (100)	20
第4世代	28 (71.8)	5 (12.8)	3 (7.7)	2 (5.1)	1 (2.6)					39 (100)	15

注）1. 生年不詳者（10名）を集計から除いたので総数が389名になっている。
2.「不明」には「職歴無し」と思われる者も含まれている。

ったように思われる。しかし、実は経歴紹介記事の中には、一〇代のころの職歴を省略しているのではないかとみられるものが少なくなかった。本当はもう少し職歴数が多かったと考えられる。

一方、就職数が五回をこえる人物が全体の一二％いた。八回・九回という人物もいるので、これはこれで無視できない。彼らの職業遍歴を追えばいろいろ興味ある事実を知りうるからである。また、当然ながら世代別にみれば傾向は一様ではなかった。全体の傾向と似ているのは、最多の人数を占める第三世代である。第一と第二世代は、比率配分が分散的で、移動頻度の高い者も相対的に多かった。逆に最年少の第四世代のばあいには、移動回数が非常に少なかった。要するに職業の移動回数はだいたい年齢に対応しているのである。出生地の市町村別と職歴数との間に、何らかの照応関係があるか調べてみたところ、頻度の一番低かったのは市部の出身者であった。職歴五回以上の者の比率は、市（七・一％）、町（一一・四％）、村（一一・八％）というように、市部に生まれた人物が最も転職率が低かったのである。市部に生まれ育ったほうが適当な仕事をみつけやすく、ある程度は就職に有利だったということかもしれない。

(2) 職への定着率は業界による差が大きかった

いったん就いた職への定着度はどうだったのか（表6）。とりあえず最初の職業についてみると、総数三五三人のうち就職先をまったく変えなかった非転職者は一二五人、定着率は三六％ということである。これを高いとみるべきか低いとみるべきか、判断材料＝尺度がないので何とも言えないが、三分の一が満洲に行くまで転職しなかったというのは、案外に定着率は高かったとみてよさそうである。産業部門別に定着率を計算してみると、鉱工業四六％、商業金融サービス業四三％、公務その他一八％であった。意外なことに、民間部門よりも公的部門の定着率のほうがずっと低かったのである。兵士・村長・議員など満期や任期のある職業が含まれていたことが、公務その他の定着率を下げる理由になっていた面はあるかもしれない。しかし、それを考慮したとしても、ほかに比べて公的部門のほうが職への定着度がいちじるしく低かったことに変わりはない。それだけ満足のいく待遇を受けていなかった者が多かったということかもしれない。

定着率を個別業種ごとに計算してみると、鉱工業部門では紡織被服業五〇％、食品製造業六四％などというように、製造業では定着率が比較的高かった。最も人数の多い土木建築業は三九％にとどまったが、転職していった一四人のうち、実に一三人までが同じ土木建築業界内部での移動だった。つまり土木建築業は業界内での移動が活発な世界だったのである。これは面白い事実である。土木建築業には業界特有の要素（「渡世人気質」）も絡んでいたと思われる。明治の「土工の社会には、飛びッちょ、とか、西行《さいぎょう》とか呼ばれる渡り職人がおり、諸国の土木工事現場を渡り歩いて腕を磨いたものである」と言われるような人物が、たぶん「紳士」の中にもいたのであろう(67)。

商業金融サービス業部門では、定着率は商社貿易商五三％、商店四八％、銀行四〇％、交通運輸業一三％、写真業五七％、医師四一％、その他三二％などというようにばらつきが大きかった。なぜか交通運輸業では定着率が異常に低かった。医師もあまり定着度が高くはなかったが、移動した者の全員が同じ業界内での移動、つまり医師としての移動であった。資格がものを言う専門職らしい動きである。これに対して交通運輸業では、移動した一四人のうち業界内にとどまったのはわずかに二人であった。商社貿易商のばあいも、移動者一四人のうち業界内にとどまったのは二人だった。自営業者が多かったためか、商店のばあいには少し傾向が違っていた。移動者四三人のうち半数の二一人が業種内での移動であった。移動しなかった者と合わせると、商店のばあいには七割強が業界に残ったことになる。

定着度の最も低かった「公務その他」部門をみると、定着率は職業軍人二七%、兵士二四%、軍用達商一三%、官吏一九%、警察監獄署〇%、教員一七%、官庁雇人〇%、議員〇%、その他三三%という具合で、どれも軒並み極めて低い数字である。一回目に一一人いた職業軍人のうちそのまま残ったのはたった三人で、移動していった八人のうち六人は、軍人をやめてほかに転職してしまった。用達商ではもっと定着度が低く、業種内での移動も少なかった。戦時の臨時的な仕事が多かったからであろう。そして、官吏でさえも三一人のうちそのまま残ったのは六人で、七人がほかの役所に移り、一七人が別の業種に転出していった。転出先を挙げてみると、大倉組建築部員・陸軍省嘱託・

（単位：人）

6回目	7回目	8回目
		0 (1)
		0 (1)
0 (1)		
1 (1)		
2 (4)		
	0 (1)	
3 (6)	0 (1)	
1 (1)	1 (1)	0 (1)
3 (3)		
	1 (1)	
0 (3)	1 (3)	0 (1)
2 (3)	0 (1)	1 (1)
0 (4)	1 (2)	0 (1)
6 (14)	4 (8)	1 (4)
1 (1)		
1 (1)		
	2 (2)	
2 (2)	2 (2)	
11 (22)	6 (11)	1 (5)

表6　非転職者

	1回目	2回目	3回目	4回目	5回目
(農林水産業)					
農業	0 (　2)	0 (　1)	1 (　1)	0 (1)	
林業	1 (　2)				
水産業	0 (　3)	1 (　4)	1 (　1)		
その他	0 (　0)				0 (1)
(小　計)	1 (　7)	1 (　5)	2 (　2)	0 (1)	0 (1)
(鉱工業)					
鉱山業	1 (　3)	3 (　8)	1 (　4)	0 (1)	0 (1)
煉瓦製造業	0 (　1)	1 (　1)	1 (　1)		
金属機械製造業	0 (　1)		0 (　2)		
紡織被服業	3 (　6)	0 (　3)	2 (　3)	0 (2)	2 (2)
食品製造業	7 (11)	0 (　2)	0 (　3)	1 (1)	1 (1)
土木建築業	9 (23)	14 (26)	12 (18)	0 (3)	4 (5)
その他	4 (　7)	2 (　8)	0 (　2)	0 (1)	1 (2)
(小　計)	24 (52)	20 (48)	16 (33)	1 (8)	8 (11)
(商業金融サービス業)					
商社貿易商	16 (30)	8 (14)	5 (　9)	7 (9)	3 (4)
商店	39 (82)	23 (50)	11 (22)	6 (15)	3 (4)
銀行	4 (10)	4 (　4)	0 (　1)	2 (3)	0 (1)
貸金倉庫貸屋業	0 (　0)	0 (　1)		1 (1)	
交通運輸業	2 (16)	3 (　8)	3 (11)	3 (6)	2 (3)
旅館ホテル業	0 (　0)			0 (1)	1 (1)
写真業	4 (　7)	1 (　2)	1 (　2)		
医師薬剤師	9 (22)	10 (16)	3 (　7)	1 (4)	1 (3)
その他	7 (22)	3 (　9)	3 (　7)	5 (8)	0 (5)
(小　計)	81 (189)	52 (104)	26 (59)	25 (47)	10 (21)
(公務その他)					
職業軍人	3 (11)	2 (　5)	2 (　3)		
兵士(徴兵)	4 (17)	2 (　7)	1 (　4)	2 (2)	
軍属・用達商	2 (15)	2 (11)	1 (　8)	3 (7)	0 (1)
官吏	6 (31)	5 (27)	5 (18)	3 (9)	1 (3)
警察監獄署	0 (　6)	0 (　6)	0 (　2)	1 (3)	
教員	3 (18)	2 (　5)	3 (　5)	1 (1)	
官庁雇い人	0 (　2)	1 (　2)			
議員	0 (　2)	1 (　2)	1 (　4)	0 (2)	2 (2)
村長その他	1 (　3)	1 (　6)	0 (　1)	1 (1)	1 (2)
(小　計)	19 (105)	16 (71)	13 (45)	11 (25)	4 (8)
合　　計	125 (353)	89 (228)	57 (139)	37 (81)	22 (41)

注) 1. (　) 内の数字は各回の就職者、外の数字はそのうちの「非転職者」の数を示す。
　　2. 同一業種内部でも就業先を変えた者は転職者とみなした。

弁護士・郵便局員・成田鉄道会社員・隠岐水産組合長などのほか、商売・兵士（徴兵）・カナダ警察など実に様々であった。これに対して、警察監獄署では定着率がゼロだったが、六人のうち二人は業種内での移動であり、残りのうちの二人は司法省判事と富山地裁書記に転じている。したがって比較的近い関係のあるところでの移動が多く、みかけほどには定着度は低くはなかったと言えるかもしれない。さらに予想外に定着率が低かったのが教員である。動かなかったのは一八人のうちわずか三人である。ほかに同一業種内で動いたのが三人いたので、教員としてとどまったのは六人であった。残りの一二人はどこに転出したのかというと、土建会社服部組社員・商社員・海軍省勤務・陸軍通訳（高等官待遇）・長崎県庁税務係・秋田市役所・開業医など、これも非常にまちまちである。教員とは関係のない仕事がほとんどで、つながりのなさに驚くばかりである。やはりこうしたところにも、当時の教員の社会的地位の低さや待遇の悪さ、あるいは教員の質の低さが如実に表れているのである。

議員になった人物は、もともと二人（県会議員）しかいなかったが、一人は県会議員を一〇年続けた後に国会議員に転じた。もう一人は、県会議員をやめた後、方向転換して台湾に渡り、現地で樟脳製造業を開いた。最後の名誉職などの「その他」の職では、三人のうち定着したのは一人で、残りは村長から県会議員に転身した。定着率の低さはともかくとして、このばあいには移動が社会的地位の上昇を伴っていた例が多く、生まれながら持っていた地方名望家としての地位を基盤に、有利な転職を重ねていったということである。彼らの職歴は言わば選良的なものであった。

(3)職業遍歴には立身出世の気流が流れていた

では転職に伴って就業上の地位にはどんな変化がみられたのか。立身出世の動きはあったのか（表7）。人に使われる社員雇人の比率は、職歴二回目からほぼ一貫して下がっていき、七回目の就職では三六％にまで落ちた。職を変えるうちに、社員雇人の地位から抜け出す者が多かったのである。つまり転職には脱雇用者化の傾向が伴っていた。これに対して自営業者の比率は、職歴三回目まで上昇し、ピークの時は二六%をこえた。その後はやや低下したが、それでも二〇%弱のところを維持した。これは、転職する者の中に、自営業を開く者が常に一定程度はいたということを意味する。比率が大きくは増減しないところに、自営業の「根強さ」が表出しているようである。では経営者の比率はどうか。こちらの動きはまさに社員雇人と対照的である。とくに職歴三回目以降になるとその比率は顕著に上昇し、三〇%台からさらに四〇%台に上がっていった。職歴を重ねれば重ねるほど、経営者になれる機会もさらに増えたということである。苦労して立身出世の道を歩んだ人物が少なからずいたのである。

　表7は個々の人物の職歴を示したものではない。個人の職歴を追えば、社員雇人→自営業→社員雇人→経営者という具合に、上昇と下降を繰り返す例も多いはずである。表の数字の裡にはこうした個々の人間の浮沈が含み込まれているのである。なお、社員雇人と自営業者を比べた時には、どちらのほうが社会的地位や就業上の地位が高いかは一概には言えないところがある。社員雇人の中には、三井物産など大手の会社の社員や中央省庁の官僚も含まれていたからである。自営業者には零細なものが多かったとみられ、ホワイトカラーの先駆けたちよりも上位にあったとは言い難いのである。しかし、小さな商店の丁稚や店員から自営業者に転身したり、社員雇人から経営者に

表7　転職と就業上の地位　（単位：人・%）

	自営業	経営者	社員雇人	その他	合　計
1回目	71（20.1）	44（12.5）	211（59.8）	27（ 7.6）	353（100）
2回目	60（26.3）	27（11.8）	120（52.6）	21（ 9.2）	228（100）
3回目	32（23.0）	18（12.9）	78（56.1）	11（ 7.9）	139（100）
4回目	16（19.8）	13（16.0）	43（53.1）	9（11.1）	81（100）
5回目	7（15.9）	8（18.2）	25（56.8）	4（ 9.1）	44（100）
6回目	4（18.2）	7（31.8）	10（45.5）	1（ 4.5）	22（100）
7回目	2（18.2）	5（45.5）	4（36.4）		11（100）
8回目		2（40.0）	3（60.0）		5（100）
9回目	1（33.3）		2（66.7）		3（100）
累　計	193（21.8）	124（14.0）	496（56.0）	73（ 8.2）	886（100）

注）「その他」というのは兵士、議員、村長等々である。

成り上がったりした人物も少なくはなかった。総体としてみれば、転職に伴って就業上の地位が上がる傾向は確かにあったのである。明治維新が開いた職業選択の社会には、間違いなく立身出世の上昇気流が巻き起こっていた。そのように結論してよかろう。

⑷学歴は明らかに職歴に反映した

職歴と学歴とは何らかの関係を有しているはずである。しかし、「高等教育卒業者の職業的配分については、それをトータルに把握するに十分な資料は残されていない。全体像への接近は個別的な資料の整理・検討を通じて進められねばならない」と天野が言うように、明治時代の高学歴者と職業との関係についても、資料がないため十分明らかにはされていない[68]。本書が分析対象にした『満洲紳士録』も、まさにそうした個別的資料の一つである。職業移動の頻度を学歴別にみたところ、やはり学歴によってかなりの差が出てきた（表8）。中学校・高等学校および大学卒業者のばあいには、職歴数の多い人物の比率が非常に低く、典型的な学歴エリートは頻繁に職を変えないという傾向がみられる。反対に、最も転職頻度の高いのが「その他の学校」の出身者で、職歴五回以上の人物が一八％もいた。次章からの世代別考察の中で紹介することになるが、「その他の学校」の卒業生には個性的な人物が多く、思い切りのよい生き方をする者が目立った。準エリート層に位置づけられる専門学校卒のばあいも、高学歴にしては職業の定着度はかならずしも高くはなかった。学歴に見合う職になかなかありつけなかった事情が窺える。逆に、低学歴者のばあいには意外に定着度が高かった。いったん就いた職で辛抱する者が多かったのか、知識がないぶん行動範囲が狭かったのか、あるいは丁稚時代など幼いころの職歴を紹介記事から省いたのか、理由はいろいろ考えられる。

では、転職に伴う就業上の地位の変化には学歴差がみられたのか。これは表には示していないが、まず低学歴者の

表8　学歴別職歴数　（単位：人・%）

	1回	2回	3回	4回	5回	6回	7回	8回	9回	合計	不明
低学歴	80	51	29	21	13	4	3		2	203	23
	(39.4)	(25.1)	(14.3)	(10.3)	(6.4)	(2.0)	(1.5)		(1.0)	(100)	
師範学校					1		1			2	
					(50.0)		(50.0)			(100)	
中学校	6	3	4	2						15	3
	(40.0)	(20.0)	(26.7)	(13.3)						(100)	
高等学校	1	1	2	1				1		6	1
	(16.7)	(16.7)	(33.3)	(16.7)				(16.7)		(100)	
専門学校	25	19	17	5	5	3	1	1		76	10
	(32.9)	(25.0)	(22.4)	(6.6)	(6.6)	(3.9)	(1.3)	(1.3)		(100)	
帝国大学	6	2		1						9	
	(66.7)	(22.2)		(11.1)						(100)	
「その他」	6	12	6	7	2	4	1			38	9
	(15.8)	(31.6)	(15.8)	(18.4)	(5.3)	(10.5)	(2.6)			(100)	
合　計	124	88	58	37	21	11	6	2	2	349	46
	(35.5)	(25.2)	(16.6)	(10.6)	(6.0)	(3.2)	(1.7)	(0.6)	(0.6)	(100)	

注）1. 中上級学校の中退者（4名）は集計から除いた。
　　2.「不明」には「職歴無し」と思われる者も含まれている。

ばあい累計の数字でいうと、自営業者二七%、経営者一七%、社員雇人四八%、その他七%という構成であった。半数近くが社員雇人で、その比率は常に四八%前後のところにあった。低学歴者の半数は社員雇人として働いていたのである。就職先で一番多かったのは商店や会社ではなくて官庁であった。およそ四分の一が官庁関係に雇われ、商店員は一五%ほどにとどまった。低学歴者の四分の一は自営業者になったようであるが、このばあいにはその半数近くが商店主であった。次に多いのが土木建築業主である。また、職歴が多くなると経営者の比率が高まり、叩き上げの末に出世した人物がいたことを物語った。また、低学歴者の中には、旧幕期に地方名望家の家に生まれた者がいたが、彼らの一部は若くして地域の要職を歴任したのである。

　中学校卒の人たちは、転職の頻度はあまり高くなかったが、やはり商社や商店の社員雇人が半数を占めた。他方、村長などの公職に就いた人物が多かったのが中学卒の「紳士」の特徴だった。彼らの生家も地方名望家や士族であった。しかし、同じ官学系列の高等学校卒と大学卒のばあいは、どちらも正真正銘の学歴エリートであったが、故郷に帰って地方の名士におさまった人物はいなかった。中央志向の人物が多かったのである。職歴ではここでも社員雇人が多数を占めたが、官僚・銀行員・勤務医などになった者が多かった。そして、自営業者になった人物はほとんどいなかった。専門学校卒のばあいにも、やはり社員雇人の比率が累計で七〇％前後の高い比率を占めた。一番多かったのが勤務医、次が官吏、そして土木建築会社の社員であった。自営業に就いた者のばあいでも一番多かったのが医師（開業医）である。経営者になった人物は意外と少なく、累計でも七％にすぎなかった。「その他」の学校を出た人物では、自営業者がやや多いほかは、ほぼ専門学校卒と同じ傾向であった。

以上のことに表出しているのは、低学歴者と高学歴者との職歴傾向の明らかな違いである。低学歴者のばあいには、自営業者や経営者に「成り上がった」者の比率が相対的に高く、社員雇人は半数以下にとどまった。これに対して、高学歴者のばあいには社員雇人の比率が七割前後にも達し、自営業者や経営者の比率は低かった。つまりはこうである。学歴のない者は、社員雇人としては出世の道が開けないため、零細ながらも自営業を開くとか、小なりとはいえ人を使う経営者に這い上がろうとする傾向が強かった。学歴のある者は、官僚や会社員の世界での出世、組織内での出世を第一と考え、自営業者や経営者になることをそれほど希望しなかった。このように言えるのではないか。立身出世の道には、独立志向の「草の根コース」と、組織志向の「学歴コース」とが存在したのである。

五　海外志向が強かったのは若者や特殊な学校を出た人物

海外への渡航は、仕事以外の目的でもおこなわれたので、それを含めると海外経験者の数はもっと多くなった。比率では「紳士」総数の四七・三%、ほぼ半数にのぼった。『満洲紳士録』に紹介された人物、つまり明治末期の満洲在留日本人は、突出して海外志向が強かったのである。渡満が、それ以前の海外経験、とくに清国・台湾などへの渡航経験の延長上におこなわれたことが分かる。ただしこれには世代による違いがみられた。海外経験者の比率が最も高かったのは、維新前夜に生まれた第二世代で、五六%の人物が海外に行ったことがあった。ほかは第三世代(四八%)、第四世代(四〇%)、第一世代(三一%)の順であった。これをみると、明治維新を一〇歳以下で迎えた人びとが、最も積極果敢に文明開化の時代の波頭に立ったと想像できそうである。職探しなどのため海外に出なければならない力が、第二世代に対して最も強く働いていたのかもしれない。

学歴別に海外経験者の比率を調べたところ、全体的には学歴を問わず高率であった。ただ、中学・高校・大学卒は、総数が少なくて傾向を云々し難い。ほかの三つのうちで比率が最も高いのは、「その他」の学校で、海外経験者は六四%に達した。彼らは、上海の日清貿易研究所や東亜同文書院、漢学・英学塾、陸軍士官学校等々に籍を置いたことのある人物で、そもそもひと味違った進学コースを選んだ個性的な若者が多かった。学生の時から中国大陸に関心を寄せていた者もいたのである。低学歴者のばあいも、海外経験者が四八%に達していたが、大半は職を求めての清国や台湾などへの渡航だったとみられる。また、高学歴者である専門学校卒でも、海外経験者が三六%もいたので、海外志向が学歴とは関係なく広がっていたことを窺わせた。

渡航先は就職地のばあいとほとんど同じで、清国と台湾が圧倒的に多く、累計では三分の二を占めた。ほかには朝鮮・ロシア・欧米・東南アジア・豪州などに行ったことのある人物もいた。いずれにしてもアジアが中心だった。明治時代の日本人の海外経験というと、普通は欧米への渡航を指すことが多いのではないか。アジア諸国への渡航については、「明治ニッポン人の海外経験」といった話題からは、ややもすれば外されがちである。これも欧化主義や欧

表9　清国・台湾への初渡航者　（単位：人・%）

	～1893年	1894～95年	1896～1903年	1904年～	合　計
留　学	7（38.9）		7（ 9.1）		14（10.3）
商　売	5（27.8）	10（26.3）	28（36.4）		43（31.6）
戦時の商売		9（23.7）	12（15.6）		21（15.4）
会社官庁の職務		8（21.1）	14（18.2）		22（16.2）
従軍兵士		5（13.2）	3（ 3.9）		8（ 5.9）
雇われ従軍		4（10.5）	2（ 2.6）		6（ 4.4）
その他・不詳	6（33.3）	2（ 5.3）	11（14.3）	3（100）	22（16.2）
合　計	18（100）	38（100）	77（100）	3（100）	136（100）
時期別比率	13.2	27.9	56.6	2.2	100

注）1．満洲への渡航は含まれない。
2．渡航年次不詳の者が10名いたが集計から除いた。

米崇拝の残滓なのかもしれない。アジアへの渡航についても、近代日本人のれっきとした海外経験として、もっと関心を持たれてもよいはずである。

清国・台湾に「紳士」が初めて渡った年次を調べたところ興味ある事実が浮かんできた（表9）。一八七〇年代末までは渡航者は一人もいなかった。渡航者が出てくるのは一八八〇年代、明治一〇年代に入ってからである。日清戦争が起こったのは一八九四・九五年であるが、それ以前の段階でも、一三年間のうちに合計一八人の渡航者が現れた。ちなみに、日清戦争前に上海にいた日本人居留民の数は一〇〇〇人に満たなかった(69)。日清戦争のあった二年間には、渡航した「紳士」は一気に増えて三八人に達した。翌年にも一九人が渡っている。日清戦争のインパクトの大きさが如実に出ている数字である。その後やや下火になったが、義和団事変の起きた一九〇〇年には再び急増している。

要するに、清国・台湾への渡航は、早くは明治一〇年代から始まったが、日清戦争と義和団事変の二つの戦争によって画期的な弾みがついたのである。まだ情報も乏しかったはずの日清戦争以前に、清国に渡った者が一八人いたわけであるが、思い切った行動に出る人物はいたのである。そのうち一一人は低学歴者で、世代的には、幕末生まれ七人、維新期生まれ三人、不詳一人という内訳で、やはり幕末世代が中心だった。彼らが清国に渡った時の年齢は、若い順に二〇歳、二二歳、二三歳、二六歳、二七歳、二九歳、三三歳というように、ほとんどが二〇歳代の青年であった。すべての時期を含む低学歴者の渡航年齢を調べてみても、やはり中心となったのは二〇歳代であった。明治時代に清国・台湾に進出していった者たちは思いのほか若かったのである。一般に、当時のアジア地域への日本人の進出・移住については、敗残者のイメージで語られるきらいがある。海外移住は、国内での失業者・破産者・没落士族・不平士族等々の「食い詰め者」の、最後の社会的捌け口であったとされてきた。しかしながら渡航者の年齢をみれば、やはりそこにも明治特有の「若気」や「血気」といった、あの時代特有の高揚した気分を感じさせるものがある。

日清戦争以前の早期渡航者について、出身地や渡航目的などを調べてみたところ、一人を除いてほかはみな西日本の出身であった。九州を筆頭とする西日本の人間が、まず他に先駆けて清国・台湾に進出したのである。やはりそうかといった感じである。東日本勢が出始めたのは日清戦争以降のことである。さらに調べてみると、若者中心の渡航が続く中で次第に中高年の渡航者も増えていったことが分かった。背景にあったのは、日清戦争の勝利と台湾の植民地化である。日本は清国に対して欧米列強並みの治外法権と関税特権を獲得した。上海・天津・蘇州・漢口・重慶その他に日本人居留地が開設されて、そこではほとんど国内同様の生活が保障されることになった。あるいは、揚子江の航行権や開市開港場での製造業開設特権の獲得など、日本人が清国本土に進出できる条件が一挙に創り出されたのである。(70) こうしたいちじるしい環境変化が、日本人の進出を一気に加速させたのである。

渡航の目的は、日清戦争前（一八九三年前）には留学と平時の商売が中心であった。しかし、日清戦争期（一八九四～九五年）には戦時の商売、従軍、会社官庁の職務などが急増し、留学組はいなくなった。日清・日露戦間期（一八九六～一九〇三年）には平時の商売がまた中心となり、留学組も復活したが、会社官庁の職務や戦争がらみの渡航も多くなった。義和団事変が起こったからである。早期渡航者の中に留学組が多かったのは面白い事実である。何か政治的・文化的な動機、アジア主義のような志を抱いて大陸に渡った若者がいたのである。しかし、留学組は日清戦争以降には少数派になってしまう。これは、日清戦争を境にして清国と日本（人）との伝統的関係が崩壊したことの反映であろう。当時、日本の国民の間には次のような感情変化が起こってきたのである。(71)

（日清戦争で清国が―引用者）あまりに脆く敗北したという事実が、日本国民をしてすっかり支那を安く値踏みさせた。…（略）…漢人や唐人の絵を見て胸に描いていた我々のイリュウジョンを打ち破してしまった。

六　職業遍歴の場としての戦場

明治の時代、近代化に着手した日本は、日清戦争・義和団事変・日露戦争という三つの対外戦争を体験した。日清戦争と日露戦争は、いずれも国の存亡を賭けたいくさであり、その準備と実行のため途方もない出費を強いられた。膨大な軍事費を捻出するには、国民の生活は徹底的に犠牲に供されねばならなかった。強兵のゆえの貧困が明治の時代を覆うことになった。これをもって、「明治の悲惨さは、ここにある」、「明治という世の中をふりかえるとき、宿命的な暗さがつきまとう」と言ったのは、ほかならぬ司馬遼太郎である。(72)この暗い現実に言及しつつも、司馬はむしろ次の面を強調するのである。すなわち、当時まだ封建時代的律儀さを持っていた国民は、驚くほどの健気《けなげ》さでこの貧困と苦難に耐えた。そこにこそ明治の時代的特性があったと司馬は解釈するのである。その戦争や軍隊も、人の社会移動を否応なく促進する要因の一つである。「紳士」の中にも、明治の戦争に直接関与した人物が少なからずいた（表10）。どの戦争にも直接にはかかわらなかったとみられる人物は一七四人で、残り二二五人（五六％）はどれかの戦争に関与した。非常に高い数字である。すべてに関与した人物も三人いた。延べ人数では三〇二人が戦争にかかわったことになる。「紳士」には戦争体験者が極めて多かったわけで、戦争体験と渡満との間に何らかの強い結びつきのあることを窺わせる。

まず日清戦争であるが、これに何らか関与した人物が五八人いた。比率にして一四・五％である。かかわり方の中で最も多かったのが「雇われ従軍」である。その多くは軍に雇われた通訳や役夫（軍夫）である。通訳になった者は、中国語力を買われてのことで、現地採用というケースが多かった。彼らの語学力がはたしてどの程度のものだったのか分からないが、現地での生活の中で身に着けた語学力を買われて、日本軍の通訳に雇われた日本人が多数いたようである。従軍兵士や軍用達商として戦場に出た人物も多かった。用達商の中にも、もともと台湾や中国にいた者が、戦争が始まるや軍の用達商になったケースが少なくなかった。

表10　戦争への関与　（単位：人）

	日清戦争	義和団事変	日露戦争	合　計
従軍兵士	16	4	40	60
雇われ従軍	18	6	55	79
軍用達商	15	19	88	122
会社の職務	5	1	10	16
自警民間兵		1	1	2
その他	4	7	12	23
小計	58	38	206	302
無し・不詳	341	361	193	895
総　数	399	399	399	1,197

次の義和団事変は、日清戦争や日露戦争とは違い、一般的には直接これに関係した国民は極めて少数であった。ところが、「紳士」のばあいには一割近くの三八人が義和団事変にもかかわっていた。関与の仕方では軍用達商が飛び抜けて多かった。義和団事変をも商機ととらえた人物が多数いたということである。たとえば日清戦争以前に清国・台湾に渡った低学歴者の中には、義和団事変に関与した者が四人もいた。用達商として軍に協力した者が三人、雇われ従軍が一人であった。中国に利権を持つ列強を揺さぶったこの動乱も、彼らにとっては商機か、あるいは「尽忠報国」の機会と思われたのであろう。しかるに日露戦争のばあい

には、前の二つの戦争とはかなり様子が違った。関与した人物が二〇六人に急増したのである。全体の半数をこえていた。今度のばあいもかかわり方の中心は軍用達商と雇われ従軍であった。応召された従軍兵士も少なくはなかったが、ここでの特徴はむしろ上記二つの形で関与した者が多かったところにある。ということは、自分の意思で戦争に関与した人物が多かったことになる。戦場に向かえば何か得るものがあると考えたのであろう。

学歴別に戦争への関与の度合いを調べたところ、最も積極的だったのは「その他」の学校の出身者であった。軍関係の学校、日清貿易研究所、東亜同文書院などで学んだ者の中から、続々と戦場に向かう人物が出たのである。とくに雇われ従軍で戦場に行った者が多かった。次に積極的だったのは低学歴者で、彼らのばあいには軍用達商となった者が一番多かった。中学・高校・大学卒のばあいには、戦場に向かった人物は少数であったが、専門学校卒のばあいには四割以上の者が日露戦争に参加した。とくに兵士が多かった。同じく戦争に関与したといっても、学歴によりその強度も動機もそれなりに違っていたのである。

表11　戦争の得失　（単位：人）

	日清戦争	義和団事変	日露戦争	合計
兵士としての行賞	12	2	31	45
民間人としての行賞	7	7	34	48
商売上の利益	3	12	30	45
負傷病気			4	4
経済損失・帰国避難	2	3	10	15
その他			4	4
不　詳	34	14	75	123
合　　計	58	38	188	284

注）民間人としての行賞は、雇われ従軍、軍用達商等に対して与えられたもの。

では、戦争はどんな得失をもたらしたのか（表11）。三つの戦争を合計すると、延べ四五人が軍功行賞の栄誉に浴したようである。従軍兵士として関与した者は合計六〇人だったから、四分の三が何らかの軍功行賞を手にしたことになる。どんな行賞をもらったかというと、従軍記章・勲七等旭日賞・勲七等青色桐葉章（勲七等・八等の旭日賞の別称）・勲八等瑞宝章・従七位勲五等・下賜金などといったものである。「雇われ従軍」や軍用達として戦場に出た人びと、つまり民間人も軍功行賞の対象になった。三つの戦争の合計では、全体の四分の一弱が栄誉を手にした。出征兵士に比べると比率ははるかに低かった。しかし、軍用達商などのばあいは、商売上の利益を手にした者が、三つの戦争を合わせると四五人もいた。軍に協力した用達商の四割弱に相当する。もちろん戦争によって損害を被った者もいた。戦場での傷病、経済的損失、帰国避難等を余儀なくされた者である。

以上に明らかなように、戦争が始まると民間人のまま用達商や雇人となって、軍に協力して戦闘に加わった者が少なからずいたのである。その中心は戦争前から清国にいた人びとであった。従来の戦争史研究では、こうした事実はあまり注目されたことがなく、たとえば檜山幸夫編著『近代日本の形成と日清戦争』でも、副題は「戦争の社会史」となってはいるが、上述のような形での民間人の戦争協力に関しては、まったく取り上げられていない。(73)最近出版された大谷正『兵士と軍夫と日清戦争』などは例外的なものである。(74)また、近現代の日本（人）と戦争とのしがらみを、高校生向けに解き明かした加藤陽子『それでも、日本人は「戦争」を選んだ』においても、日清戦争や日露戦争に際しての現地における民間人の戦争協力の話は触れられていない。(75)

七　満洲＝植民地に渡ってからの状況

『満洲紳士録』の人物たちは、明治のいずれかの年に満洲に渡っていった渡満者である。渡満の経緯とその後の状況、つまり満洲における現況について最後に触れておこう。

「紳士」が初めて渡満した年次を調べたところ、早い者は日清戦争のころに渡満しているが、大半は日露戦争の年（一九〇四年・〇五年）に初めて満洲の地を踏んだようである。この二年間だけで七五％が渡満し、戦後に渡った人物も一五％近くいたので、けっきょく「紳士」の九〇％が日露戦争のころに初めて渡満したのである。日露戦争に至るまでは、日本人にとって満洲は縁遠い存在だったということである。

多くの「紳士」は在満五年以下であったが、『満洲紳士録』編纂当時の現職は、「内地」にいたころとは少しく傾向が違っていた（表12）。農林漁業など第一次産業の従事者はわずか五人にすぎなかった。しかし、そのうち四人は水産業などの会社経営者だったので、多少とも資金力のある者がこの分野に進出していったことが分かる。製造業など第二次産業に従事する者は約二割を占めたが、自営業者は少なかった。零細業者は成り立ちにくかったのであろう。個別業種でとくに多いのが土木建築業で、実数では五〇人いた。彼らは、自営業・経営者・社員雇人それぞれに分布していた。煉瓦製造業ではほとんどが経営者であった。食品製造業にも七人の「紳士」がいたが、紡織工業や金属機械工業など代表的な製造業に従事する人物は一人もいなかった。技術移転や労働力確保などの点で、これらの工場を開くのは難しかったのであろう。以上のような数字からおぼろげにも当時の新開地満洲の光景がみえてくる。日本の植民地経営の開始に伴って、都市部を中心に道路・港湾・工場・ビル・住宅などの建設ブームが起こり、まずは土木建築分野に多数の日本人が進出していった。同時に、増加する渡満者への食料供給の分野も、邦人が商売しやすい領域となって広がった。仕事を求めて中国本土から流入してくる人口も、住宅や食料の需要拡大の大きな要因になっていたのである。

一方、「紳士」の主力が働いていた部門は、民間の商業金融サービス業などの第三次産業であった。ここには合計二八五人、比率にして七二％もの人物が集まっていた。日本人渡満者の圧倒的多数は、モノ作り以外の仕事に就いていたのである。これも一つの大きな特徴である。業種の内訳をみるとどうか。最も人数の多かったのが商店で、その数は一六五人、全体の四割をこえていた。このばあい、最も多いのが自営業者＝零細商人で、これが四割余を占めて

表 12　満洲における現職

（単位：人・%）

	自営業者	経営者	社員雇人	その他	合　計
（農林水産業）					
農業		1（0.8）			1（0.3）
林業					
水産業		2（1.7）			2（0.5）
その他		1（0.8）	1（0.8）		2（0.5）
（小　計）		4（3.4）	1（0.8）		5（1.3）
（鉱工業）					
鉱山業		2（1.7）			2（0.5）
煉瓦製造業		8（6.8）	1（0.8）		9（2.3）
金属機械製造業					
紡織被服業					
食品製造業	1（0.8）	3（2.5）	3（2.3）		7（1.8）
土木建築業	11（8.4）	15（12.7）	24（18.2）		50（12.7）
その他	2（1.5）	5（4.2）	1（0.8）		8（2.0）
（小　計）	14（10.7）	33（28.0）	29（22.0）		76（19.3）
（商業金融サービス業）					
商社貿易商	7（5.3）	10（8.5）	23（17.4）	1（7.7）	41（10.4）
商店	71（54.2）	51（43.2）	42（31.8）	1（7.7）	165（41.9）
銀行			4（3.0）		4（1.0）
貸金倉庫貸屋業	2（1.5）	1（0.8）			3（0.8）
交通運輸業	8（6.1）	6（5.1）	6（4.5）		20（5.1）
旅館ホテル業	7（5.3）	6（5.1）			13（3.3）
写真業	5（3.8）		4（3.0）		9（2.3）
医師薬剤師	15（11.5）	3（2.5）	5（3.8）	2（15.4）	25（6.3）
その他	2（1.5）	3（2.5）			5（1.3）
（小　計）	117（89.3）	80（67.8）	84（63.6）	4（30.8）	285（72.3）
（公務その他）					
職業軍人				1（7.7）	1（0.3）
兵士（徴兵）					
軍属・用達商			2（1.5）		2（0.5）
官吏			4（3.0）	1（7.7）	5（1.3）
警察監獄署					
教員		1（0.8）	4（3.0）	1（7.7）	6（1.5）
官庁雇い人			3（2.3）		3（0.8）
議員					
その他			5（3.8）	6（46.2）	11（2.8）
（小　計）		1（0.8）	18（13.6）	9（69.2）	28（7.1）
合　計	131（100） （33.2）	118（100） （29.9）	132（100） （33.5）	13（100） （3.3）	394（100） （100）

注）未就職・不詳 5 人。

いた。他方、使用人を使う経営者も三割いた。商社貿易商に就業する者は四一人いたが、これも自営・経営・社員雇人いずれにも分布していた。金融関係では、銀行員が四人いるほか、貸金倉庫貸家業に自営と経営者が三人いるだけで、この分野は数が非常に少なかった。交通運輸業には二〇人の人物がいて、しかも自営業や経営者が多かった。おそらく満鉄の下請けなどをしていたのであろう。邦人の増加を反映してか、旅館業を営む者が一三人いた。また、やや特殊なものでは写真屋が九人もいたのが目立っている。日露戦争前から、中国や極東ロシアの都市で写真館を偽装して、写真好きのロシア人客から情報を探る日本軍の特務員もいた(76)。さらに興味深いのが医師薬剤師の多さである。二五人の日本人医師が満洲各地にいて、そのうち一五人が開業医、三人が病院経営、五人が雇われ医師等であった。これもやはり在留邦人の増加に応じた現象であったろう。最後は、「公務その他」の部門であるが、ここに属する者はわずか二八人にすぎなかった。これは解題でも述べたように、公務員や軍人などが意識的に『満洲紳士録』に経歴を載せなかったためである。実際にはもっと多くの公務員がいたのである。

全産業を通じて就業上の地位構成をみてみるとどうか。未就職・不明を除いた合計三九四人の内訳は、自営業者三三%、経営者三〇%、社員雇人三四%、その他三%となる。最も目立つのは経営者の比率が非常に高いことである。おそらくほとんどが小規模な会社のオーナー経営者であろうが、新開地の満洲に行けば、事業に成功する機会が少なくなかったことを窺わせる数字ではある。もちろん「紳士」全体が、在留邦人のうちでは「選抜き」とみられるので、必然的に経営者の比率も高くなったのであろう。実業家として成功した人びとからは、現地に形成されてくる日本人社会の中心人物が輩出し、国策である植民地経営の民間における推進者となっていった。主に大正・昭和時代の満洲在留日本人社会に関しては、当時の紳士録等をもとにした柳沢遊の克明な実態研究がある(77)。

以上の総量分析をふまえ、以下、世代別の考察に入りたい。

第四章　第一世代の人びと――旧幕期に生まれ育った世代

これは旧幕期をよく知る世代である。最年長の人物が生まれたのは天保八年（一八三七）、大塩平八郎の乱が起こった年である。最年少の人物が生まれたのは安政四年（一八五七）で、その間の二〇年のうちに黒船が渡来し、鎖国の時代が幕を閉じた。以後、尊皇攘夷・討幕運動が燃え上がり、時代の変化は一気に加速し明治維新へと雪崩打っていった。維新を迎えた時、この世代の最年長者はすでに三〇歳の働き盛りに達し、最年少の者でも一〇歳に成長していた。多くの者が戊辰戦争を実体験に近い形で記憶し、大政奉還・王政復古に始まる封建から近代への社会体制の転換を、身をもって体験していったはずである。動乱に終止符を打った西南戦争のころには、最年少者でさえ社会変革を牽引していく二〇歳の青年になっていた。

そして、明治国家の体制が固まった大日本帝国憲法の発布、帝国議会開設のころには、この世代の最年長者は五〇歳の老境に入っていた。さらに日清戦争の起こった明治二七・八年には、最年少者でも三七歳になっていたので、この世代はもはや戦争の実戦部隊をになう年齢ではなかった。ましてそれから一〇年後の日露戦争においては言うまでもなかった。『満洲紳士録』が編纂された明治四〇年ころの年齢は、最年長者では七〇歳、最年少者でも五〇歳に達していた。

第一世代は、幕末の動乱から明治の文明開化の時代を、身を挺して生き抜いた人びとである。多くの者が明治前半期までに多感な時代を送り、後半期には社会の中堅人物・リーダーとなって活躍したのである。彼らの経歴をつぶさにたどれば、とりわけ江戸から明治への時代転換の過程、社会変化の様子を具体的にとらえることができよう。人数は二六人である。

一　出身地・出身階層――地方名望家や大店《おおだな》の生まれが多かった

出身府県をみるとやはり九州が最も多く、これを含めた西日本勢が全体の六九％を占めた。東北・北海道はゼロであった。出身地の「西高東低」の傾向は、第一世代では「紳士」全体のばあいよりも強かったのである。これを敷衍して言えば、人の移動は西から始まったということになるのかもしれない。生家の職業を明かした人物が一五人いたが、比率としてはほかの世代に比べて相当に高いものである。内訳は豪農五人、商家三人、士族（武家）七人である。士族が相対的に多かった。それを含めて名乗るほどの家に生まれた人物が、この世代の「紳士」には多かったのである。また、続柄の判明した人物は四人のみだったが、いずれも長男で、豪農・商家・士族の生まれだった。最年長の第一世代に、それなりの家の生まれや長男が多かったのは、この世代が幕末維新以来の社会変化の激浪を一番まともにかぶったからであろう。彼らの経歴には興味深いものがあることを予想させるのである。しかし、出郷に関しては、わずか一名の者が進学を目的に県内の別の場所に移動したことが分かるのみである。

二　新時代に生かされた旧幕期の教育

立身出世主義を鼓吹する二つの書物、『学問のすすめ』と『西国立志編』の膨大な数の読者群には、前田愛によると「父達」「兄達」「弟達」という三つの世代が含まれたという。(1)すでに妻帯者だった「父達」の世代は、福沢たちから受けた影響をわが子に伝え、勉学立身の世に適応させようとした。「兄達」というのは当時すでに青年期に達していた人びと、「弟達」は明治五年の「学制」を通過した新世代である。これによれば、第一世代の「紳士」には、「父達」と「兄達」の二つが含まれていたことになる。つまり、近代的学校制度が始まった時、この世代はすでに子供ではなかったので、新制の初等教育を受ける機会はあまりなかったはずである。二六人のうち二二人には学歴の記載はなかった。しかし、彼らが何の教育も受けずに育ったとは考えにくく、私塾や寺子屋で学んだ者が多かったはずである。それにしても、第一世代の人物の大半は、明確な学歴を有することなく、新時代を生きていったことになる。学歴のことに触れた四人の人物は、それぞれ藩校・師範学校・陸軍士官学校、それに海軍兵学校（中退）の出身であった。藩校以外は明治になって生まれた学校であるから、たとえ新時代の初等教育を受けなかったとしても、中等以上の学校に進学できる機会はあったということである。つまり旧幕期に受けた教育を、明治の学校教育に「接ぎ木」することができたのである。そのあたりは、現実に合わせて当局が柔軟に対応していったということである。面白い事実である。

三　経営者・名望家の輩出

まだ職業の自由がなかった旧幕期に育った世代なので、職歴の数は全体的には少なかった。職歴一回の者が七人で最も多く、ゼロから三回までの人物の合計が一五人になった。しかし、他方では職歴五回の者が五人、七回の者が一人など、職歴を多く重ねた人物もいた。とくに、実業家として活躍した人物のばあいなどは兼職も数多くあり、それ

表13　転職と就業上の地位：第1世代　（単位：人・%）

	自営業	経営者	社員雇人	その他	合　計
1回目	6 (25.0)	6 (25.0)	9 (37.5)	3 (12.5)	24 (100)
2回目	1 (5.9)	5 (29.4)	6 (35.3)	5 (29.4)	17 (100)
3回目	3 (20.0)	4 (26.7)	4 (26.7)	4 (26.7)	15 (100)
4回目	1 (9.1)	3 (27.3)	3 (27.3)	4 (36.4)	11 (100)
5回目	1 (16.7)	3 (50.0)		2 (33.3)	6 (100)
6回目		1 (100)			1 (100)
7回目		1 (100)			1 (100)
累　計	12 (16.0)	23 (30.7)	22 (29.3)	18 (24.0)	75 (100)

注）「その他」というのは兵士、議員、村長等々である。

を含めれば延べ（累計）の職歴数はずっと多くなった。調べてみると、職歴五回の者の年齢は、明治維新の時一一歳から一七歳であった。職業選択社会をぎりぎり少年時代のうちに迎えた人たちである。それだけ適応性があったのであろう。

就業上の地位では、ほかの世代とはかなり異なる特徴がみられた（表13）。自営業に就いた人物は累計で一六％にしかならず、なぜかこの世代では少数派であった。それとは対照的に、経営者と思しき人物の比率が極めて高かった。一度でも経営者となったことのある人物は、実数でいえば一二人もいて、累計での比率も三〇％に達した。人によっては、何度も職を変えいくつもの会社の経営にかかわった人物もいた。人物名と社名・業種は以下に挙げたとおりで、酒造業のような伝来的な業種もあるが、毛糸紡績や馬車鉄道・骨粉製造など、いかにも文明開化の時代に生まれたものが多かった。旧幕期に生まれ育った第一世代が、新しい時代に果敢に適応していったことが窺われる。

小松力太郎（小松組主）　阿部孝助（東京毛糸紡績会社）　澤井市造（土木建築業）　大久保子之吉（土木建築業）　森本文吉（食料品販売）　高瀬四郎（馬車鉄道会社）　神野良（農事試験場経営）　英修作（呉鎮守府用達）　田中頼之助（織物会社重役）　児島幸吉（酒造業）　上田金城（骨粉製造業）　大谷高寛（製糸会社）

社員雇人の比率は累計でほぼ三〇％なので経営者と同率であった。しかし、後で明らかになるように、社員雇人といっても実はほとんどが「公務その他」の部門に属するものだった。つまり官公庁の周辺における雇用である。民間会社に雇われた人物は、第一世代では銀行員や塾教師の助手などしかいなかった。民間の雇用市場がまだ開けていなかったということがよく表れている。それとは対照的に、村長や議員などの職に就いた人物が多いのもこの世代の特徴である。累計では二四％を占めた。人物名と職名は以下のとおりで、村長や村議・県議さらには衆議院議員までいたのである。紳士録編纂時までのキャリアが長い世代なので、若い世代よりも社会的地位の高い人物が多く輩出したように思われる。しかし実を言うと、彼らの多くは二〇歳代の若さでこうした役職に就いたのである。後で実例を紹介することになるが、彼らの経歴には時代の転換期らしい明治初期の特徴や清新な時代相が表れているのである。明治維新の性格を考えるうえでも非常に興味深いものがある。

大谷高寛（里正・学区取締・県会議員） 上島徳三郎（戸長・村長・村会議員・郡会議員・県会議員） 榊増介（水難救済会幹事） 神野良（戸長・県会議員・衆議院議員） 宮崎宗朝（名誉村長） 祖山恒次（三重県鎮撫係）

職業の産業別内訳を調べてみると、一回目の就職では、土木建築業・商店・職業軍人・官吏などのほか、職種が非常にバラエティに富んでいた。累計した結果では、紡織被服業・土木建築業・商店・官吏・議員・村長などが人数の上位にあった。この世代の特徴は、製造企業・土木建築業・商店・官吏・議員・村長などが多かった点である。職業軍人はいたが兵士はいなかった。まだ徴兵の適用を受けなかったからである。就職した場所は累計では八五％が国内で、さすがにこの世代で海外に働きに出た人物は少なかった。海外経験全般では、「経験有り」が八人いたが、そのうち七人の渡航先は清国・台湾だった。七人のうち五人は日清戦争の時に、二人が義和団事変の時に渡ったもので、四人は戦争がらみの商売が目的であった。

四　戦争を商機とみた人物

古い世代なので西南戦争にかかわった人物もこの世代にはいた。一人は高柳信昌といい、二五歳で大尉として出征し、もう一人は西屋飛良来という人物で、二二歳で小隊長を務めた。後者は士族にして生粋の軍人でもあった。西南戦争については、これを境に「維新後の国内に燻っていた旧幕時代のわだかまり」がぬぐい去られ、士族たちも帰農したり商人になったりして、それぞれ「未知の世界に活路を求め始めた」という熊本の士族石光真清の回想がある(2)。士族にとっては時代を画する出来事だったのである。なお石光真清は第二世代の「紳士」の一人でもある。

日清戦争の時、この世代はすでに実戦部隊には不向きな年齢になっていた。それでも戦争に関与した人物が五名いた。四名は軍用達商、一人が軍人だった。軍用達商のうち一人が商売上の利益を手にしている。義和団事変でも三人が軍用達商としてかかわり、一人が軍の功労賞をもらい、二人が商売上の利益を得た。次の日露戦争には一二人がかかわった。軍人が二人いたが、先ほどと同じ高柳と西屋である。高柳は当時六〇歳だったが、志願して特別許され戦場に赴いたのである。西屋は大隊長として戦闘を指揮した。ほかに「雇われ従軍」もいたが、最も多いのは軍用達商で今度は九人もいた。軍功行賞を受けた者は二人、商売上の利得を手にした者は四人である。総じて第一世代のばあいには、戦争への関与の仕方は、軍人や兵卒としてよりも、軍用達商となって戦場に赴くというのが主なものであった。彼らの年齢から考えると当然と言えよう。

五　高齢での渡満とその後の状況

では、第一世代の「紳士」たちはいつ何のために満洲に渡ったのか。早い者では日清戦争の起こった年に渡った人物が一人いたが、これは軍用達商として戦争に関与した人物である。ほかはみな日露戦争以降に渡っており、とくに戦争のあった明治三七・三八年には合計二一人が渡満した。要するにこの最年長世代にとっても、日露戦争が渡満の主たるきっかけだったのである。そのため渡満時の年齢は高いものとなった。全員が四〇歳以上で、とくに四〇歳代後半から五〇歳代前半で渡満した者が二〇人にのぼった。高齢になってからの渡満というのが第一世代の大きな特徴である。渡満の動機では、戦時の商売一二人、平時の商売八人というのが主なものであった。つまり戦争を商機とみて満洲に向かった人物が最も多かったのである。

血気盛んな時期はとうに過ぎ、社会の一線から身を退く年齢になっているにもかかわらず、日露激突という未曾有の情勢を前にして、あえて彼らは満洲＝戦場に向かったのである。駆り立てたものはたくましい商魂か、老いてなお消えない立身出世の願望か、それとも幕末の動乱以来培ってきたナショナリズムか。彼らの背中を押したものは何だったのか。『満洲紳士録』が編纂されたころには、この世代は最年少者でも五〇歳に達しており、最年長者ならば七〇歳の古希を迎える年齢になっていた。こういう高齢者が、日露戦争後まもなくの満洲にいたというのは一つの驚きである。彼らが満洲でどんな職に就いていたのかというと、就業上の地位でみると、四人のうち三人が経営者か自営業者であった。そのほか名誉職の人物もいて、全体的に年齢とキャリアにふさわしい地位にあったことが分かる。主な業種は土木建築業・商社貿易商・商店の三つである。

六　人物伝

ここで、『満洲紳士録』の面白さを生かし、また当時の社会移動の具体的な様子を伝えるため、特徴ある経歴の人物を選んで、その足跡を人物伝風に紹介しよう。第一世代からは一一人の人物に登場してもらうことにしたが、それらは①地方名望家、②近代的企業家、③士族、④立身出世主義者の四つのタイプに分けることができる。

1　名望家として地域振興に尽くした人物

地方名望家というのは、いまでは歴史家の間でしか使われなくなった言葉である。それはどういう存在だったのか。明治時代の地方名望家に関する最近の研究紹介によれば、安在邦夫がその属性を一〇項目にまとめている(3)。それによれば、①中世以来の由緒ある家柄、②近世期には郷士を含む中間層の位置にあり様々な特権を有す、③明治維新で多少の特権をなくしつつもなお豊かな経済力をもつ、④戸長や町長などを経験して地域での名声や信頼がある、⑤行政能力があり物事を円満かつ果断に解決できる、⑥地域に根ざして郷土愛がある、⑦文化人的素養があり地域文化の担い手である、⑧常に慈恵的行為を怠らず、⑨多数の名誉職を兼ねる、⑩地域産業に関心が深くその発展に努力している。これらの属性のすべてか、あるいはその多くを備えていたと思われる人物が、第一世代の「紳士」の中にも二人いた。神野良と大谷高寛である。

神野　良(4)—能登に生まれた地方版渋沢栄一

嘉永四年（一八五一）、石川県鹿島郡徳田村の生まれ。代々豪農だった家を継いだ神野良の経歴をみると、あたかも「地方版渋沢栄一」といった観がする。(5)

明治維新の時神野は元服の一六歳、学制発布の年にはすでに二〇歳を過ぎていた。新制の初等教育は受けていない。しかし、明治一〇年前後、二〇歳代半ばになっていた神野は、地元石川県下にあった啓明学校に在籍していた。学制施行の後、各府県に小学校教員の速成的養成機関が作られていった。当時の教員は、ほとんどが寺子屋や塾の師匠からの転職者で占められ、近代的な学校教員の訓練を何も受けていなかった。それで、彼らに小学校の教則や授業法を教える必要が生じ、教員の再教育機関が作られたのである。そういうなかで神野が学んだ石川県の啓明学校は特殊な存在であった。これは中等学校教員の養成機関であり、地方では唯一のものであった。彼が在学していた明治一〇年には校名が中等師範学校と改称された。(6) 入学後まもなく、神野は教師の信任を得て生徒の監督を任され、師範学校に改組した時には副塾長に補せられるなど、成績優秀な模範生だったようである。ほかの生徒よりも年嵩だったと思われるので、そういうことも学校の信任を得る理由になったのであろう。

旧家に生まれた神野のことであるから、成人するまでの幕末維新期にも、私塾などで相応の教育を受けてきたのではないかと推測される。そうでなければ啓明学校に入ることはできなかったに違いない。だとすれば、神野の学歴が物語るものは、旧幕期の寺子屋教育や漢学教育が、維新期の学校教育に「接ぎ木」されたという事実である。だいたい明治一〇年代あたりまでは、学制をきちんと通過することなく、言わば「不規則な」形の教育を受けた者がいた。その中には漢学塾などでみっちり仕込まれた優秀な若者が多くいたという。(7) ただ、神野の例にみられるとおり、そうした非正規の場所で培ったものが、正規の場所で生かされることもあった。この点を見逃してはなるまい。

啓明学校に入学したころ、神野の村でも地租改正事業が実施されることになった。改正事業の現場において、中心的な役割を受け持たされたのは区長や戸長である。明治七年には地租改正総代人の制度が設けられ、土地所有者（地主）の中から民選によって総代人が決められ、政府の意向を農民に説き聞かせる役を担わされることになった。この時神野良は第二区の土地総代に推され、実地調査の監督に当たったのである。まだ二〇歳代前半の若さであった。生家が地方名望家だったというだけでなく、本人の器量もすでに人の知るところとなっていたのであろう。さらに神野は、二四歳にして一二か村の戸長に任命された。「そんな若輩の者が」という感じであるが、「紳士」の中にはほかにも似たような人物がいるので、当時としてはかならずしも珍しくなかったのかもしれない。(8)柳田國男も言うように、維新の当初は明治政府の「中心勢力が若い世代で」、「その政策は覇気に満ちた青年官僚によって立案」されていた。(9)中央政府のそういう「若さ」が、地方末端の人事にも表れていたと考えることができる。神野は、すでに明治一〇年には荒れ地を開墾し、堤防を築いて水利を図り、そこに貧農を入植させる事業もおこなっている。あるいは、七尾町での博覧会開催、模範桑園の開設など地域経済の振興に努めていった。彼は旧家に生まれた開明的人物だったのである。

明治一二年に石川県議会が開設されると、声望のあった神野は直ちに県会議員に推された。実業界から政界へと活動の場が広がったわけであるが、翌年には巨額の私費を投じて農事試験場を開き、数名の専門教師を招いてこれを経営するなど、実業から身を退いたわけではなかった。そもそも神野家の経済的基盤は、土地＝小作料にあったと推測されるが、若い当主はなお農業改良に熱意を失わず、単なる寄生地主には堕していなかった。しかも彼の関心は常に地方住民の暮らしに向けられていたようで、明治一九年には貧民授産所を設立し、自らその幹事となった。

明治二一年、すでに三七歳の働き盛りになっていた神野は、議員歴一〇年にして石川県議会議長に選ばれた。押しも押されもせぬ石川県の代表的名士となったのである。そしてその翌年、帝国議会が開設されると、地元より選ばれて衆議院議員に栄転した。活動の舞台は国政にまで高まったのである。以上のほかにも、実業方面での神野良の功績には挙げきれないほどのものがあった。明治二二年には、当時衰退気味だった地場の機業を再興すべく、羽二重の海外輸出を奨励して輸出拡大に先鞭をつけた。鉄道建設にも奔走して、北陸鉄道や七尾鉄道の敷設を唱道して回った(10)。銀行の創設にも働いた。あるいは東亜貿易同盟会なるものを組織し、地元七尾港の貿易港化を進めようと図った。公職七七、会社銀行の重役五二、公共の嘱託八、表彰受賞回数三二、ロシアへの渡航歴三回。石川県下においては、子供でさえその名を知らぬ者はない、というまでに神野良は功なり名を遂げたのである。冒頭でも述べたように、まさに「地方版渋沢栄一」といった人物である。

渡満に至るまでの神野の経歴が語るものは何であろうか。文明開化の時代を迎えた地方農村社会では、幕末に豪農地主などの旧家に生まれた青年の中から、地域の振興のために奮闘する人物が登場した。彼らは、主には旧幕期にたくわえた家産と自らの素養をもとに、時には私財を投じてまで地元のために尽力した。その動機や志は、いわゆる立身出世主義とは異質のものであろう。つまりはこうである。地方名望家の家に生まれ、その家督を継ぐ立場にあった人物の中からは、「中央」に向かって立身出世を夢見るよりも、「地方」にとどまって郷土の発展＝近代化に尽力する篤志家が生まれやすかったし、事実生まれたのである。神野の足跡が語るのはそういうことではないか。

そういう神野良が、日露戦争のただ中に満洲にやってきた。年齢は五〇歳に達していた。渡満の動機は不明である。営口に上陸した神野は、そこに神井洋行という会社を設立して陸軍用達となった。やがて営口日本人会が設立されると、その副会長に選ばれた（会長は領事）。『満洲紳士録』の記述はそこで終わっている。なぜ神野は満洲に渡ったのか。国内＝郷土での仕事は十分やり終えた。日露激突という未曾有の国難に遭遇しているいま、自ら戦場＝満洲に乗り込んで国のためもう一肌ぬごう。そういう思いに駆られたからではないのか。

大谷高寛(11)　―熊本の地方政治と実業界で活躍

嘉永三年（一八五〇）、熊本県天草郡本渡町の生まれ。いまも郷里に名をとどめる大谷高寛は、生家が庄屋の家柄であった。神野良と同様に、青年時代から土地の名望家として活躍したが、神野に比べるとより政治好みで、また事業家タイプの人物だった。

明治四年（一八七一）、大谷は二一歳にして里正（村長）となり、さらに村吏としても働き、児童教育の必要を訴え学区取締にも選ばれた。学区取締というのは、明治五年発布の学制に基づき設けられたもので、地方長官が土地の名望家から選んで任命したが、戸長をもって兼任してもよいとされた。大谷高寛はまさにその実例にあたり、地方長官から「名望智力アル者」（「学制」第四章）とみなされたのである。しかし、旧幕期に育った大谷自身がどのような教育を受けてきたのかは一切不明である。旧家の育ちであれば、彼もまた相応の知識素養を身につける環境には恵まれていたであろう。それが新しい世代の啓発に生かされていったということである。

明治一五年、三二歳になった大谷は熊本県会議員に当選した。政治に身を入れ出したのである。数回の当選を重ねた後、三六年には第一六代の県会副議長に選ばれた。やがて、九州における国権党のリーダーの一人と目されるまでになっていったというから、政党活動にもかかわっていたのであろう。政治にはかなり熱を入れたようである。日露戦争後、大谷は満洲に渡るのであるが、県会議員はその後も続けており、明治四四年と大正四年には議長に選ばれている。(12)

一方、大谷は実業方面にも手を広げた。日清戦争直後の明治二九年には、東肥製糸株式会社・日清貿易株式会社・肥後汽船株式会社などを組織して自ら重役になった。全国的に高まってきた企業勃興・産業革命の波に乗ろうとしたものである。しかし、三四年に熊本県下に大きな金融恐慌が発生し、そのあおりで肥後汽船株式会社を残して、大谷が投資したほかの事業はみな倒産の憂き目をみることになった。おそらくは小作料収益＝地主資金を投じて、産業資本家への転身をはかった大谷であるが、初めて遭遇した金融恐慌に足をさらわれた格好となった。とはいえ、大谷がこれで無一文になったわけではなかった。実は彼は県下でも有数の水産業者であった。代々庄屋格だったという大谷家は、あるいは古くから漁場を仕切ってきた網元のような存在だったのかもしれない。大谷自身も漁業に熱心で、新漁場の開拓を目指して韓国の沿岸にまで触手を伸ばし、韓国水産組合の前身に当たる「韓国通漁組合」を組織したほどであった。満洲に大谷が関係を持つことになったのも、やはり漁業がきっかけであった。

日露戦争の時、戦地から帰還した漁夫が、「関東洲は漁業資源が豊富である」というまたとない情報をもたらした。これを聞き捨てにすることなく、さっそく大谷は満洲進出をもくろみ、上京して陸軍大臣から許可を取るや、自ら多数の漁民を引き連れて渡満した。そして大連に天草組を開設した。しかし、前述のように、渡満後も大谷は熊本県会議員を続けており、本拠地はあくまでも熊本の郷里にあったようだ。熊本県の本渡町溝端地区には、明治一五年に架けられた石造の眼鏡橋（施無畏橋）が現存し、県指定の文化財に指定されている。その工事資金の寄付者の中に大谷高寛の名が刻まれている。[13] 事業の失敗はあったけれども、彼も明治大正期の地方の名士だったことは間違いない。

2　伝統的基盤から輩出した近代的企業家

明治維新の時二〇歳代前半だった明治のビジネス・エリートは、萬成博によればその出自にはとくにかぎられたものはなく、すべて本人自身の革新的動機と行動力によってその地位を築いたという。彼らは外来文化の導入者ではあったが、ほとんどは伝統や旧秩序の中から現れた改革者であり、しかも伝統的商人とは異なる心理的特性を持つ人びとであった。[14] まさにこのような特徴づけにぴったりの人物が、第一世代の「紳士」の中にもいた。阿部孝助と児島幸吉である。

阿部孝助[15]——江戸商人から産業資本家に成長

嘉永元年（一八四八）、江戸小石川水道町の生まれ。阿部孝助は、江戸末期に生まれ育った商人が、優れた商才を生かして文明開化の流れに乗り、みごと近代的な産業資本家に転身を遂げた実例である。その経歴は、久保田高吉編『東洋実業家評伝』にも紹介されているので、ここではそれも織り込んで記述したい。[16]

阿部孝助の生家は実は阿部家ではなかった。彼は、小石川水道町にあった老舗の呉服商伊勢屋、堀山吉兵衛の長男として生まれたのである。名は吉太郎といった。生家は「資産裕かなり」、「店頭常に客跡絶えず」、「旧家を以て目せらる」などというように、かなり有名な豪商だったようだ。しかしながら、その後故あって呉服業をやめている。安政六年（一八五九）、一一歳になった吉太郎は、上野の呉服商川越屋に奉公に出された。これは「當時の習慣として如何なる豪商と雖とも子弟を他家に起居せしめて商業の実算を知らしむるを以て例と為せしが故なり」という事情になったものであった。江戸時代には、大きな商家の間では、互いに子弟を見習い奉公に出す習慣があったのである。だから、こういう形で働き始めた例も多くあったのであろう。川越屋の当主は阿部孝助といった。店での吉太郎の働きぶりは、「衆望一身に集り」というほどで、やがて長じるにつれ主人が自らの跡取りに望むまでの奉公人に成長した。おそらく川越屋には跡取り息子がいなかったのであろう。吉太郎はこれを固辞したが、主人の再三の懇請に負け、また「主従の関係を有するが故其の情において亦忍ぶべからざるもの」があって、けっきょく実家は弟に任せることにして、自分は川越屋の養嗣子となった。この際、阿部家の娘つるを妻となした。時に明治四年、吉太郎は二三歳であった。

しかるに、そのころ川越屋の暖簾には斜陽の影がさし始めていた。急激に変わる時代の流れに追いつけなくなったのかもしれない。明治八年、養父孝助が突然の病のため没し、さらにその年の暮れには養母も他界してしまう。やむなく吉太郎は直ちに家を継ぎ、ここで名を世襲名の孝助に改めたのである。七代目であった。以後、一心不乱に家業に精を出した。その甲斐あって「家運月に隆盛に赴むき」、再び店の信用も厚くなり、市中に川越屋の名を知らぬ者はないというまでになった。

そして、川越屋を継いでから一〇年後の明治一八年、孝助は向島に山川組という製絨《せいじゅう》工場を開設した。単なる商人から脱皮して製造企業家・産業資本家への転身を図ったのである。当時、織維品市場をめぐる情勢は、「我国開明の度進むに従て西洋の新事物輸入すること日に月に其額を増し特に洋服地の如きは総て本邦の織物を要せず悉く海外に供給を仰ぐ」というように年々きびしさを増していた。輸入を防遏《ぼうあつ》しなければ金銀の海外流出を堰き止められない形勢にあった。孝助が、八方手を尽くして製絨工場を創設したのは、そこに商機を見出したこともあろうが、同時に輸入品の圧迫に危機感を募らせたからでもあったようだ。鎖国を解いた幕府がとった貿易政策は、いわゆる居留地貿易であったが、外資の侵入は一切排除するものであった。当然それは資本不足により工業化を阻害する要因となったが、その代わり維新期に入ると増大する舶来品の国内取引で資金を貯えた商人の中から、近代的な工場を開設する企業家が生まれてきた。困難な状況の中で辛うじて彼らが工業化の進展を支えたのである。(17) 阿部孝助はまさにその典型である。

当時のことであるから思うようには羊毛が手に入らず、原料の毛糸には各地の製革工場から出る廃物の牛毛を使うことにした。当時、廃物の牛毛の使い道といえば肥料に回される程度のことしかなかった。しかし、牛毛を製絨の原料とするには、かなりの試行錯誤を重ねなければならなかった。努力の甲斐あって孝吉の工場はこれを乗り越え、舶来品の「スコッチ絨」に匹敵する製品を作れるまでになった。牛毛を利用しての毛織物生産は山川組が嚆矢とされる。しかし牛毛の産出量は限られていた。やはり、毛織物の増産には輸入羊毛を使うほかないと判断し、山川組では羊毛を原料とする製品開発に取り組み、ようやくその商品化に成功した。そこで王子の字石畑に水田一万三千坪の土地を買い入れた孝助は、友人数名の協力を得て資本金三五万円の大規模工場を建設した。[18] 名称は東京毛糸紡績会社といった。明治二〇年一一月のことである。翌年には、製絨機械の購入と工場視察のため、孝助ほか関係者数名がヨーロッパに赴いた。インド洋を航海してヨーロッパに達した一行は、フランス・イギリス・ドイツの生産地をつぶさに見て回り、帰途には大西洋を渡って米国にも立ち寄ってきた。これが孝助の海外初体験であった。

帰国後、英国製の機械と技師の到着を待って、工場は明治二三年七月に開業式を迎えた。社長は川崎財閥の創始者として知られる川崎八右衛門であった。[19] こうして新式の生産を開始したわけであるが、当初は「職工未た其技に慣れず」ということで、満足のいく製品が思うように作れず、しかも原料の高騰が重なったこともあって、創業後から二年間は大きな損失を出す結果に終わった。そうした苦境の中、二五年には海軍省と警視庁から注文を受けることになり、これを機に社運は挽回に転じて、以後順調に発展していった。軍隊や警察からの注文ならば大量であった。たぶん相当の働きかけをして売り込みに成功したのであろう（ちなみに有名な千住製絨所は陸軍の用達を務めていた）。このころ孝助は四〇歳代半ばであった。

明治二六年、阿部孝助は衆議院議員に当選した。東京第八区であった。すでにそれまでにも、下谷区会議員・東京市会議員・東京府会議員、あるいは東京商業会議所議員などを歴任していた。内国博覧会の審査官も三度務めた。明治二九年には、多年実業に尽くした功績により藍綬褒章受賞の栄誉に輝いた。東京毛糸紡績会社を成功させた孝助は、ほかにも日本織物会社・日本メリヤス会社（後の日本メリヤス株式会社）・東京銀行・下谷銀行などの設立に尽力してそれらの重役となり、また東洋貯蓄銀行の監査役を務めたりした。

義和団事変のあった明治三三年には、清国沿岸各地を視察して回り、三六年には天津・北京を経て蒙古にまで足を伸ばした。大陸市場に強い関心が向くようになっていたのであろう。そして、日露戦争が勃発するや、孝助は新たに阿部組を組織して自ら満洲に向かい、数万円の資本を投じて満韓各地に出張所を設けた。出征軍隊のため尽力したというが、軍用達商のような営業をしていたのであろう。戦後も引き続き満洲に関心をもち、満洲開発には精神文化の啓発が必要との考えから、山崎信樹（第三世代の一人）と共に盛京書局を奉天に開き、書籍文具の販売に着手した。この書店は、『満洲紳士録』にもその販売店として名が出ている。久保田高吉編『東洋実業家評伝』は、阿部孝助をして次のように評している。

逸氏曰く阿部孝助君は現世紀の商人たるに恥ちざる稀有の経歴を有せり否な其人の如きは真に明治の新商人なりと断定して憚からざるなり

明治維新の時阿部孝助はすでに二〇歳であった。それまでに学問と言えるほどの教育を受けた形跡はない。身につけたのは、見習い奉公先（後の婿入り先）でたたき込まれた江戸商人の才であり素養である。にもかかわらず、彼は文明開化・欧化の時代にみごとに適応した。旧型商人から近代的産業家に転身を遂げた、まさに「明治の新商人」の実例が阿部孝助であった。江戸末期に生まれた商人の中には、こうした革新的な人物がいたのである。これもまた明治史をみるうえで興味深い事実である。没年は大正一五年。

児島幸吉(20)―地方産業の近代化に貢献した企業家

安政四年（一八五七）、鳥取県鳥取市の生まれ。現在でも児島幸吉の名は忘れられていない。「郷土の誇る人物」として鳥取県庁の文化観光局のホームページにはその経歴が紹介されている。

明治維新を一一歳で迎えた児島幸吉には、やはり近代的学校制度のもとで教育を受けた形跡はなく、『満洲紳士録』にも学歴のことは何も書かれていない。にもかかわらず、彼は科学的な思考力と冒険心に富む少年だったようで、明治八年に弱冠一八歳で酒造業を始めた。これが革新的な企業家としての出発であった。おそらく生家はそれなりの資産家だったと思われる。それにしても、一八歳の若者が起業するというのは、明治維新期というものがいかに若さにあふれた時代であったかを物語っている。しかも、児島は単に酒造業を開いただけではなかった。県下の酒造改良を進めるために、ほかの業者を誘って酒造組合を組織し、自ら組長にも選ばれたのである。極めて開明的な青年だったことが分かる。こうした人物が地方都市にも現れたのである。

明治二二年、精米会社も経営していた児島は、そこに蒸気機械を採り入れて評判を呼び、一時それは県下の名物にまでなったという。児島としては県民の間に工業熱を湧き起こそうとの意図もあったようだ。その事業欲はさらに広がり、県内の運輸交通の整備、殖産工業、その他商業の振興を目的に、二五年には有志を募って汽船を購入して鳥取汽船株式会社を創設した。あるいは、大手の船舶会社である大阪商船会社に交渉して、同社の汽船の摂津港への寄港を実現したりした。すでに壮年の三五歳に達していた児島幸吉は、鳥取県の経済界の重鎮の一人に数えられるまでに出世したのである。

日清戦後の明治二九年には、児島はさっそく台湾にも支店を開いて、そこではラムネ製造を始めた。文明開化の時代に洋食と共に登場したラムネは、国内ではコレラが流行した明治一九年夏に、氷水などの代わりに飲用する者が急増したことがあった(21)。児島が亜熱帯の台湾でラムネの製造を考えたのも、あるいはそういうことにヒントを得たのかもしれない。そして日露戦後には、満洲の大連において貿易業と製氷業も興したが、『満洲紳士録』編纂当時、児島幸吉は鳥取県下屈指の資産家となっていた。さらに大正期に入ると、ボルネオ島で森林伐採と木材売買をおこなうため南洋木材貿易会社を創業した。そのころには鳥取商工会の会頭にも推薦されているが、市会議員や県会議員にもたびたび当選していた。彼にとっては、渡満も事業の海外進出の一環にすぎず、むろん満洲に移住したわけではなかったのである。

冒頭でも紹介したように、鳥取県では今日もなお児島幸吉の功績が語りつがれている。実はそれは、何よりも彼が鳥取ガスの創設者だからである。明治二〇年代はじめのころから、電気事業、電気会社の創設にも熱心だった児島は、けっきょくその夢は実現できなかったが、その代わり大正七年に鳥取ガス株式会社を創設させることができた。ガスは現在でも鳥取市の主要なエネルギー供給源になっている。児島幸吉も幕末に生まれ育ち、特別な学歴こそなかったが、家産と才覚をフルに生かして革新的地方企業家に成長し、文明開化の時代の波頭を切って走り続けた人物であった。昭和四年、七二歳で世を去った。

3　特権と家禄をなくした士族たち

明治維新の特異な性格は、旧幕期の支配者たる士族の自己否定の革命だった点にこそある。特権身分だった士族が自己解体したのである。しかも、それほど大きな抵抗も生まれずに、大半の士族は「なすがまま」に過酷な現実を受け入れたのである。そのためか、士族の自己解体の謎は、司馬遼太郎などがつとに取り上げてきただけで、これもまたアカデミズム史学によってはほとんど追究されたことがなかった。[22] 明治に入ってからの社会層としての士族の全体像は解明されていず、武士や士族のイメージはバラバラで分裂的でさえあるという。[23] それは、解体後士族がたどった道がバラバラだったということでもあろう。第一世代の「紳士」の中には士族が七人いたが、全員が武士の身分で維新を迎え、やがてその身分と特権を失っていったのである。ここでは三人の人物を紹介したい。

有馬純雄(24)─西郷の遺志を秘めた維新史の証人

天保八年（一八三七）、鹿児島の生まれ。『満洲紳士録』の人物の中の最高齢者である。父は有馬藤太といい薩摩藩の砲術師範を務めていた。純雄は長男で、元の名は父と同じ藤太であった。小野郷右衛門に飛太刀流を習い、一九歳で師範代に上がるほどの剣士に育った。得意は抜刀術だった。伊地知正治《いじちまさはる》に引き立てられたという。文久二年（一八六二）生まれの伊地知正治は、薩摩藩独特の兵法合伝流の奥義を極めた人物で、藩校造士館の教官を務めたこともあり、明治になって名を挙げる西郷従道や三島通庸などはその門人であった(25)。

後から振り返ってみれば、戊辰戦争の時が有馬純雄の生涯で最も輝かしい時期であった。戦争の火蓋が切られると、有馬は薩摩藩の二大隊を束ねる監軍として出陣し、特別任務を帯びて長州の毛利越後や山田市之丞と三田尻で極秘裏に折衝した。その結果、総督は帰国したが、有馬は薩長の兵を率いて上洛して両藩の周旋のために奔走した。その後、幕府軍とぶつかった宇都宮のいくさでは、総督となったのが岩倉具視で、参謀には板垣退助・伊地知正治・川田佐久馬・宇田栗園の四名が就き、有馬は副参謀兼監軍として戦線に立った。ここで彼は傷を負いはしたが、千葉の流山で新撰組局長の近藤勇を捕縛するという大きな功を挙げた。

勝者として迎えた明治維新、有馬純雄は弾正台の大巡察に抜擢された。弾正台というのは律令制時代にあった古めかしい役所で、明治二年に太政官制下に復活した警察機関である。つまり王政復古の一環であった。大巡察は、官位では従六位に相当するもので、新政府に謀叛を企てる幕府側の残党や政治的陰謀者を偵察するのが役目であった。言わば公安警察である。薩摩藩士として戊辰戦争で活躍した有馬は、新政府のもとでは上級の警察官僚の職を得たわけである。弾正台は明治四年に司法省と合併され、その時に有馬の職は司法省判事に変わった。この時の定めでは、判事は卿（一等官）、大輔（二等官）、少輔（三等官）に次ぐもので、大判事（三等官）から少判事（五等官）まであった。いずれも司法の上級職である。軍功行賞の人事で授った職だったのであろうが、廃藩置県後の士族の大半が、「貧寠《ひんる》に迫ると無事を苦しむとの二つを免れず」という状況のもとでは、有馬の受けた処遇はいかにも恵まれたものであった。(26)

しかし、それからまもなくして、新政府の屋台骨を揺るがし、また有馬の命運を左右する事態が起こった。明治六年、征韓論問題がこじれて西郷隆盛が下野したのである。西郷に傾倒していた有馬はこれに同調して司法省を辞めたが、鹿児島には帰らずに東京にとどまり、西郷の代言人として動き始めた。より具体的に言うと、有馬はこの時一緒に司法省をやめた同僚たちと、訴訟代言の会社を起こしたのである。(27)本人の言では、これが日本における代言人、すなわち弁護士の嚆矢であった。ちなみに、「代言人規則」が発布されたのは明治九年二月であるが、東京市中では「最も多き物は、売家貸店の張札と、身代限りなり。その次は代言人」などと言われていた。(28)まだ怪しげな商売だったのである。有馬は、「ある秘密の任務を帯びて」、大阪にあった各島商社という会社の顧問となり、陰で西郷たちを助けたという。

そして明治一〇年の西南戦争。このころ有馬は、政府から勅任判事として大審院詰めになるよう命じられた。普通ならば拝命して当然の話だったが、西郷から自分を引き離す懐柔策ともみられた。西郷の意向を伺うため鹿児島に向かった有馬だったが、途中で京都府警察に逮捕された。「西南の謀反」に与しているとの嫌疑だった。かつての新政府の大巡察が獄につながれる身となったのである。いわゆる国事犯であった。この時逮捕されたのは有馬のほか八人で、滋賀・熊本・京都の士族や平民が含まれていた(29)。京都大学法学部図書室の小早川文庫には、『西南暴動引続書』という文書が所蔵されている。事件に関する稀な史料であるが、そこには有馬純雄の口述書が含まれている(30)。

けっきょく、一年ほど拘留された後、有馬は無罪放免となった。すでに四〇歳になっていた。ここで彼が選んだのは出家遁世の道である。以来、西郷等同志の冥福を祈りつつ二〇有余年を過ごしたという。どこかの寺の住職になっていたのかもしれない。文明開化・近代化の潮流に背を向けざるをえなかった旧型士族の一人、それが有馬純雄だったと言えよう。そういう人物が、還暦も過ぎたころになって、たまたま「時事に感ずるところ」あって還俗するのである。日清日露戦間期の明治三〇年代半ばのことである。そして、日露戦争のさなかに、古希を迎えようという年齢の有馬は満洲に渡った。いったい何のためか動機は明らかでない。そこで有馬が就いた職は意外なものであった。大連西公園の管理人である。年齢を考えれば打ってつけの仕事のようでもある。その後の消息に触れれば、大正一〇年、日本警察新聞社から『維新史の片鱗』という本が出版され、その編著者が有馬純雄だった。没年はその三年後の大正一三年である。享年八七歳。ほぼ米寿を迎えるまでに天寿をまっとうした人生であった。明治史、とくに明治政治史の生き証人として、長い晩年を送った人物である。

上島徳三郎(31)——地域振興に尽くした士族名望家

嘉永六年（一八五三）、三重県一志郡稲葉村の生まれ。家は伊勢の藤堂藩士であった。生まれ在所からみると、あるいは郷士のような家柄だったのかもしれない。もしそうであれば、むしろそれがこの人物には幸いしたようである。武士が廃業となった後に、自然と「帰農在村」の道を選ぶことができたからである。維新の時は一五歳であった。

明治七年、二一歳の上島徳三郎は、折からの地租改正事業の実施に従事した。これが彼の地方名望家としての経歴の第一歩となった。一二年には大島村前二か村の戸長になり、同時に地方学区取締にも任命された。いずれも家が土地の名望家だった証しである。さらに二二年には町村制実施に伴い稲葉村の村長に選ばれた。改選を重ねたが三二年に家事の都合でこれを退職した。しかし同年五月には村会議員に選ばれ、こちらは満洲に渡る三九年まで務めていた。さらに上島は、郡会議員・県会議員にも進出していった。そして、民権派の改進党員となって、地方人民の政治意識の啓蒙を目指し、自らも一志会と称する団体を率いた。全国的に高まりをみせた地価修正請願運動委員として、上島は二〇年余にわたり帝国議会に献策を繰り返したという。藩閥政治に批判的な立場をとり続けた民権家、それも士族と豪農（地主）の両方の性格を合わせ持った民権家の一人だったようである。

内田魯庵によれば、明治維新のころには二葉亭四迷の例にみられるように、国士を志すのが青年の通有だったという。[32] 上島もその例に漏れない青年だったのかもしれない。他方、同じ内田魯庵が別の著作の中で、当時の農村地主の中には「政党の旗持ちをする、演説会の金主《きんしゅ》をする、請願建白《せいぐわんけんぱく》の先棒にもなる、郡会県会の議員にもなる、山林の払下もする、鉱山の試掘《しくつ》もする、明治の地方紳士が為《す》る事は一《ひ》と通り何でも」手を染めた人物が珍しくなかった、と辛口の批評をしている。[33] しかし、これは上島には当てはまらないであろう。公職としては、さらに町村組合会議議員・所得税調査委員・茶業組合長・日本茶業組合聯合会議員などにも選ばれ、農商務省の委嘱でロシアに茶業視察に行ったこともあった。このほかにもとくに茶業関係の団体の役職が多いので、あるいは家業の一つが茶園だったのかもしれない。

五〇歳を過ぎてもなお地域振興への上島の情熱は衰えをみせなかった。県下の土会郡西二見村地先の海面埋立て事業を発起する。奔走して四隣村落の有志者の賛同を取り付け、工事の利害得失を調査するのに二年を費やしたという。ようやく明治三七年一月、埋立て工事は起工にまで漕ぎ着けた。しかし、工事開始後、不運にも二度の水害に襲われ、被った損害は甚大であった。それでも上島はあきらめず、何とか工事を再開させたのであるが、ついに資力が尽きてやむなく権利を親族に譲り、自分は工事監督に当たることになった。権利を買い取った親族もまた、土地の資産家だったのであろう。明治三九年四月、やっと工事が完成した時には、上島家の資産はすべて使い果たされていた。満洲に上島が渡ったのはその直後、明治三九年六月である。五三歳になっていた。目的は県下の製茶の販路拡張を企図してのことで、ひとまず旅順に住んで茶と菓子の製造販売に従事するようになった。渡満の計画は埋立て工事完成前に立てられていたのかもしれない。

冒頭でも述べたように、上島徳三郎の家は村に居を構えた武士で、城下に住む家臣からは在郷兵と軽んじられていたかもしれない。しかし、経済的にはむしろ裕福だったので、彼らには教育を受ける機会もあり、武士身分が廃止となって刀を捨てた後は、土地に根ざした田舎紳士として活躍することもできた。こういう人物は中央を目指す立身出世主義の塊ではなかった。豪農の神野良もそうであったが、上島徳三郎も郷土の振興に一意専心したのである。彼のような士族が各地の村にいたのであろう。

田島彦四郎(34)　―勉学立身一途に生きた半生

安政二年（一八五五）、鹿児島県出水郷の生まれ。有馬純雄と同じく生粋の薩摩藩士である。しかし、子供のころに学んだ学校から推測すると家は郷士だったかと思われる。

文久元年（一八六一）、六歳になった彦四郎は郷立の揆奮館という学校に入学した。この学校には前身があって、弘化三年（一八四六）に漢学者の河添白水が開いた耕読館がそれである。揆奮館はやがて明治九年に出水小学校となった。つまり、旧幕期の私塾が村（郷）塾となり、さらには新制の小学校に継承されていったのである。ここでも封建から近代への教育の「接ぎ木」がみられた。向学心旺盛なることを出水の地頭から称賛された彦四郎は、慶応三年（一八六七）に褒美に硝煙と鉛をもらっている。いかにもこの時代らしい。同じ年、やはり地頭からの推薦により鹿児島に出府し、藩立の聖堂への入門を命じられた。さらに明治元年一一月には、学問抜群のゆえ西洋綿布一反を与えられたという。こうした一連の事実からみると、田島彦四郎は相当の秀才だったようである。しかし、維新を迎えた時はまだ一三歳の少年であった。

明治三年（一八七〇）、元服に近い一五歳になった田島は、県立の小学第四校の漢学の助教に採用された。この年齢にして早くも一人前の漢学の教師になれるほどの力量だったのである。しかも、仕事の余暇にはオランダ人スケップルに師事して、ドイツ語を学ぶという勉強家だった。当時オランダ人が鹿児島にいたというのも面白い。秀才の誉れが高かったことの証しなのか、明治五年には旧藩主の島津久光に随行して、初めて東京に出る機会を得た。随分名誉な話であったろう。東京体験で触発されたものがあったのか、田島は七年に長崎県師範学校を受験し、これにみごと合格して官費生となった。そのまま教師の道を貫くかとみられた。しかし、師範学校に入った翌年には志が変わり、今度は単身再び上京し、語学の専門学校として知られる東京外国語学校に入った。士族の子弟にとって教師は適職とされた時代であったが、一介の田舎教師に埋もれてしまうことは、田島にとっては不本意な人生に思われたのであろう。それで、どこに方向を転じようとしたのか定かでないが、外国語学校で習い始めたのはフランス語であった。ところが一年後にはここも退学してしまった。また進路を変えたのである。

次に田島が入ったのは司法省正則法学校（司法省法学校正則科）である。この学校は、法律家を養成するために司法省が開いた専門学校で、明治一九年に帝国大学が誕生するまで存在し、高等教育に最も重要な役割を果たした大学校《グランゼコール》の一つであった。法学校の教育はフランス法律学だったので、フランス語の学力が必須であった。したがって、田島が東京外国語学校で一年間フランス語を学んだのも、あるいは最初から司法省法学校を目指すための準備だったのかもしれない。おそらくそうであろう。ということは中央官僚への立身出世を考えたものと思われる。ところが、『満洲紳士録』の記載によれば、田島が在学中の明治一五年二月に、司法省法学校が廃校となったため、彼は中途退学を余儀なくされたという。この記述には疑問が残る。司法省法学校正則科は、明治一七年一二月に廃止されて、文部省直轄の東京法学校に引き継がれたのである。在校生は全部そこに移管され、私費通学生も官費寄宿生に切り替えられた。田島が退学したのは別に理由があったのではなかろうか。すでに二七歳になっていたはずである。これ以後学校に通った形跡はなく、けっきょく正式な学歴は旧藩校で終わったのである。深い挫折感を味わったかもしれない。

それでも、法学校退学と同じ年の明治一五年に、田島は外務省の准奏任御用係に採用されている。ともかく職を得ることはできたのである。当時の中央省庁の官吏の階級は、勅任官、奏任官、判任官、雇員・傭人に分けられていた。このうち奏任官というのは、各省庁の課長以下の事務官や技師などのことで、田島はそれに準ずる官位で雇われたわけである。学歴は不足してはいたが、学力や資質の高さを買われたのであろう。薩摩の士族だったことも就職に有利に働いたかもしれない。一七年には、井上馨特命全権大使に随行して朝鮮に派遣された。一九年には交際官に任ぜられ、フランスのパリ公使館に駐在することになる。交際官とはどういう官職か。「交際官・領事館制」（勅令第五号）が公布されたのは明治一九年三月である。同二三年一〇月二一日の勅令第二五七号をみると、特命全権公使（勅任）、弁理公使（勅任二等奏任一等）、代理公使（奏任一等二等）、公使館参事官（奏任一等二等）、公使館書記官（奏任二等三等四等）の下に、交際官試補（奏任五等六等）というのが置かれている。(35) 残念ながら交際官そのものの位は分からない。明治一九年に天皇が公布した内閣の各省のしくみに関する勅令には、外務大臣の職務について、「外国ニ対スル政略ノ施行及外国ニ於ル我国貿易ノ保護ニ関スル事務ヲ管理シ交際官及領事ヲ監督ス」とある。決して軽い職ではなかったようだ。

田島は、パリ公使館在任中にはベルギーにも派遣され、後に同国皇帝から五等勲章を下賜されている。明治二一年には日本赤十字社員に列せられ、翌年、帝国憲法発布式への参列を仰せつけられ記念章を授与された。この年フランスから帰任した。帰国後は、外務省総務局往復課長に就任した。その後、法制局参事官に転じ、また青森県参事官ともなる。ここに在任中、国弊社岩木山神社に、奉幣使として参向を命じられたりしている。二五年、北海道白神沖で汽船沈没事故の際には救援金を贈ったが、これにより後に勲章局より木杯を下賜された。明治二七年、三九歳になった田島彦四郎は、ようやく故郷へ錦を飾った。鹿児島県中学校長に就任したのである。官僚としての出世はこれまでと判断したのかもしれない。しかしながら郷里にいたのはわずかの間のことであった。翌年には大本営付き民政部の事務嘱託となって再び鹿児島を離れた。その在任中の明治三〇年には香港・広東地方の軍事・商工業視察に出張している。三二年には大本営付き事務嘱託をやめたが、慰労金六百円を賜った。

田島彦四郎は、薩摩士族の生まれで学問に人並み以上の才があり、地元で教師となって貢献する道も開けていたが、けっきょく中央志向の立身出世を夢見て上京した。国家官僚への登竜門、司法省法学校に入学し、いったんは上昇気流に乗れたかにみえた。しかし、卒業には至らず確たる学歴を手に入れることに失敗した。退学後、外務省に採用されそれなりの活躍ができたとはいえ、エリートクラスの出世を遂げることはできなかった。一応は功成り名を遂げたようにもみえるが、本人としては不完全燃焼の思いが残っていたのかもしれない。そうだとすれば、今度は一民間人として「もう一花咲かせたい」との思いから、新開地の満洲に第二の人生を賭けようとしたと考えることはできる。田島がいつ満洲に渡ったのかは不明だが、『満洲紳士録』編纂当時には五〇歳をこしていた。満洲にあっては、瓦房店で居留民会会長となり、ほかに学校・病院・倶楽部などを経営し、また清国人との共同で採炭業にも従事していた。

4　立身出世を目指した人物

第一世代の中にも、若くして郷関を出て栄達を目指した人たちがいた。むろん出自は様々であった。いま紹介した田島彦四郎もこのグループに入れてもよいかもしれない。

高瀬四郎(36)──学歴がありながら出世に苦労

嘉永六年(一八五三)、大分県下毛野郡高瀬村の生まれ。家督を継ぐ長男でなければ、たとえ名家の生まれにして学歴があったとしても、郷里にとどまり名士として活躍する機会は乏しい。郷関を出て立身出世を図らなければならない。しかしそれは決して容易なことではなかった。以下のような高瀬四郎の経歴からは、そうしたことが読み取れるのである。

高瀬四郎は、この世代にしては珍しくはっきりとした学歴があった。維新の時がちょうど元服の年齢だった高瀬は、いったん草創期の慶應義塾の門をくぐったが、その後陸軍士官学校に入り直した。陸軍士官学校の起源は、明治六年(一八七三)に、陸軍兵学寮に開設された仮士官学校である。当初、生徒は各隊より入寮させることにしたが、翌年には陸軍士官学校条例が制定され、学校は兵学寮から分離独立して陸軍士官学校となった。陸軍士官の養成学校に入り直したくらいであるから、高瀬の志望は職業軍人になることだったのであろう。生家が士族でもないのに珍しいことではなかったろうか。

しかし西南戦争の後、高瀬は軍人＝武官の道を捨てて官吏＝文官の道を選び、軍隊とは縁の薄い大蔵省に入った。

どういう身分で入省したのか分からないが、あまり長く勤めることなく、今度は地方官庁に身を移した。行き先は郷里の大分県ではなく、北関東の群馬県庁であった。縁故もなさそうな土地にどうやって職を得たのか、大蔵省からならば「天下り」的に転職できる道でもあったのかもしれない。群馬県庁では勧業課長と土木課長を務めたというから、それほど悪い待遇のものとは思えない。けれども、高瀬はここも故あって退職してしまうのである。進路をきちっと決められないのか、いかにも職に定着できない様子である。ただ、群馬県庁を退いたのには明確な理由があった。県下の碓氷峠に馬車鉄道会社を起こす事業に参加するためであった。明治二一年のことで、高瀬はすでに壮年の三五歳になっていた。これは彼の単独事業ではなく、高崎の名家の生まれで、後に初代市長となる矢島八郎らとの協同の企てであった。高瀬は創業した会社の頭取におさまった(37)。この際、彼も共同出資したのであろうか。したとすれば、その資金はどうやって用意したのか、そのあたりは不明である。同じころ、生糸改良・繭市場・縮緬などの会社の重役にも就いている。つまり官界から実業界に移ったのである。これで三回目の転身であった。若いころに慶應義塾で触れた福沢流の実学主義が、経営者としての仕事に役立ったかもしれない。しかし、けっきょく高瀬は群馬にも定住しなかった。たぶんできなかったのであろう。明治二八年、四二歳の高瀬は日清戦争下の台湾に渡った。現地では陸軍用達となり土木建築請負業を始めたという。渡航の経緯からみると、群馬での仕事の行き詰まりや、窮境打開のためのやむをえざる渡台だったのではないかと思われる。いつまで台湾にいたのかも分からない。

渡台から九年後、日露激突の舞台となった満洲の戦場に、黒木為楨率いる第一軍の糧餉部付き御用商人となった高瀬四郎の姿があった。年齢は五〇歳になっていた。乃木希典の第三軍や旅順要塞司令部などの酒保も兼ねたというが、今度は陸軍士官学校出身という肩書きが何かに役だったのかもしれない。戦争が終わっても高瀬は帰国しなかった。永住の覚悟を持ち、一家挙げて旅順市青葉町に移り住んだのである。自ら積極的に事業を展開し、倉庫業・和洋雑貨商・土木建築業のほか軍用達商も務めた。日本火災保険会社や帝国保険会社の特約代理店にもなっている。まもなくこれらの事業は息子に任せ、自分は旅順近郊に二〇町歩の土地を買い入れ、日本人と中国人の農夫を雇って、苗圃・菜園・果樹園などの経営を始めた。高瀬農園と命名したこの農園は老後の慰安のためだったという。渡満後の状況からみると、日露戦時の軍用達商としての働きは、相当の利得を高瀬にもたらしたようである。五〇歳を過ぎてからの渡満は、よほど覚悟の上のことだったであろう。結果的には経済的に成功したわけであるから、ようやく立身出世の望みを果したと言えるかもしれない。職も住所も転々としてきた高瀬が、満洲で余生を送ろうとの意志を固めたところに、そうした思いが表れているようである。

森本文吉(38)　―貿易商を目指した村の資産家

嘉永六年（一八五三）、山梨県東八代郡永井村の生まれ。土地の名家、森本清兵衛の長男に生まれた文吉は、公職を退いた父親の承諾を得て、初めて海外貿易に手を染めた。明治六年、二〇歳の時である。それまでの生い立ちは何も語られていない。学歴も職歴も不明である。実家が商家だった様子もないので、商売の素養をもっていたとも思えない。しかし、富裕な家（地主）だったので、新時代の知識や情報を得る機会はあり、しかも郷里の山梨県（甲州）では、幕末以来横浜との間を往来する商人が急増していた。それに触発されたのかもしれない。

しかしもくろみは失敗に終わった。経験不足だったのであろう。やむなく三年後には残りわずかの資金を懐に、森本は捲土重来を期して郷里を後に横浜に出た。ということは、失敗した貿易業は地元でやっていたわけで、やはり山梨の田舎でも海外とのパイプができていたのである。横浜に出た文吉は、そこでもまた貿易業を始めた。当時の横浜には甲州出身の商人や実業家が珍しくなかった。最も有名なのが甲州財閥の総帥と言われた若尾逸平である。偶然、横浜の豪商結城屋の主人に認められた森本はその店の支配人となった。ところが二年後、病魔に襲われやむなく帰郷の憂き目をみる。再度挫折した森本が次に試みたのは、土地の物産である椎茸を、横浜の外国商に売り込むことだった。今度のねらいはみごとに的中し、森本は、椎茸・寒天・茶などの販売店を横浜に開き、数年のうちに「巨万」の富を稼ぐことができたという。以後、次第に森本文吉の名声は上がった。

三二歳になった明治一八年には、創立された横浜海産物組合の委員となり、二四年には副頭取に推された。横浜での公職は次々と増えていった。製茶売り込み商組合員・横浜貿易商総代会議員・横浜共同電燈会社理事・市会議員・横浜製油会社社長・横浜商業銀行監査役・横浜商業会議所議員・横浜株式会社米穀取引所理事等々、文字通り枚挙に暇無しの感である。山梨県下や横浜の会社の重役を一七も務めていた。賞状を授与されること数十回、木杯の受領は六〇回に及んだという。

ところが波乱がまた訪れた。横浜米穀取引所の理事に就任した明治三三年、文吉の事業は思わぬ出来事で一挙に破綻した。義和団事変後に発生した経済恐慌だったという。事実、この年から翌年にかけて、日本経済は本格的な恐慌にみまわれており、文吉の事業はその直撃を受けたようである。打撃がどれほどのもので、それに森本がどう対処したのか、紹介記事には何も書かれていない。話は四年後の日露戦時に飛ぶ。明治三八年二月、すでに五〇歳になっていた森本文吉は、なお戦闘の続く満洲に渡った。目的は商売であった。先ほどの高瀬四郎とよく似た経過である。手始めに営口に軍隊用物資の取次店を開いた。おそらくほとんどの財を失ったいま、満洲＝戦場に上陸して起死回生を図ろうと、最後の勝負に出たのではないか。一年後には内陸の鉄嶺に移って、貿易・雑貨販売・質屋を営み、満鉄の用達も務めることになった。

森本文吉は、農村の名家に生まれたが、自らは農業をやらない地主だったようだ。小作料から貯えた資金をもとに、時代の潮流に乗るべく貿易商を志した。最初は失敗したが、次にはちょっとしたアイデアにより大きな儲けを手にし、その後は幅広く事業家としての活躍の場を広げ、横浜や山梨の名士に出世した。みごとに立身出世を果たし、故郷へ錦を飾ることができたのである。しかし、その錦も景況の激変によって一夜のうちに消え去り、もはや働き盛りをとうに過ぎた年齢になっているにもかかわらず、森本はいまだ戦火の収まらない満洲に渡っていった。「もう一花咲かせたい」との思いだったのだろうか。明治時代には、森本文吉のような浮き沈みの激しい事業家、農村地主出身の投機的事業家が、数え切れないほどいたに違いない。

5　叩き上げの成功者

次の二人は、裸一貫から腕と度胸でのし上がった土木建築業者で、おそらくは明治以降無数に現れた叩き上げ型の成功者の走りと言えよう。とりわけこの業界にはそうした人物が多かったようである。

澤井市造(39)―台湾でも辣腕を振るった俠客型土建業者

嘉永三年（一八五〇）、京都府下加佐郡由良村の生まれ。いわゆる叩き上げ型の人物である。『満洲紳士録』によれば、澤井市造は関西の土木建築業界においては、名の知れた領袖の一人、つまり有力な親分の一人だったという。第一世代の「紳士」の中では数少ない土木建築業者であった。出自・学歴・職歴など詳しくは語られていない。

明治二一年、澤井は日本土木会社の下請けとなり、大阪鉄道の建設工事に従事した。この時三八歳だった澤井の下には一〇〇人前後の手下（組員）がいたという(40)。日本土木会社というのは、明治二〇年に業界最大手の藤田組と大倉組の共同出資により設立された資本金二〇〇万円の大企業である。発起人には、藤田伝三郎・大倉喜八郎のほか渋沢栄一や久原庄三郎が名を連ねていた。(41) 資本主義の勃興に伴って土木建設工事が急増していたことがその背景にあった。また、日本土木会社の下請けとなって澤井が携わった工事を発注した大阪鉄道は、明治二〇年に大阪府会議長の恒岡直史などが発起人になって生まれた会社である。(42)

日清戦争の直後には、澤井はこれも当時大手の建設会社として知られた有馬組の代人となり、「千人長」として鉄道軍夫を引き連れて台湾に渡った。現地では、まだ住民の反抗襲撃が続いていたが、澤井は危険をものともせずいくつもの鉄道工事にかかわり、侠骨振りをいかんなく発揮した。そればかりでなく、台湾では鉄道会社や炭鉱会社の経営にも進出したというから、澤井の事業は土木建築請負業からさらに大きく飛躍拡大をみせたようである。そして日露戦争後には満洲にも進出し、資本金三〇万円の澤井組を組織したのである。そろそろ還暦を迎えようという年齢になっていた。以上の経歴からみると、おそらく澤井市造は若いうちから土木建築業界に入り、裸一貫、腕と度胸で次第に出世し、一廉《ひとかど》の親分として頭角を現していったものと思われる。『日本鉄道請負業史』(明治篇)には、澤井市造は義侠心に富む友情に厚い人物で、「業界の奇傑」であったと記されている。この本が書かれたのは明治大正の時代でなく、昭和四〇年代前半のことである。澤井の武勇伝は業界では永らく語り草になっていたのであろう。

いま、澤井の郷里、京都府宮津市の由良の公園には、彼の銅像が建てられている。(43) 実は満洲進出後も澤井組の本店は名目上は郷里に置かれていたのであるが、それは郷里への納税のためであったという。澤井市造の足跡は、特別な家産も学歴もなかった男が、郷関を出て後、体を張って立身出世を果たし、故郷に錦を飾った実例と言えよう。日本の立身出世主義は、学歴＝官僚型出世コースが中心で、その対極もしくは底辺にあったのは学歴とは無縁の「金次郎主義」であったと言われる。(44) なるほどそのとおりかもしれないが、しかし下層民衆の無学の徒でも、叩き上げ型の立身出世の可能性が開けていたことを見逃すべきではない。とくに、産業化の時代に急成長してきた土木建築業界や鉱山業界等々、あるいは台湾や満洲などの植民地において、そういう「小成功者」が多く生まれ、社会的にも無視できない役割を果たしたと思われる。立身出世を語る時には、民衆の中にあったこうした上昇志向のエネルギーを忘れてはならない。

英《はなぶさ》修作(45)—戦争と植民地を足がかりに実業家に成長

安政四年（一八五七）、広島県安芸郡仁保島村の生まれ。土木建築業と軍用人夫の調達によって、一代にして相当の財をなした人物である。小粒ながらも政商タイプの人物であった。やはり出自や学歴は不明であるが、たぶん裸一貫で村を出ていったのであろう。

英修作の名が、多少とも世に知られるきっかけとなったのは、軍港で有名になる広島県の宇品港の築港工事であった。築港計画が作られた時の県知事は千田貞暁であった。しかし計画に対する地元の反応は冷たく、有力者の中には負担を逃れんがため、工事が不要不急であることを理由に、「貧民を扇動して」反対運動を起こす者もいた。この時知事のために一肌脱いで、築港の重要性を説いて回った一人が英であった。けっきょく工事は着工にこぎつけ明治二三年五月に竣工した。千田知事は、「県民の大反対ありしに拘わらず、深く信ずる所ありて(46)」、宇品築港を成し遂げたのである。知事がどういう考えをもっていたのかは分からないが、完成した宇品港は日清および日露の戦役に際して、最も重要な軍港として働くことになる。築港に功績のあった千田貞暁は、その後重い病に罹るのであるが、三一年に生前授爵の沙汰があって男爵となった(47)。

千田を助けた英修作が、土木建築業の英組を旗揚げしたのは、呉鎮守府の用達商を命じられた時だという。『満洲紳士録』には「十数年前」とあるから、明治二〇年代半ばのことであると思われる。したがって、宇品築港問題にかかかわっていた時には、まだ英組は生まれていなかったのである。宇品築港問題での働きを買われたのか、日清戦争が始まると英修作は大本営付きの用達を命じられた。この時には英組は存在していたのであろう。戦後、台湾総督府の嘱託顧問となって、台湾全土の制圧に加わった英は、やがてこれを辞して軍需品の輸送業に転じた。やっていたことは土木建築業ではなくて、軍需物資の輸送業やそのための人夫調達業であったが、彼らのになう土木建築業というのもまた人夫の調達が一番重要な仕事であった。やることに大きな隔たりはないのである。

義和団事変が起きた時も、英は多数の軍役職工を率いて北京に乗り込み軍のために働いた。日露戦争では再び大本営の用達を命じられ、満洲と韓国に駐留する日本軍に多数の軍役職工を供給した。要するに戦時においては人夫をかり集めるのが英組の仕事であった。それで莫大な利益を手にしていったのであろう。英のばあいには、土木建築業そのもので財をなしたというよりも、戦時の軍用人夫の供給用達商として手にした利益でのし上がったようである。『満洲紳士録』編纂当時の英組は、銀座に堂々と本店を構え、呉・広島・大連・旅順などに支店を持つ大きな土木建築会社に成長していた。大連市内に多数の家屋も所有していた。そのほか英は日清間の海運業や煉瓦製造業にも手を広げていった。竹内黙庵著『八面観　大連の二十年』には、大連の日本人実業家の草分けのうち、大連実業会設立の肝入となった「五大商店」が挙げられているが、その中に英組が入っている。(48) また明治四〇年の大連の多額納税者の中にも英修作の名をみることができ、その事業は貸屋業となっている。(49) 相当の不動産を市内に持っていたに違いない。

近年発表された大正末期の泡沫会社に関する研究論文の中にも英修作の名が登場するが、それによると大正六年の調査では取引先の信用程度は「五段階の下から二位Da」というものであった。大正一三年の信用調査には、「元土木建築、対物信用・負債、対人信用薄、年商未詳、盛衰は衰」となっていた。(50) 文字通り体を張った荒っぽい商売で急成長した会社だったから、もとより英組の基盤は堅固なものではなかったのであろう。戦争と植民地で蓄財していった英修作ではあるが、郷里に対しては道路の修理や橋の架設をするなど、いろいろな功績を残したらしい。広島市南区の旭町から山城町には、昭和四〇年代初めまで英橋という名の橋があった。埋立て工事でいまは姿を消してしまったが、橋の建設のために私費を投じた英修作の功績を讃える記念碑が建っている。彼もまた、立身出世の夢を抱いて逞しく生きた叩き上げ型の人物であった。しかも、そこには常に「きな臭さ」がまとわりついていたが、戦争に明け暮れた近代日本には似たような人物が数えきれないほど輩出したことであろう。

第五章　第二世代の人びと——維新前夜に生まれた世代

徳川幕府倒壊に至る維新前夜の一〇年間に生まれたのが第二世代の人びとである。少数だった第一世代とは違い、一つ若いこの世代には一〇七人の人物がいた。彼らは幼少年の時に明治維新を迎えた。最年長者ならば一〇歳なので幕末の争乱は知っていたはずだが、年少の者にはもはや戊辰戦争の記憶もなかったであろう。しかし西南戦争ならば全員が知っており、明治一〇年代に高まった自由民権運動には身を投じた者もいたかもしれない。この世代は時代転換の真っ只中に育ったのである。維新最大のオピニオンリーダーだった福沢諭吉が、世代交代がどんどん進み、近ごろの若者は昔のことも維新の功績も知らない、と語ったのは明治一四年のことである。(1)第二世代の「紳士」の一部はそういう若者の中に入っていたのである。

やがて明治二〇年代の初め、帝国憲法発布や国会開設により国家体制が確立に至ったころには、第二世代の「紳士」は二〇歳代前半から三〇歳代前半の血気横溢する青壮年になっていた。そして、日清戦争が起こった時、彼らは三〇歳代半ばから四〇歳代半ばの社会的中堅層であったが、一部にはまだ戦争の実戦部隊に入れる若さも残っていた。さらに日露戦争のころには社会の指導層の仲間に入り、明治の終わりには全員が四〇歳代半ばをこえ、当時としてはすでに働き盛りを過ぎつつあった。このように、第二世代の人びとは、幼い時から文明開化と富国強兵の時代をまるごと体験した世代であった。

教育の面でみると、小学校教育を受ける機会に恵まれなかった者が、この世代にはまだ相当数いたと思われる。小学校の設立は、早いところでは明治二年と記録されているが、普及するのはもう少し後である。明治維新後に生まれた第三世代以降でないと、小学校に通える機会はあまりなかったであろう。第二世代が幼少年期の教育を受けた場所は、依然として私塾や寺子屋であったと思われる。したがって、彼らの精神構造には旧幕期の精神やモラルが深く植えつけられていたに違いない。

一　出郷の様々な事情

出身府県では、やはり「西高東低」の傾向が明らかであったが、西日本の比率は六五・五％で、第一世代よりは少し低くなった。関東や東北の出身者が増加したためで、それだけ「紳士」の輩出地域が広がったのである。地方別では三〇％を占めた九州がやはり首位であった。

生家の職業を明かした人物は二割強程度で、六割近かった第一世代に比べて大幅に減った。「それなりの家」に生まれた人物が、相対的に少なくなったということである。家業の内訳は、豪農四人、製造業一人、商人三人、士族一三人、家令一人、医師一人である。新たに製造業や医師が登場した点が面白いが、何と言っても士族の多いのが目立っている。この世代が生まれたのはまだ旧幕期なので、彼らは「侍の子」としてこの世に生を亨けたのである。廃刀令が出たのは明治九年であるから、年長者であれば実際に佩刀した時期もあったかもしれない。『満洲紳士録』編纂のころには、武士が身分でなくなってから半世紀近くたっていたが、士族であることを誇りにする人物は、この世代ではなお珍しくなかったであろう。続柄については判明した人物は一一人しかいなかったが、長男を名乗った人物はいずれも豪農や商家の生まれであった。

出郷についてはいくつかの面白い事実が出てきた。出郷時の年齢が分かった人物が一一人いたが、最年少は九歳、一〇歳代前半が四人、一〇歳代後半が四人という具合で、ほとんどが一〇歳代のうちに郷里を離れていた。「紳士」の大半は次男以下だったと思われるが、やはり一〇歳代のうちには家を出なければならなかったのであろう。行き先が分かる人物が二三人いて、そのうち二〇人は県外に出た者であった。東京には一〇人、大阪には二人が向かった。維新前夜に生まれたこの世代において、早くも「東京志向」、「向都熱」が起こっていたことが窺われる。彼らの年齢からすると、すでに明治一〇年代には若者の間に上京志向が生まれていたことになる。上京した人物の出身地は、福岡・大分・熊本・鹿児島の九州地方のほか、滋賀・石川・新潟・山梨・群馬の諸県であった。ここでも九州勢が目立って多かった。

では、郷里を離れた目的は何だったのか。動機の判明する者が一九人いた。内訳は学業六人、職探し二人、商売二人、「その他」九人である。学業を志した者の行き先は、六人ともみな東京であった。このころすでに東京は、学問のメッカになっていたようである。もちろんそれは立身出世のメッカをも意味した。動機の中の「その他」にはどういうものがあったかというと、「京都に出て漢学塾を開く」「幼少の時東京の叔父に預けられた」「東京で三条公爵の家令をしていた父親のもとに新潟から移った」等々で、それぞれの出郷には様々な事情が絡んでいたことが分かる。

二　早くも生まれた高学歴化の傾向

1　維新直前の生まれが多い高学歴者

第二世代の学歴については興味ある結果が出た（表14）。もちろん最も多いのは低学歴者であるが、その比率は六

表14　学歴構成：第2世代

（単位：人・％）

	人数	比率
低学歴・不詳	71	66.4
師範学校	1	0.9
中学校	1	0.9
高等学校	3	2.8
専門学校	13	12.1
帝国大学	2	1.9
「その他」の学校	15	14.0
中退者	1	0.9
総　数	107	100

注）中退者は、中上級学校の中退者にして学歴の特定できない者。

六％にとどまった。全体の三分の一が中級以上の教育を受けており、高等学校卒や大学卒さえもいた。『満洲紳士録』の人物は、維新前夜に生まれた世代において、早くも突出した高学歴集団になっていたのである。学歴と生年の関係を調べたところ、低学歴者と高学歴者とでは明らかな違いが見られた。低学歴者のばあい、安政五年（一八五八）から文久三年（一八六三）に生まれた人物が四六％、元治元年（一八六四）から慶応四年（一八六八）に生まれた人物が五四％で、どちらかと言えば若い年齢層のほうが多かった。これに対して、中学校以上の高学歴者のばあいには、維新の直前に生まれた若年組が八四％を占めた。つまり、学歴の高い人物には、明治維新の時五歳以下だった人物が圧倒的に多かったのである。同じ旧幕期生まれでも、維新直前の四、五年間に生まれていれば、新時代の教育制度に適応できる機会が確実に開けていたことが分かる。学歴に関するかぎり、生年がだいたい元治元年（一八六四）以前か以降かによって世代間の格差が生じたと言えるようである。

2　多種多様な出身学校

低学歴者は、小学校卒か未就学者の人たちだが、学校名については記載されている人物はいない。官立系の中学校以上の高学歴者の氏名・出身地・学校名は以下のとおりである。

【中学校卒】　川上賢三（佐賀県・唐津中学校）

【師範学校卒】　矢野健次郎（静岡県・静岡県師範学校）

【高等学校卒】　石本鏆太郎（高知県・帝国大学予備門）　野村綱吉（鹿児島県・鹿児島造士館高等学校）　山下五郎（熊

本県・第一高等学校）

【大学卒】　中牟田五郎（佐賀県・帝国大学）　西川玉之介（兵庫県・米国セントラル大学）

石本鏆太郎の出た帝国大学予備門は、明治一〇年に創設されたもので、大学の学部専門学科入学に先んじて「予備学」＝基礎教育を授ける学校であった。一九年に高等中学校制度ができると、この学校は第一高等中学校に変わり、さらにそれが山下五郎の出た第一高等学校、いわゆる一高になるのである。(2)野村綱吉の出た鹿児島造士館高等学校の起源は遠く一八世紀にまで遡る。安永二年（一七七三）、薩摩藩の第二五代藩主だった島津重豪が、造士館と名づける藩校を創設し、ここから数多の人材が輩出したことはよく知られている。その後、鹿児島県では明治一八年一二月に、藩校の名称を引き継いで鹿児島県立中学造士館を鶴丸城跡に設立した。さらにこれが二一年四月に鹿児島高等中学造士館となり、三二年四月には鹿児島尋常中学造士館と改められた。東京の第一高等学校に並ぶ高等学校の誘致には、旧藩主の島津忠重がことのほか力を入れ、その甲斐あってようやく三三年に第七高等学校造士館が生まれたのである。野村綱吉は慶応三年（明治元年）の生まれであるから、卒業したのは正確には鹿児島県立高等中学造士館だったと思われる。

帝国大学を出た中牟田五郎は林学士だった。西川玉之介が留学した大学はセントルイスにあったが、彼は第三高等学校を卒業してから渡米しているので、しっかりした留学であったと思われる。以上の典型的な進学コースに名を連ねた人物は、一人を除いてほかはみな西日本出身である。ここにも明らかな「西高東低」の傾向がみられた。では、私立を主とする専門学校の出身者はどうか。

【専門学校卒】　新開貢（徳島県・東京専門学校＝早稲田大学）　太田秀次郎（長野県・明治法律学校＝明治大学）　木原千楯（熊本県・明治法律学校）　七里恭三郎（新潟県・明治法律学校・東京外国語学校＝東京外国語大学）　図師庄一郎

（宮崎県・日本法律学校＝日本大学）　松本外吉（石川県・東京和仏法律学校＝法政大学）　坂本格（福岡県・東京法学院＝中央大学）　大浦元三郎（熊本県・独逸学協会学校＝獨協大学）　日野文平（宮城県・東京外国語学校）　柴田虎太郎（岡山県・横浜英語学校）　今村春逸（大分県・東京済生学舎＝東京医科大学・日本医科大学）　成田十郎（栃木県・栃木県医学校・福島県師範学校＝福島大学）　森本喜與蔵（兵庫県・兵庫県立薬学校）

これらの専門学校のうち、東京外国語学校は官立、栃木県医学校・福島県師範学校・兵庫県薬学校は県立であったが、ほかはすべて私立である。私立の専門学校はどれも東京の学校である。専門学校が東京に集中的に開校されていたことを物語っている。しかし、面白いことに出身地をみると東京生まれの者はいなかった。全員が地方からの上京者であり、しかも出身地にあまり偏りがなく、ここでは極端な西高東低の傾向もみられない。私立の専門学校があまねく地方の若者に人気があったことを示している。一方、県立の専門学校に進学するばあいには、地元の学校を選ぶ傾向があったことも分かった。また、学校の顔ぶれをみれば明らかなように、法律の専門学校の出身者が非常に多く、ほかは語学学校や医師薬剤士系学校の出身者であった。専門学校を目指した地方青年の多くは、法律・語学・医学などの分野、つまり極めて実学性や技術性の高い分野の学校に入ったのである。全体分析のところで引用したように、こうした風潮を柳田國男は明治三〇年ころのことと回想していた。しかし、第二世代の「紳士」が専門学校に行ったのは明治一〇〜二〇年代とみられるので、柳田の記憶よりもっと早くからそうした傾向が生まれていたと思われる。

【その他の学校出身者】　石光真清（熊本県・陸軍士官学校）　荒川勇男（鹿児島県・海軍主計学校）　箕輪正英（福井県・陸軍教導団）　飯塚松太郎（岡山県・日清貿易研究所）　向野堅一（福岡県・日清貿易研究所）　三崎賢二（大阪府・大阪英和学舎・三楽館）　米島豊次郎（富山県・原塾）　高橋源吉（新潟県・室孝次郎門下）　中野初太郎（福島県・中村敬宇門下）　中田従古（島根県・馬場辰猪門下）　村上真（熊本県・春日猶興学舎）　則武佐五郎（岡山県・日笠義塾）　志

方虎之助（長崎県・医術開業試験合格）　南元枝（高知県・獣医術開業試験・医術開業試験合格）　坂井慶治（新潟県・米国シカゴ商業学校）

ここに「その他」として列挙した学校は、大雑把には軍関係の学校、漢学・英学塾、外国所在の学校、実業学校等に分けることができる。医師・獣医師免許の取得者もここに含めた。全部で一五人のうち三分の二が西日本の出身で、専門学校のばあいとは異なり西高東低の傾向が顕著である。北陸の出身者はいたが、関東や東北の者は一人しかいなかった。西日本の若者のほうが、個性的・自立的で、多様な生き方を志向していたということかもしれない。

石光真清が出た陸軍士官学校は、陸軍将校の養成機関である。慶応四年（一八六八）七月に、堂上地下諸官人などの子弟を軍幹部に養成する目的で京都に兵学校が設立された。これはまもなく大阪兵学寮に変わり、さらに明治四年には陸軍兵学寮と改称され、場所も東京に移された。翌年、陸軍兵学寮概則と寮内条例が定められると共に、寮内にあった学校が陸軍士官学校・陸軍幼年学校・陸軍教導団の三つに分けられた。こうして当面、仮士官学校がつくられたのであるが、七年に陸軍士官学校条例が制定されると、兵学寮から分離独立して陸軍省直轄の陸軍士官学校となった。校舎は東京市ヶ谷の旧尾張藩邸に建てられた。生徒は各隊から募集したが、一八五名が入学しこれが第一期生となった。

一方、荒川勇男の卒業した海軍主計学校は、海軍主計下士官の養成学校である。明治七年に海軍会計学舎が、会計局所属として東京芝の海軍省属舎に開設された。米国から教師を招聘し、主計生徒志願者を府県に募集した。九年には海軍主計学舎と改称されたが、一〇年に米国人教師満期解雇のため廃校となる。しかし一五年に再興され、一九年には海軍主計学校となった。

そして、箕輪正英の出た陸軍教導団は、いまでは軍事史に詳しい人の間でないとほとんど知られない学校である。

先ほど出てきた京都の兵学校は、翌年いったん兵学所と改称された後廃止となり、同時に大阪兵学寮が開設された。生徒は各藩からの藩費学生を募ることにした。これとは別に、明治二年にフランス式伝習所なるものがつくられた。四年にはそこの生徒を大阪兵学寮に移し、これを教導隊と名づけたのである。その目的は、砲兵・騎兵・建築兵など下士官の養成に置かれた。将校など士官の養成が役割ではなかった。同じ年に大阪兵学寮は東京に移され陸軍兵学寮となり、翌年には先ほど述べたとおり寮内の学校が三つに分けられたが、この時に名称も陸軍教導団と改められた。しかし、三二年には各隊で下士官教育をすることになったため、三〇年の歴史に幕を閉じて陸軍教導団は廃止された。

飯塚松太郎と向野堅一が学んだ日清貿易研究所は異色の学校である。正式名称は日清貿易研究商会附属日清貿易研究所といい、清国の上海に荒尾精が設立した学校である。『満洲紳士録』の人物の中には、ここで学んだ若者が数名いた。設立者の荒尾精は、元々は陸軍の軍人であった(3)。安政五年（一八五八）に尾張の枇杷島に生まれた。飯塚や向野と同じ幕末生まれの第二世代である。明治一一年に、先ほど出てきた陸軍教導団に入ったが、翌年には卒業して陸軍軍曹に任官した。さらにその翌年、陸軍士官学校に進み、卒業後には陸軍少尉となり、軍人としての栄達の道を順調に歩んでいった。

明治一九年、荒尾の人生に大きな転機が訪れた。その前年に参謀本部支那部付となった荒尾は、この年上海に出張を命じられた。そこで見た清国の現状に大きな衝撃を受け、「清国改造と日清提携」のため力を尽くすのが本懐であると悟り、意を決して軍隊を退いた。エリート軍人から大陸浪人に転身したのである。二八歳であった。最初は、岸田吟香の楽善堂薬舗の清国支店の経営を任されていたが、二三年に日清提携のための人材養成を目的に、上海に日清貿易研究所を設立することになった(4)。生徒募集のため荒尾自ら九州各地を巡回した。志望者は自費、地方税の補助、有志の義捐などによって応募してきた。福岡市では市会の議決で学資補助がなされ、熊本県では、川村参謀長の長男や大越書記官の子弟などの名も志願者の中にあった。(5) 入学試験も実施されたが、第一期生は一五〇名にのぼった。研究生は、横浜に寄港して後上海に渡航していったが、有栖川宮も研究生に面謁をおこなったという。(6)

このように、日清貿易研究所の設立は、荒尾個人の篤志的事業という枠をこえて、一種国策的な性格を持つに至ったのである。しかしながら、荒尾が活動した期間は五年足らずにすぎなかった。研究所ができて四年後に、日清提携どころか両者が戦火を交える日清戦争が始まった。これをみて荒尾は京都の若王寺に閉居した。戦争が終結した翌年の明治二九年九月に、台湾統治策を講ずるため渡台したが、現地でペストに罹り翌月には呆気なく病没してしまったのである。

前掲のリストをみると、私塾の主宰者にも著名な人物が並んでいる。中野初太郎が教えを受けた中村敬宇は最も有名である。天保三年（一八三二）に幕府同心の家に生まれ、本名を正直といった。そもそも神童の誉れ高く、昌平坂学問所でも成績抜群で、後幕府の儒官に任用された。維新前夜には幕府派遣のイギリス留学生の監督として渡英した。そのころには英学に傾倒し、翻訳した『西国立志篇』や『自由之理』は広く青年の間に読まれた。明治六年に家塾同人社を開き、後年、東京帝国大学教授や貴族院議員を務め、明治二四年に没した。中村の同人社で学んだとみられる中野初太郎は、生糸貿易商や水産会社を営む実業家になった。中田従古が薫陶を受けた馬場辰猪は、嘉永三年（一八五〇）に土佐藩士の家に生まれ、維新早々に慶應義塾で学んだ後、数年間イギリスに留学して法学を修めた。帰国後、自由民権思想の鼓吹者となり、『天賦人権論』を著したり、明治義塾を開いたりして法学教育に熱を入れた。しかし、明治一八年に爆発物取締規則違反の容疑で逮捕され、半年後には無罪放免となったが、まもなく渡米し悲憤のうちにフィラデルフィアで客死した。馬場の塾生だった中田従古の最初の職業は第十八銀行員である。

高橋源吉が師事した室孝次郎は、天保一〇年（一八三九）に上越高田の商家の長男に生まれた。幼児から私塾で学んでいたが、長じては江戸においても遊学した。慶応二年（一八六六）に京都に上ってから、武士ではなかったけれども勤皇運動に加わり、戊辰戦争では官軍の御用係を務めて戦場に出た。明治維新を迎えると、地元に戻って地租改正事業・高田病院創設などに尽力し、弥彦神社宮司・高田中学校長・頸城郡長等々を歴任した。高橋源吉が室に師事したのはこのころだったのではないか。その後、自由民権運動の時代には室孝次郎は頸城自由党を結成し、大隈重信の改進党に呼応して上越立憲改進党の結成に加わった。藩閥政治には批判的な立場をとったようである。第一回衆議院議員に当選し、その後、大隈の推挙によって愛知県知事に任ぜられた。没したのは明治三六年である。彼に薫陶を受けたという高橋源吉が、実際に就いた職業は質屋を兼ねる歯科医であった。

三　職業選択社会への積極的な適応

この世代が社会に出たのは、明治五年ころから一〇年代前半のころである。近代化の制度的装置が一挙に導入され、まさに職業選択社会が到来した時期である。彼らは社会に巣立つ瞬間から、自分で生計の道を切り開かねばならず、また開くことを許された最初の世代であった。

1　近代化に伴う職業の多様化

時代の変化はまず職歴数に表れている。職歴不明者を除くとこの世代には未就職者はいなかった。ほぼ全員が渡満以前に一度は職に就いたことがあった。しかも、職歴一回というのは少なく、職歴五回以上の者が一八％を占めた。省かれていると思われる職歴を加えれば数はもっと多くなるはずである。

就業上の地位をみると、一回目の就職では社員雇人が五八%をこえて圧倒的に多かった（表15）。自営業は二四%を占めたが、経営者は一三%、「その他」は四%にすぎない。累計でも大きな変化はみられないが、経営者の比率が少しだけ上がった。職業の産業分布は、初回の就職ではおおまかに農林水産業二%、鉱工業一七%、商業金融サービス業五三%、公務その他二八%となっている（表16）。八割が民および官の第三次産業部門の職に就いたのである。

表15　転職と就業上の地位：第2世代　（単位：人・%）

	自営業	経営者	社員雇人	その他	合　計
1回目	24（24.5）	13（13.3）	57（58.2）	4（4.1）	98（100）
2回目	24（32.4）	12（16.2）	34（45.9）	4（5.4）	74（100）
3回目	12（24.0）	6（12.0）	31（62.0）	1（2.0）	50（100）
4回目	6（19.4）	4（12.9）	18（58.1）	3（9.7）	31（100）
5回目	1（ 5.3）	4（21.1）	13（68.4）	1（5.3）	19（100）
6回目	2（20.0）	3（30.0）	5（50.0）		10（100）
7回目	1（20.0）	1（20.0）	3（60.0）		5（100）
8回目			2（100）		2（100）
9回目			1（100）		1（100）
累　計	70（24.1）	43（14.8）	164（56.6）	13（4.5）	290（100）

注）「その他」というのは兵士、議員、村長等々である。

第一次産業への就職はもちろん僅少で、第二次産業にしても半数は土木建築業であった。個別には、商店、商業金融の「その他」、土木建築業、官吏などが人数上位にあった。累計の数字も初回と大差はなかった。職の移動は主に産業内や業界内でおこなわれたのである。議員・戸長・村長などになった人物もいるにはいたが、一つ上の世代に比べると相対的には減った。

累計の数字で就業上の地位と産業分布の関係をみると、まず自営業では農林水産業四%、鉱工業二六%、商業金融サービス業七〇%という内訳であった。初回と比べると商業金融サービス業の比率が上がっており、とりわけ圧倒的に多かったのが商店である。つまり自営業者の中心は商店主であった。雑貨商・綿布織物行商・呉服商・売薬業・金物船具商・海軍用達商・時計店主・美術商・煙草仲買・西洋家具雑貨商・軍酒保・鉄道会社用達等々、新しい商売が多かった。経営者のばあいには、鉱工業部門三五%、商業金融サービス業部門六三%というように、鉱工業部門の比率が非常に高いのが目立つ。この部門で経営者になった人物は累計一五人いたが、たとえば鉱山業（松島炭鉱経営・人夫供給兼炭鉱業）、紡織被服業（洋裁兼販売店・織物会社）、煉瓦製造業（煉瓦製造会社）、食品製造業（食パン製造・缶詰工場）、酒造業、精米業、その他（人造ゴム製造・石版印刷業・骨粉製造業・樟脳製造業）等々である。いかにも工業化の進展を映すようなものが並んでいる。維新前夜に生まれた人びとの中に、新時代の流れに乗っていった人物がいたということである。商業金融サービス業では商店主が一番多かった。塩問屋・海産物肥料商・米穀取引仲買兼織物業・和洋雑貨・物産会社等々である。「その他」というのが累計で五人いるが、私学経営・語学校経営・遊郭

（単位：人・％）

雇人	その他		総数	
累計	初回	累計	初回	累計
			1	1
1			1	4
1 (0.6)			2 (2.0)	5 (1.7)
2				5
				1
1			1	2
1	1	1	5 (5.1)	6
17 (10.4)			8 (8.2)	34 (11.8)
1			3	8
22 (13.5)	1 (25.0)	1 (7.7)	17 (17.3)	56 (19.4)
8			5 (5.1)	18 (6.2)
15 (9.2)		1	23 (23.5)	57 (19.7)
3			2	4
1				2
14 (8.6)			6 (6.1)	19 (6.6)
			2	4
8		1	4	15 (5.2)
19 (11.7)		1	10 (10.2)	28 (9.7)
68 (41.7)		3 (23.1)	52 (53.1)	147 (50.8)
6			4	6
	1	4	1	4
14 (8.6)			4	14
30 (18.4)			6 (6.1)	30 (10.4)
13 (8.0)			5 (5.1)	13
8			4	8
1			1	1
	2	3	2	3
		2		2
72 (44.2)	3 (75.0)	9 (69.2)	27 (27.6)	81 (28.0)
163 (100)	4 (100)	13 (100)	98 (100)	289 (100)
56.4	4.1	4.5	100	100

表16　職歴と就業上の地位：産業別：第2世代

	自営業者		経営者		社員
	初　回	累　計	初　回	累　計	初　回
（農林水産業）					
農業	1	1			
林業					
水産業		2		1	1
その他					
（小　計）	1（ 4.2）	3（ 4.3）		1（ 2.3）	1（ 1.8）
（鉱工業）					
鉱山業				3（ 7.0）	
煉瓦製造業				1	
金属機械製造業					
紡織被服業			1（ 7.7）	1	
食品製造業		1	3（23.1）	3（ 7.0）	1
土木建築業	7（29.2）	15（21.4）		2	1
その他	2（ 8.3）	2	1（ 7.7）	5（11.6）	
（小　計）	9（37.5）	18（25.7）	5（38.5）	15（34.9）	2（ 3.5）
（商業金融サービス業）					
商社貿易商	2（ 8.3）	6（ 8.6）		4（ 9.5）	3（ 5.3）
商店	7（29.2）	27（38.6）	6（46.2）	14（32.6）	10（17.5）
銀行				1	2
貸金倉庫貸屋業		1			
交通運輸業		3		2	6（10.5）
旅館ホテル業					
写真業	2（ 8.3）	4（ 5.7）			
医師薬剤師	2（ 8.3）	5（ 7.1）		1	2
その他	1	3	2（15.4）	5（11.6）	7（12.3）
（小　計）	14（58.3）	49（70.0）	8（61.5）	27（62.8）	30（52.6）
（公務その他）					
職業軍人					4（ 7.0）
兵士（徴兵）					
軍属・用達商					4（ 7.0）
官吏					6（10.5）
警察監獄署					5（ 8.8）
教員					4（ 7.0）
官庁雇い人					1
議員					
村長その他					
（小　計）					24（42.1）
合　　計	24（100）	70（100）	13（100）	43（100）	57（100）
就業の地位別比率	24.5	24.2	13.3	14.9	58.2

注）1.「就職経験無し」または「不詳」の者は集計から除いた。
　　2. 累計は初回から9回目の就職までの累計である。

主・株式仲買などである。ここにも新時代の息吹が感じ取れる。

次に、社員雇人のばあいであるが、産業・職種の分布は自営業や経営者とは大きく異なっている。領域が幅広いのである。累計をみると、鉱工業一四％、商業金融サービス業四二％、公務その他四四％という比率である。公務その他の比率が一番高かったのである。うち四割は官吏で、ほかには軍属・警察監獄署員・教員などが挙げられる。官吏というのは、内閣官房局職員・衆議院書記官長室勤務・農商務省勤務・外務省勤務（外交官）・逓信省属・会計検査官・広島県鉱山係・大阪府庁職員・石川県収税属・和歌山県属・姫路税務署長・横浜市役所職員・郡衛生土木課長・始審裁判所書記官・富山地方裁判所書記・長崎税関員・台湾総督府勤務・台北県庁職員等々である。警察監獄署というのは、警視庁勤務・山梨県警察署員・富山警察署員・福岡県三池集治監看守長・山梨監獄書記兼看守長・外務省警部・台北監獄署看守部長・韓国京城警察署長・上海領事館警察署長等々というように、これもかなり多彩であった。軍属では、陸軍通訳・参謀本部勤務・陸軍臨時建設部職員・陸軍雇員・陸軍省嘱託・海軍造兵廠購買係・鎮守府長官従僕・海軍主帳・大本営付民生部嘱託等々、概して臨時雇い的なものが多かった。教員のばあいには、私学の教員も含めたので、陸軍士官学校教師・関西学院教師・大阪私立商業学校教師・鹿児島県立中学校長・小学校教員・塾教師助手・米国大学講師等々の名が挙がった。中級以上の学校の教師になった者が少なくないのは、この世代に高学歴者が多かったからである。以上のように、「公務その他」部門の職種は面白いほど様々な広がりをみせていた。中央・地方、さらには植民地台湾において、官庁や警察・監獄あるいは軍隊などの周辺に、男子が職を得る機会が、明治の前半期から予想以上に広がっていたことが分かる。

一方、民間部門の雇用者であるが、鉱工業部門での雇用の大半は土木建築業への就職であった。具体的には、日本土木会社社員・日本土木会社技師・鹿嶋組員・橋本組員・澤井組員・久米組員・有馬組天津主任・志岐組支配人・山陽鉄道会社工事監督・香川県庁土木工事監督等々である。ここに名前の挙がっている会社は、どれも業界の有力会社である。すでに述べたとおり、この業界では職への定着率が低かったが、ほかの業界に出ていく事例は少なく、業界内での移動が中心であった。商業金融サービス業部門においては、とくに以下のような業界での雇用が多かった。商社貿易商では、三井物産社員・大倉組社員・三菱会社員等々で、著名な会社に雇われたことのある人物がいた。商店員は割と少なく、意外に多かったのが交通運輸業界への就職である。そこには日本郵船社員・大阪商船社員・日本鉄道技師・大阪鉄道会社員・九州鉄道会社員・筑豊鉄道会社員・北海道鉄道会社員・鉄道会社員（米国）・台湾運輸通信部・台湾駅伝社員等々が含まれた。産業基盤の整備拡張を反映したものである。

この世代になると医師も珍しくなくなった。たとえば東京伝染病研究所助手・公立病院勤務医・順天堂病院助手・桜井病院助手・台湾総督府勤務医・台北医院長・井上病院助手などが挙げられるが、ほとんどは病院の勤務医である。転職も多かったので実数としてこれほど多数の医師がいたわけでない。医師のばあいも業界の外への移動はまれで、専門職ならではの移動を繰り返す人物が多かった。さらに商業金融サービス業の「その他」の分野に就職した人物もいたが、そのほとんどはインテリらしき職種だった。すなわち長崎新報記者・関西日報記者・札幌北門新報記者・台湾新報記者・生命保険社員・英語通訳等々である。これも延べ人数ではあるが、新聞記者が非常に多いのと、生命保険会社員のような新しい職業が登場しているのが面白い。最後は名誉職や兵士など公務の「その他」であるが、福岡県会議員・国会議員・愛知県碧海郡長・釜山居留民団長・台湾公医・兵士などがいた。この世代でも兵士（徴兵）はまだ数少なかった。

2　職歴多数者の移動歴

第二世代の中には職歴六回以上の者が一〇人いた。職業移動の実態を知るため、個別の事例として彼らの職業遍歴を示しておこう。

①今村春逸（東京済生学舎卒）社員雇人（東京伝染病研究所助手）→社員雇人（順天堂病院助手）→社員雇人（桜井病院助手）→社員雇人（小此木病院助手）→社員雇人（井上病院助手）→自営業者（病院長）

②米島豊次郎（「原塾」出身）社員雇人（店員）→社員雇人（内務省土木局出張所員）→社員雇人（日本土木会社測量技師）→社員雇人（山陽鉄道会社工事監督）→社員雇人（香川県庁土木工事監督）→社員雇人（志岐組社員）

③田中友次郎（低学歴）自営業者（綿布織物行商）→経営者（衣料品店）→経営者（和洋雑貨店）→経営者（和洋雑貨衣料店）→経営者（材木製材業）→経営者（雑貨衣料店）

④荒川勇男（海軍主計学校卒）社員雇人（海軍主計補）→社員雇人（海軍少主計）→社員雇人（海軍大主計補欠）→社員雇人（日本郵船社員）→社員雇人（三井物産社員）→経営者（土木建築業）

⑤森尻甲一郎（低学歴）社員雇人（呉服店員）→自営業者（呉服商）→社員雇人（鎮守府長官従僕）→社員雇人（海軍主帳）→社員雇人（生命保険会社員）→自営業者（海軍用達商）

⑥矢野健次郎（静岡県師範学校卒）社員雇人（小学校教員）→社員雇人（海軍省勤務）→社員雇人（海軍造兵廠購買係）→社員雇人（土木会社）→社員雇人（保険会社）→社員雇人（北海道鉄道会社）→社員雇人（山縣商店社員）

⑦松本外吉（東京和仏法律学校卒）社員雇人（富山警察署巡査教習所教官）→社員雇人（富山地方裁判所書記）→社員雇人（内務属勤務）→社員雇人（台湾総督府属）→社員雇人（逓信属）→社員雇人（四谷郵便局長）→社員雇人（逓信事

務官輔)
⑧北村文徳(低学歴) 社員雇人(日本新聞記者)→社員雇人(陸軍通訳)→社員雇人(台湾淡水支庁職員)→社員雇人(台湾鳳山支庁職員)→社員雇人(北海道誌編纂事務兼殖産事務嘱託)→経営者(海外事情講習所)→経営者(東洋植民学校)
⑨野村綱吉(鹿児島造士館高等学校卒) 社員雇人(横浜市役所)→「その他」(兵士)→社員雇人(東京鉱山監督署事務)→社員雇人(九州鉄道)→経営者(鉱山経営)→社員雇人(英語通訳)→社員雇人(大阪商船会社)
⑩安斎源一郎(低学歴) 社員雇人(札幌北門新報記者)→社員雇人(函館北海自由新聞記者)→社員雇人(函館北の目ざまし新聞記者)→社員雇人(台湾新報記者)→社員雇人(台湾日報記者)→社員雇人(台湾日々新報記者)→経営者(台湾週報・台湾日報主宰)→社員雇人(大阪朝日新聞記者)→社員雇人(下関実業日報記者)

一〇人のうち四人が低学歴者であったが、北村文徳や安斎源一郎などは、その職歴から察するとどこかでそれなりのレベルの教育を受けたと思われる。したがって、総じて職歴多数者には高学歴者やインテリが多かったと言える。しかも、職歴数の多い人物のばあいには社員雇人になった者が多かった。転職を重ねても社員雇人を続けた人物や、同じ業界や同じような職を転々とした人物が多かった。つまり、キャリアを生かしながらの転職が主流だったようであるが、田中友次郎などを例外にすると経営者に到達したような人物はいなかった。職業遍歴はかならずしも地位向上には結果しなかったのかもしれない。他方、職を転々としながらもどうにか雇用先はみつかったようで、しかも、ほとんどは社会の底辺の仕事よりはましであった。学歴や教養があれば、それに応じた労働市場がそれなりに開けていたことが窺える。これは注目しておくべき点であろう。

四　清国・台湾への進出と戦争への関与

1　日清戦争のころに多い清国への初渡航

就職した場所は、最初は国内が八〇%、外国が二〇%という内訳であった（表17）。国内が大半ではあったが、同じ旧幕期生まれの第一世代に比べると、一世代若いだけで海外の比率が非常に高くなった。累計では国内が六九%、海外が三一%というように、職歴を重ねるうちに海外で就業する者の比率が上昇したことが分かる。とくに台湾と清国に出ていった人物が多かった。ちなみに、「最低一回は外国で働いたことのある人物」を集計したみたところ五二名にのぼり、これは第二世代の四九%に相当した。

また、就職以外のものも含めると、海外経験者の数はさらに増えて六〇人、全体の五六%にもなる。実は、次の第三・第四世代よりも、海外志向はこの第二世代のほうが強かったのである。第二世代にはこのように「紳士」=渡満者の特殊性が表出していた。海外渡航先の中心だった清国・台湾に、第二世代の「紳士」が初めて渡った時期を調べてみたが、一八七〇年代末までは渡航者はいなかった。八〇年代から日清戦争の前年までの期間に渡った者が二四%、戦争の時期二年間に渡った者が三一%、さらに、義和団事変のあった一九〇〇年までに渡った者が四二%という比率である。それから日露戦争にかけてはほとんどいなかった。つまり、渡航を決定的に促したのは日清戦争であったが、それ以前にも少数とはいえ先走った渡航者がいたことも無視できない。渡航の目的では、一番多かったのが平時における商売で全体の三八%を占め、それに次ぐのが会社官庁の職務、これが二七%であった。留学組も多少はいた。戦

表17　転職と就職地：第2世代

（単位：人・%）

	日　本	清　国	台　湾	朝　鮮	ロシア	その他	合　計
1回目	79（80.6）	6（ 6.1）	8（ 8.2）	1（1.0）	1（1.0）	3（3.1）	98（100）
2	48（64.9）	10（13.5）	14（18.9）	1（1.4）		1（1.4）	74（100）
3	25（51.0）	11（22.4）	9（18.4）	2（4.1）	1（2.0）	1（2.0）	49（100）
4	19（61.3）	4（12.9）	6（19.4）	1（3.2）		1（3.2）	31（100）
5	14（73.7）		4（21.1）	1（5.3）			19（100）
6	8（80.0）	1（10.0）	1（10.0）				10（100）
7	4（80.0）		1（10.0）				5（100）
8	1（50.0）	1（50.0）					2（100）
9	1（100）						1（100）
累計	199（68.9）	33（11.4）	43（14.9）	6（2.1）	2（0.7）	6（2.1）	289（100）

注）3回目の就職の時に就職地不詳の者が1名いたが「その他」に入れた。

時の商売（軍用達商）はいたが、従軍兵士や雇われ従軍はほとんどいなかった。戦争がらみで初めて渡ったという人物はあまりいなかったのである。しかし、だからといって戦争に関与した人物が少なかったわけではない。次にみるとおりである（表18）。

2　軍の用達商や雇い人として戦争に関与

日清戦争の時には、この世代は年齢が二七～三七歳であった。戦争に関与した人物は二四人、全体の二割強いた。雇われ従軍・軍用達商・兵士が主なものであった。兵士以外のばあいでは、すでに現地にいた者が戦場に飛び入りした例が多い。戦争の得失では、軍功行賞を受けた者が多かった。義和団事変にも一二人が関与したが、半数が軍用達商であった。そのため商売上の利益を得た者が多かった。日露戦争では、全体の半数近くの五一人が関与したが、その半分が軍用達商であった。雇われ従軍も一〇人いた。当時、この世代は三七～四七歳になっていたが、驚くことに従軍兵士も五人いた。しかし、年齢からすれば日露戦争を商機とみた者がほとんどであろう。得失では、商売上の利益、軍功行賞を得た者が多かった。

三つの戦争の累計では、戦争に関与したのは軍用達商が三六人、通訳など雇われ従軍が二〇人、従軍兵士が一二人、会社などの職務が九人といった内

表18　戦争への関与：第2世代　(単位：人・%)

	日清戦争	義和団事変	日露戦争	合　計
従軍兵士	6	1	5	12
雇われ従軍	9	1	10	20
軍用達商	5	6	25	36
会社の職務	2	1	6	9
その他	2	3	5	10
小　計	24	12	51	87
無し・不詳	83	95	56	234
総　数	107	107	107	321

訳になる。兵卒や軍人としてよりも、軍用達商や雇われ従軍という形で関与した者がほとんどである。第二世代にかぎらず、『満洲紳士録』の人物には軍用達商の経験者が非常に多かった。軍用達商についての風評は、「軍隊という組織を利用した悪徳商人は、明治初期の山城屋和助のような大物から、連隊出入りの小物に至るまで無数に存在した」などと言われるほど芳しくないものであった(7)。三つの戦争の全部に関与した人物も四人いたが、そのうち三人は商売がらみの関与で、軍人として戦場に立ったのは一人だけである。この人物は梁瀬和紀といい、明治元年長崎県の生まれで、二四歳の時九州に憲兵隊が設置されると、さっそく志願して憲兵となった職業軍人である。以来、日露戦後に満期除隊となるまで軍人を務め上げた。

五　渡満とその後の状況

第二世代の「紳士」が初めて満洲に渡った年次を調べたところ、日清戦争前に渡った人物はいなかったが、日清戦争の起こった年には六人が渡満していた。しかし、ほとんどは次の日露戦争の時の渡満であり、この二年間の渡満者だけで総数の七四%を占めた。その後に渡った者も加えると、日露戦争以降の渡満者が九〇%に達し、けっきょく日露戦争と南満洲(関東洲)の植民地化が、第二世代の「紳士」にとって渡満のきっかけだったことが分かる。やはり日露戦争までは満洲は関心の対象にはならなかったのである。

満洲での現職は、自営業者二九%、経営者四二%、社員雇人二四%、その他四%というように、経営者の地位に就いていた人物が非常に多かった（表19）。植民地となった満洲には起業チャンスがあり、経営者に成り上がった人物が多数いたということである。対照的に社員雇人の比率は低かったが、これは官吏など役所に勤める者が紳士録に含まれなかったからでもある。自営業者は商店など商業金融サービス業の者が九〇％を占めたが、経営者のばあいには鉱工業が二二％を占め、商業金融サービス業は七三％であった。そして社員雇人では、鉱工業の比率がさらに高くなって三九％に達し、商業金融サービス業は五四％に下がった。しかし鉱工業といってもほとんどが土木建築業であった。合計で産業・職種の内訳をみると、鉱工業部門二二％、商業金融サービス業七二％で、農林水産業や公務その他はほとんどいなかった。個別の業種では、土木建築業・商社貿易商・商店の三つに就業者が集中し、これらで全体の六三％を占めた。そのほかでは交通運輸業・旅館ホテル業・医師などが比較的多かった。

六　人　物　伝

第二世代にも個性的な経歴の持ち主が多数含まれているが、ここでもいくつかのタイプに分けて紹介していきたい。第一世代と比較すると、第二世代には地方名望家として活躍した人物は少なく、その代わり高学歴者や大陸浪人型の人物が登場してきた。

1　家の再興のため鋭意努力した人物

明治は社会の仕組みが一気に変わった時代なので、家の浮沈もことのほか激しいものとなった。地方の伝統ある名家の中にも、様々な原因によって破産・没落するものが続出した。零落したのは武士だけではなかったのである。そ

表19　満洲における現職：第2世代　（単位：人・%）

	自営業者	経営者	社員雇人	その他	合　計
（農林水産業）					
農業					
林業					
水産業					
その他		1			1
（小　計）		1（2.2）			1（0.9）
（鉱工業）					
鉱山業		1			1
煉瓦製造業		2			2
金属機械製造業					
紡織被服業					
食品製造業		1	1		2
土木建築業	2	5	9		16
その他	1	1			2
（小　計）	3（9.7）	10（22.2）	10（38.5）		23（21.7）
（商業金融サービス業）					
商社貿易商		7	4	1	12
商店	16	17	6		39
銀行			1		1
貸金倉庫貸屋業	1				1
交通運輸業	3	3	1		7
旅館ホテル業	2	5			7
写真業	1				1
医師薬剤師	5	1			6
その他			2		2
（小　計）	28（90.3）	33（73.3）	14（53.8）	1（25.0）	76（71.7）
（公務その他）					
職業軍人					
兵士（徴兵）					
軍属・用達商			1		1
官吏			1		1
警察監獄署					
教員		1			1
官庁雇い人					
議員					
その他				3	3
（小　計）		1（2.2）	2（7.7）	3（75.0）	6（5.7）
合　計	31（100） （29.2）	45（100） （42.5）	26（100） （24.5）	4（100） （3.8）	106（100） （100）

注）未就職・不詳1人。

うした事例は「紳士」の中にも見受けられた。文明開化の上昇気流に乗り損ねた父親のつけを背負って、幼いころから思わぬ苦労を強いられ、家の再興のため必死に生きた人びともいた。森尻甲一郎もその一人である。

森尻甲一郎(8)——父の破産で母に育てられ

慶応元年(一八六五)、群馬県韮川郡台の郷の生まれ。名家の生まれでありながら、幼くして父親の破産のため思わぬ不幸にみまわれたが、母の期待に応えて苦労の末に海軍軍人となり、退役後も戦場に出て軍に尽くした人物である。

祖先は、豊臣の家臣であったが、大坂落城後、落ち延びて群馬県下に隠れ住むことになったのだという。以来一五代、森尻家は代官を務めるほどの名門となった。事実、父の森尻高礼も近郷一九か村の総代に任じられる地方名望家であった。高礼は、大久保利通・大隈重信・松方正義など新政府要人の知遇を得て、その推挙により大蔵省に財務官として奉職するようになった。上京した高礼は、大蔵省に出仕する傍ら事業にも乗り出した。火留石油なるものの開発を企図し、下谷区車坂にあった酒井家の別邸を買収し、そこで実際に製造を開始したのである。斯業のパイオニアを志したというから、進取の気性に富んだ人物だったのであろう。しかし事業はけっきょく失敗に終わり、有田某に六万円で譲渡する羽目になった。これを期に官を辞して職をなくした高礼は、後事を星亨(自由党闘士)に託し、妻子を置いて欧米に出奔してしまった。妻の手には一男三女が残された。その一男というのがほかならぬ甲一郎である。明治一一年のことである。

母は群馬県新田郡の豪農渋沢家の出であった。身を寄せる縁《よすが》もあったが、気丈な母は親類縁者の助けを断り、家財道具の売り食いなどにより五、六年をしのいだという。夫が事業に失敗したとはいえ、妻の手には相応の財産が残されてはいたようである。しかしそれも尽きると、僕婢を里に帰して母が自ら台所に立つようになった。外に働きに出るのはままならなかったので、付近の婦人に生け花・茶道・裁縫などを教えて、わずかながらも暮らしの足しを稼いだ。苦労の末に育て上げた娘のうち、やがて長女は陸軍大尉豊泉某に、次女は海軍高等官鈴木某に、そして末娘は横須賀の紳士江川某にそれぞれ嫁いでいった。このように、森尻甲一郎の母は「貞操烈婦の亀鑑」と讃えられるような女性であった。

一方、甲一郎であるが、幼少より東京で起居を共にしていた父が事業に失敗したのは一三歳の時であった。小学校は出たであろうが、それ以上の勉学の道は断たれ、渋沢金蔵の商う呉服店に寄食することになった。品物を背負って各地を行商する生活が始まった。奉公先の主人と母親の実家の姓は同じ渋沢なので、あるいは親戚筋なのかもしれない。それにしても幼い身には過酷な試練だったに違いない。健気にそれを辛抱することによって自分を鍛え、また母に負担をかけることなく甲一郎は成長していった。一七歳になった時、いち早く店からの独立を図った。しかし、まだまだ未熟だったのか、商売の素質に欠けていたのか、うまくゆかずに挫折した。この時母は、家名の発揚と国家への尽忠をはかるため、軍人を志すよう失意の息子を諭した。甲一郎はこれを聞き入れ、商人ではなく軍人の道を選ぶことにした。母の目からみると、息子は商人よりも軍人に向いていると思われたのであろう。

父のむかしのつてを頼ってのことか、甲一郎は海軍軍医総監の高木兼寛の紹介により、横須賀の海軍士官学校を受験した。高木は、英国留学の体験をもつ日本最初の医学博士で、海軍兵食の改良により脚気の予防に成功したことで知られる人物である。受験の機会を与えられた甲一郎であったが、準備不足のためか合格はできなかった。それでもあきらめるわけにはいかず、何とか鎮守府長官の従僕に雇ってもらうことになり、ひとまず横須賀にとどまることができた。それから数年後、水兵を志願してこれを成就し、晴れて軍人となった甲一郎は、天龍艦・武蔵艦・警防艦などの乗組員となった。遠洋航海では欧米にも四回行き、警防のため八回諸国に赴いた。日清戦争では、偵察任務で朝鮮沿岸に出動し、さらに豊島海戦・登洲戦、あるいは威海衛総攻撃に参加した。また陸戦隊にも加わりたびたび戦場に出た。戦後、その軍功により海軍主帳に出世し、勲七等に叙せられた。こうして母の望みをみごとに叶えたのである。明治三五年、甲一郎は三八歳で満期除隊の日を迎えた。

退役後、いったん生命保険会社の横須賀出張所に勤めた甲一郎だったが、ほどなくしてこれをやめ、佐世保に移って海軍用達になった。海軍から離れられなかったのであろうか。そして、日露開戦に及んでは、羽喰政次郎や親戚の金井之恭などの訓告を受け、甲一郎は佐世保の店を閉めて上京した。大本営の許可を得て用達となるためである。実際に軍艦に便乗し、各艦隊の所在地を回航して物資の供給に当たり、生魚を捕獲して艦隊に供給して大いに喜ばれたという。旅順包囲攻撃に際しては、極寒のため食パンも凍るほどの状況を目の当たりにした甲一郎は、素早く大連に食パン製造所を開いて艦隊への供給を開始した。後には陸軍からも用達を命じられようになった。またそれよりも先、日本軍が大連に上陸する際にも格別の働きをした。大連湾にはロシア軍の水雷が放置されていたが、海上にいた五三人の用達商の誰もが、危険を恐れて上陸を試みようとしなかった。これをみた甲一郎は、港務部長の三浦中将に許可をもらい、一葉の片舟で上陸を決行したうえ、軍隊のため人夫を指揮して働いたというが、元海軍軍人ならではの行動であった。その後大連に酒保を開いたが、明治三八年一一月、「その筋」の特命によっていったん東京に帰った。そして、旅順に鎮守府が置かれると、その用達を命じられたので、大連のパン工場を旅順に移した。『満洲紳士録』編纂当時は、軍や官庁のほか一般客の注文にも応じていた。軍人としての森尻甲一郎の昇進は、海軍主帳で終わったので、大出世というものではなかった。しかし、その生い立ちからの境遇と経歴には人の胸を打つものがある。いかにも明治時代らしいエピソードに彩られた、まさに志ある人物である。

2　腕を磨きながら業界一筋に生きた人びと

職業選択の自由を少年の時から与えられた第二世代の「紳士」たちであったが、その職業遍歴において一本筋の通った人物が現れた。職業の専門的な技や知識を貯え、それを生かしながら同じような業界の中で職歴を重ねていった人びとで、多かれ少なかれ専門家タイプの人物であった。

米島豊次郎(9)　—オランダ人から土木技術を伝授され

明治元年（一八六八）、富山県高岡市に生まれた。これといった特別な学歴はなかったが、たまたま外国人技師から実地に学んだ技術を生かしきって、業界一筋に生きていった近代土木技師の草分けの一人である。叩き上げタイプの立身出世を遂げたと言ってよかろう。

米島豊次郎は、一二歳の時に父親が米穀取引に手を出して破産し、あえなく一家は北海道に移住するという不幸にみまわれた。米穀相場にかかわっていたくらいであるから、生家はそれなりの資産家だったのであろう。相場に失敗した者が北海道に落ちていった話は、東北や北陸ではよく耳にしたようである。米島の父は漁師に転業したという。しかし、彼は移住する家族に同行せず、商店を営む伯父の加納宇平のもとに身を寄せ故郷に残った。昼は店頭で雑務をこなし、夜は原塾という私塾に通って勉学に励んだという。幼くして大きな苦労を味わったのであるが、先ほどの森尻甲一郎と似通ったところがある。当時こういう話はそれほど珍しくはなかったのであろう。

明治一七年、一七歳になった米島豊次郎に大きな転機が訪れた。内務省土木局にいたお雇い外国人技師で、オランダ人のヨワネス・デレーケが、富山県下の庄川改修工事の測量にやってきたのである。どのような経緯で関係を結んだのかは明らかでないが、米島はデレーケに師事して測量術を学ぶことになった。専門の測量技術を、文字通り一級の技師のもとで実地に身につけることができる。そういう滅多にない幸運に恵まれたのである。おそらく米島には土木技師になれる素養があったのであろう。その後、デレーケの推薦によるものか、二〇年に内務省の土木局に雇われ、郷里を出て新潟出張所で働けることになった。そこでは信濃川の測量に従事したという。さらに、米島は日本土木会社に招かれ、山陽鉄道線内の広島＝馬関間の測量工事に従事した。二一年には山陽鉄道会社に移り船坂隧道工事の監督を務め、これが竣工すると南和鉄道に入って北陸線などの工事に従事した。さらには香川県庁に転じて、高松築港の測量と工事監督に当たった。南和鉄道にいた当時、富山県下に大水害が発生し、先ほどのデレーケがその復旧工事を命じられた。デレーケが米島に協力を懇請したため、これに応じて富山に赴いた米島は、常願寺川合口用水工事を担当することになった。デレーケと常願寺川の工事については、年老いてからわざわざ現地を訪れた随筆家の幸田文が、感慨深げに次のように記している。[10]

明治のはじめのむかし昔、オランダ人のデレーケさんという、土木技術者が日本にきている。この人は二十九年もの長い間を滞在し、諸処方々を歩いて、近代砂防技術の基礎を築いてくれた恩人だが、この川を見て、『これは川というものではない、滝である』といったという話がいまも語り伝えられている。…（略）…明治何年にここを歩いてくれたのか知らないけれど

この文章からも常願寺川の堤防工事が格別にきついものだったことが想像される。[11] そこにわざわざデレーケから呼び寄せられたのであるから、土木技師としての米島の技量は本物だったのであろう。お雇い外国人のデレーケが築いた日本の近代砂防技術の基礎というのは、まさに米島豊次郎のような人物において体現されていったということである。工事に大いに貢献したことから、豊島は富山県知事森山茂より賞状をもらった。

やがて米島は土木建築業の志岐組に入る。この会社ができたのは明治二八年である。米島は、組主の志岐信太郎とは創立以来の知己であった。志岐信太郎という人物は、筑後柳河の生まれだが、没落の憂き目をみた極貧の家庭に育った。一六歳の時に「立身出世と一家の再興」を誓って土木建築業界に入ったという。[12]生い立ちに似たところもあって、二人の間には肝胆相照らすものがあったのかもしれない。志岐信太郎も土木建築業界に多くみられた叩き上げ型の人物である。志岐組に入った米島は、篠ノ井線・北越線・東海道線、さらには朝鮮の京釜鉄道、台湾の南部線などの工事監督に当たった。米島が満洲に渡ったのは日露戦争の直後、明治四〇年である。四〇歳になっていた。志岐組が開いた大連支店に赴任したのである。当時、志岐組は満韓で手広く事業を展開していたようで、大連の多額納税者の中には志岐組支店の名がみられる。[13]『満洲紳士録』の人物の中には、米島のほかにも志岐組で働いたことのある人物が何人かいた。米島豊次郎は、叩き上げの土木技術者であって、専門学校や大学で資格を身につけたわけではない。それでも至るところに彼の技量を求める仕事があって、熟練技術を売り物にして各地の工事現場を渡り歩くことができた。「渡り職人」や「渡り職工」に似た生き方と言えよう。彼は土木の専門技術者であって、志岐信太郎のように土木の工事請負業を起こすタイプの人物ではなかった。

藤井小次郎[14]　―国内外の運輸業界一筋に

元治元年（一八六四）、山口県阿武郡萩町の生まれ。やはり学歴のない身であったが、運輸業界一筋に勤め上げ、満洲に渡って経営者に出世した人物である。

明治一四年、藤井小次郎は一七歳の時岩崎弥太郎の三菱会社に入った。二、三年すると、同じ三菱系の日本郵船会社に転じ、馬関に一八年まで在勤した。その翌年、藤井は五年近く勤めた日本郵船会社を退職し、そのまま今度はライバルの大阪商船会社に入った。当時この二つの会社は業界の双璧と言われた。大阪府や大阪財界の後押しにより、乱立状態だった小船主の合同で大阪商船が生まれたのは明治一七年である。二〇年代はじめころから成長軌道に乗り、日清戦争後には台湾・清国・韓国に航路を開拓するなどして、日本郵船会社と並ぶほどの大会社にのし上がった。日本郵船会社にいた藤井小次郎が大阪商船会社に移ったのは、ちょうど大阪商船会社が伸び始めた時である。なぜ転職したのかは分からない。新興勢力の大阪商船会社のほうが、学歴もなく若い自分には働きやすいのではと思ったのか、あるいは腕を見込まれて大阪商船会社に引き抜かれたのか、その経緯は不明である。

大阪商船会社に移った藤井は、大阪の本店のほか北海道や鹿児島の支店に勤務し、二七年には三〇歳で神戸支店の支配人に昇進した。さらに、北海道＝青森間の代理店の総監督となって小樽にも駐在した。まもなく北海道航路が廃止となると大阪本店に戻り、本店と神戸支店の助役を兼務することになった。三〇年には台湾の安平支店長に転じ、後に基隆支店長も務めた。このように、当時でも大きな会社には全国に支店があり、社員は各地に転勤を命じられていたのである。

明治三一年末、藤井は一二、三年勤めた大阪商船会社を退職した。会社は大きくはなったが、叩き上げの自分としてはこれ以上いても出世は望めないとでも思うようになったのかもしれない。三四歳の働き盛りであった。藤井が転じた先は、開業まもない賀田組という土木建築会社であった。ここで一度業界を替えたわけである。賀田組は、日露戦争ころには台湾の台東で開墾事業を手がけたりしたという。しかし、藤井はすでに明治三三年には退職していた。次に彼が移ったのは台湾の台湾駅伝社という会社である。これは交通運輸業の会社だった。同社は、実は先ほどの賀田組の賀田金三郎と大倉組の大倉喜八郎らが名義人になって明治三〇年に設立された会社である(15)。国庫金の逓送、通信局と全島郵便局間の金銭・物品の運搬、郵便物の逓送などの請負が営業科目だったが、まだ抗日武装勢力が頻々と出没していたころで、現業員の殺害や金品の強奪事件が多発し、さしもの大倉組でさえ途中でこの会社から手を引いてしまったほどであった。(16) 藤井がこの会社に入ったのは、おそらく賀田金三郎の指示によるものであろう。台北本店の業務主任などを任されたが、三八年にはここも退社した。藤井は韓国に向かい、各地を視察しながら旅順に入った。おそらく日露戦争終結後のことである。

植民地経営が始まったばかりの満洲で、藤井は初めて自ら会社を起こし交通社と名づけた。多数の馬車を使う陸運会社であった。四〇歳を過ぎての独立であった。年齢的には少し熟しすぎていたかもしれない。開業の資金をどうやって準備したのかについては触れられていない。『満洲紳士録』編纂当時は、藤井の交通社は旅順に本店、大連に支店を置き、数十台の馬車と数百人の苦力を使っていた。藤井もこれという学歴を持たなかったが、ほぼ一貫して運輸業界一筋に働いてきて、新開の植民地においてではあるが、一つの会社を設立するまでに出世したのである。

荘　伴治(17)—横浜で外人相手の株の仲買人となって

文久二年（一八六二）、神田神保町の生まれ。生粋の江戸っ子である。業界一筋に生きたというよりも、相場師的な才覚で実業家に成り上がった人物である。家柄・生い立ち・学歴については何も書かれていない。明治一五年、二〇歳の時に洋裁洋縫の店と鉱物販売の店を市内に開いた。店の名前は「徳海屋」といい、『満洲紳士録』編纂時のころには、東京でも有数の店になっていた。

本人の回想によれば、日清戦争後の日本には、経済成長と共に「金貸し本位」の風潮が広がり、しかも外資の輸入が増加してきたという。確かに当時は企業勃興ブームの時代で、たとえば株式会社と株主の数は、明治二八年＝一一三五社（一六万一六八六人）→二九年＝二五八五社（三七万六六一八人）→三〇年＝三一七一社（五〇万〇〇八四人）というように、日清戦争の後飛躍的に増加している(18)。これをみて荘は、外国人の日本株投資を促進することを思いつき、自ら株式仲買人になることを決意した。しかし、父親と長兄に反対されたため、やむなく徳海屋を長兄に預け、自分一人独立して株式仲買人になった。これが明治三〇年、三五歳の時である。荘が開いた最初の株式仲買の店は、横浜の山下町に構えた代理店であった。日本で株式市場が生まれたのは、明治一一年六月に渋沢栄一らによって東京株式取引所が開かれた時である。荘は外国人投資家に目をつけたので横浜に店を開いたのである。すぐに外字新聞に広告を載せ、外国人客を集めようとした。宣伝に努力したおかげで顧客がつくようになり、やがてロンドンの富豪の一人が共同経営を申し込んでくるまでになった。

そして明治三六年一二月、日露一触即発の緊迫した情勢の中、荘は大蔵大臣の曾禰《そね》荒助《あらすけ》を訪問した。戦費調達のため急務となっている外資導入を進めるには、まずは同盟国であるイギリスの信用ある事業家との共同経営を実現するのが得策である。そのためにはどのような施策が必要かということを意見具申し、先ほどの富豪から来た書簡などをみせた。大臣の賛同を得たというが、けっきょく日露戦争勃発によってこの話は実らなかった。ちなみに、荘が曾根を訪ねた直後の一二月三一日に、小村外相がロンドンの林公使に訓令を発し、戦費調達のための財政支援をイギリス政府に要請させている。しかし、これは財政困難を理由に断られた。

一方、日露戦争が始まると荘の店は一気に不振に陥り、明治三七年六月には倒産してしまった。廃業後、荘はロンドン株式取引所の理事長スミスから丁重な書簡をもらい、これを聞き知った曾禰大蔵大臣からは株式仲買人に復帰することを勧められた。わざわざ曾根が清浦奎吾農商務大臣に荘を紹介してくれたので、業界復帰を決意して再び営業許可の出願を決めた。しかし、これが同業者からの嫉妬を買うことになり、けっきょく荘は株の世界から引退し、家に戻って洋服商「徳海屋」の監督におさまった。

荘が満洲に行ったのは明治三八年である。四三歳になっていたが、国内での徳海屋の商売では飽き足らなかったのであろう。さっそく大連に洋服店の徳海屋商会を開いたが、ほかに関東都督府から臭水屯にある石灰製造所を租借し、ドイツ製の新式機械で石灰の製造販売事業も開始した。さらに普蘭店の鉱山も租借して花崗岩の採掘にも事業を広げ、大連市内に多数の貸屋も持つようになった。明治四〇年の大連の多額納税者の中には、徳海屋洋服店の名前がみられる。納税額は第二三位であった。同じ年の大連の有力貸屋業多額納税者の中にも徳海屋（荘伴治）の名がある。[19]荘伴治は、叩き上げの商売人であったが、非常に目先の利く投機家型の事業家だったようだ。家業を投げうってまでして株式市場に飛び込み、盛んに外国人投資家に接近していったあたり、いかにも文明開化の時代の申し子らしい商人だったと言える。しかも、若い時から鉱山鉱石の取引にも関心を向けていたあたりも、投機家あるいは山師的な臭みも感じさせる人物である。

安斎源一郎[20]　——筆一本、新聞界を渡り歩く

慶応二年（一八六六）群馬県勢多郡桂萱村字三俣の生まれ。明治後半期の新聞界を渡り歩いた人物である。生い立ちも学歴も不明であるが、東京に数年「遊学」したと紹介されているので、それなりに学問に触れたことのあるインテリだったのであろう。

安斎が新聞界に入ったのは明治二四年、二五歳の時である。札幌で発行されていた北門新報の記者となったのが始まりだった。北門新報社は、ちょうど安斎がいた二五年二月五日に、「治安妨害」を理由に発行停止処分を受けている。明らかに政治的な理由による処分であると思われるが、実はこの年は三月六日までに全国で三八紙が発行停止処分を受けている。[21]選挙戦の激化を背景に高知県下などでは印刷物の事前検閲など、保安条例の一部が適用されている。

さらに同年一二月に、北門新報社は消防夫などを含む暴徒一五三名の襲撃も受けている[22]。安斎自身は二年後には函館に移り、今度は北海自由新聞で筆をとったが、さらにその翌年には同じ市内にあった北のめざまし新聞という新聞社に移った。このあたりの足跡は、函館・札幌・小樽などの新聞社を転々とした石川啄木を彷彿させるものがある。実は、石川啄木も安斎と同じ北門新報社で校正係をしていたことがある。時代は少し後の明治四〇年ころの話であるが。

安政五年生まれで、明治前期に戯作者上がりの新聞記者をしていた野崎左文が、昭和二年に出した『私の見た明治文壇』という本には、明治の新聞界について興味深いことがいろいろ書かれていて参考になる。それによると、明治初期の新聞界は二極に分かれていて、一方の極にあったのは上流階級を読者とする大新聞で、その記者は主に政治家・法律家・洋学者・漢学者・官吏などからの転落者、あるいは書生上がりだった。彼らは文明の先導者をもって任じていた。もう一方は中流以下の大衆相手の小新聞で、記者には戯作者・狂言者・俳人歌人など、これまで筆一本で浮世を渡ってきた苦労人が多かった[23]。野崎本人もその一人であった。ちなみに小新聞社のばあいだと、必要な人員はおよそのところ以下のようであったという。社長(一)、主筆(一)、次席記者(一)、平記者(三〜五)、校正掛(一)、探訪者(五〜一〇)、通信者(一〜五)、画家(一)、営業部主任(一)、会計及庶務掛(二〜四)、広告掛(一〜二)、受付・給仕・小使い(各一)、植字工(四〜六)、文選工(五〜八)、印刷工(四〜六)、配達人(一〇〜二〇)[24]。意外なほど多くの人員を必要としたという感じであるが、実際にはこれらの中には兼務のものもあったろうし、臨時雇いが多かったのではないかと思われる。

北海道ではけっきょくうまくいかなかったのか、安斎源一郎は植民地になったばかりの台湾に渡った。明治二九年、三〇歳の時である。北海道行きもそうであるが、安斎にとっては、「内地」よりも「外地」のほうに希望を託せるものがあったのか、それとも都落ちの思いを抱いて渡ったのか。台湾に行った安斎は、ここでも新聞界に身を置いた。

まず台北で台湾新報という新聞が創刊されるとその記者となった。発行者は日本人である。紙面には普通仮名文字のほか漢・英の二欄もあり、雑録には李春生の東遊日記などを掲載していた(25)。仮名文字の紙面があったのは、漢字の読めない在留日本人が多数いたからであろう。翌年、台湾日報という新聞が創刊されると安斎はそちらに移った。しかし、これはまもなく廃刊となってしまったので、今度は誕生したばかりの台湾日々新報に雇われてその記者となった。ここには三三年までいて、その後ついに自ら新聞社を興した。それは彼の年来の夢だったかもしれない。発行した新聞は台湾週報と名づけられた。もちろん主筆は安斎である。翌年にはこれを日刊紙にして台湾日報と改称したが、二年目を迎えるまでもなく廃刊の憂き目をみた。安斎の会社を含めて、当時の台湾には日本人の新聞社が雨後の筍のように生まれ、そして短時日のうちに消えていった。急増する移住邦人を当て込んでの開業であったが、なかなか成功しなかったようである。

けっきょくは失意のうちに帰国することになった。それでも割合と簡単に職をつなぐことはできたようで、すぐに大阪朝日新聞社に雇われ下関通信部の主任となった。新聞記者になって一〇年余、たとえ小新聞の世界を渡り歩いてきた者でも、これだけのキャリアがあれば大新聞に拾ってもらえるチャンスもあったということである。生活や収入は安定しなかったであろうが、何とか筆一本で業界一筋に生きていくことができたというのは興味深い。とはいえ、大阪朝日新聞の下関通信部主任のポストも、安斎を満足させるものではなかった。明治三八年、地元にあった下関実業日報に招かれると、安斎はこれに応じてその主筆となった。さらに、同じ年のうちに居場所は満洲の大連に移っていた。ここで再び大阪朝日新聞につながり、同社の大連通信員の仕事をもらった。同時に満洲日報の大連支社の主任も兼務することになった。『満洲紳士録』編纂当時の肩書きがこれであった。郷里の群馬の村から東京に出て、北海道・台湾・下関・満洲へと、浮き草のように流れ歩いた安斎源一郎ではあるが、あくまでも新聞記者を全うしよういう気骨のある人物像が浮かんでくる。どんな思想信条の持ち主だったかは分からないが、ジャーナリストの走りの一人だったことは間違いない。渡満した時は四〇歳であった。

中島喬木(26)　―歴史に名高い大水害を記録した写真師

安政五年（一八五八）、愛知県名古屋の生まれ。侍の家に生まれ育ち、やがて写真界のパイオニアとなって活躍した人物である。生家は尾張藩士の三浦家で、本名を銀二郎といったが、一三歳の時に中島家の養子となり姓が変わった。実兄の三浦忠蔵は勤王の志士だったが、維新前夜に佐幕派の刃に倒れた。当時、銀二郎は藩校で学んでいたが、兄の死をきっかけに学問を捨て、村に入って農耕生活を始めた。学問を捨てたというのは、武士を捨て帰農したということであった。

やがて維新を迎えたが、明治九年、一八歳の中島銀二郎は東京に出た。今度は農を捨て故郷を出たのである。上京した銀二郎は、さらにまた意外な選択をした。写真師鈴木真一の門下生になったのである。文明開化のシンボルのような職を選んだのである。東京でもまだ写真師も写真館も少ないころだったはずである。写真師が最も隆盛をきわめたのは明治中期のころで、写真館といえば東京の街でもモダンな建物の代表であった。当時東京で有名だった写真師の一人が中島の師である鈴木真一で、その写真館は九段にあった(27)。鈴木真一について詳しいことはつかめないが、長崎大学附属図書館の「幕末・明治期日本古写真メタデータ・データベース」には、鈴木真一の撮影による名所写真が収録されている(28)。あるいは、横浜開港資料館に所蔵されている明治初期の鎌倉建長寺の山門の写真が、彼の撮影によるものと推定されている。こういう資料からみると、鈴木真一はかなり高名な写真師で、業界の草分けとして知られていたと思われる。

鈴木真一のもとで六年間修業した中島は、弟子の中でも技倆最高と言われるまでになった。やがて独立すると大阪に移って自分の店を高麗橋に開いた。おそらくそのころに名前を喬木と変えたのであろう。大阪では彼に匹敵する写真師はいないと言われるほどの評判を取るようになる。第四師団や大阪造幣局、その他の官庁の写真御用を命ぜられるまでに出世した。その大阪時代のことであるが、明治二二年、奈良県吉野郡の都津川郷六か村（現在の十津川村）に大水害が発生した。住民に北海道への移住を余儀なくさせるほど被害は甚大であった。土砂崩れにより十津川の本流が塞がれ、突然大きな湖（林新湖）が生まれたのであるが、実はこの災害の現場を中島喬木が撮影しているのである。(29)自分の意思で助手を連れて現地に赴いたということのようである。

このように大阪で成功したはずであったが、なぜか中島は一家を挙げて台湾に渡ってしまう。明治二九年のことである。新領土に興味をそそられたのかもしれない。台北府の前街に開業し、六年間たつうちにここでも同業者中随一と評されるまでになる。ということは、ほかにも植民地台湾に渡った写真師が多数いたようである。その間中島は、台湾総督府からの指名で臨時パリ大博覧会事務嘱託となって、展示品の撮影に当たったりもした。そういう成功を収めたにもかかわらず、三五年には日本に帰ってきてしまい、再び大阪に店を構えるのである。今度は心斎橋通り北浜だった。翌年には同市開催の第五回内国博覧会に臨んだ。

そして明治三八年、再び大阪の店を閉め、今度は満洲に渡り大連に開業した。すでに四七歳であった。おそらく経営が苦しくて移転したのではなかろう。これまで繰り返されてきた移転も、金銭的な理由というよりも、写真師としての芸術的動機のためではなかったろうか。常に新奇な撮影対象を求めるがゆえに、一か所に長くとどまることができなかったのではないか。中島喬木も、どこか士族の気骨を感じさせる人物で、明治の写真界のパイオニアの一人であったと言える。

坂井慶治(30)——米国仕込みの新型貿易商

慶応二年（一八六六）、新潟県新発田町に生まれる。維新前夜に侍の子として生まれたが、早くに英語を習ってやがてアメリカに渡り、アメリカン・ビジネスを実地に身につけた新しいタイプの商人であった。いかにも文明開化の時代に似つかわしい実業家であった。

坂井慶治の父親は新発田藩士だったが、明治維新を迎えると東京の三条家の家令となった。家令というのは、皇族や華族の家で事務・会計を管理し、使用人を監督する仕事で、起源は律令制時代にまで遡る。慶治も一三歳の時新発田から上京し、同じ邸内で父と暮らすようになった。英語学校に通い卒業したという。文明開化の時代に適応しようと考えたのであろう。明治二三年、二四歳の坂井はアメリカに渡った。英語学校で身につけた語学力に自信を持っていたのかもしれない。目的は留学ではなく商業の勉強にあった。それまでの職歴が不明なのだが、商業関係の仕事に就いていたのかもしれない。アメリカでの行き先は商業都市のシカゴだった。同地では三年後に万国博が開かれる予定であった。シカゴに着いた坂井は、商品の産地や取引について実地の勉強を重ねたというが、おそらく商店の見習い店員などからスタートしたのであろう。実地の勉強だけでは足りないと思ったのか、商業学校で商業学の基礎も学んだ。卒業するとニューヨークに移り、そこでもいろいろな商店で修業を重ね、また各地を回って見聞を広めた。自立の目途が立ったのか、シカゴに戻った坂井は日本美術品の販売店を開いた。当時は、日本の浮世絵や工芸品がアメリカに流出していた時代である。この店を二年間ほど営業した後日本に帰ってきた。

帰国したのは明治二八年である。五年前後アメリカにいたことになる。帰国した坂井は京都で開かれた内国勧業博覧会に、輸出向けの美術蒔絵を製造出品し、有功三等賞を獲得した。アメリカにいた時と同じく、外国向けの日本美術品の商売にかかわっていたようである。そうした折り坂井に一つの情報が入った。植民地となった台湾に、人造絹糸の原料であるラミーが豊富にあるとの話であった。これについて、榎本武揚（子爵）から勧告をもらったのと、友人の橋口文蔵が台北の県知事をしていたということもあって、坂井は台湾に行くことにした。橋口文蔵というのは、明治二一年から二四年にかけて札幌農学校の校長だった人物である。その名は恵比寿麦酒発祥の話にも登場する。日本の麦酒製造業の草分けである日本麦酒醸造会社は、明治二〇年ころにドイツから器械を買い付けるべく、当時、北海道庁三等技師としてドイツに滞在していた橋口文蔵にこれを依頼した。彼の周旋により注文製造した器械を設置して、東京府下荏原郡三田村に麦酒製造所がつくられたが、これが恵比寿麦酒の起源なのである。(31)そういう橋口と坂井がいつどこで知り合ったのかは明らかでない。肝心のラミーの話は、日本に持ち帰って試用してみたが、結果は失敗に終わったため、けっきょくビジネスにはならなかった。しかし、坂井はその後本格的に台湾に渡ることになり、台北に西洋家具装飾品の店を開いた。これは大いに成功したという。それまでの国内での商売がうまくいかなかったので、台湾で新生面を開こうとしたのであろう。国内では米国流のビジネスセンスが通用しにくかったのかもしれない。

『満洲紳士録』によれば、明治三七年二月、坂井は台湾を去って満洲に向かったとなっている。陸軍大臣の許可を得て第一回の渡航船に乗り大連に入ったというのである。しかし、大連に日本軍が入ったのは三八年五月であるから、坂井が同地に上陸したのもそれ以降だと思われる。(32)ここでも彼は西洋家具装飾品の店を開き、後には旅順にも支店を置いた。満洲に渡った時坂井は四〇歳目前であった。もちろんすでに若くはなかったが、まだまだ働き盛りである。新開地であるがゆえに、満洲での商売は坂井にとってやりやすかったのか、商売は順調に軌道に乗り、ようやく安住の地を得た形になった。大陸的風土の満洲はどこかアメリカに似ており、彼にとっては内地よりも溶け込みやすかったのかもしれない。

渡満から一七年後、大正一〇年（一九二一）の大連市の所得税多額納税者名簿には、第二一位に坂井慶治の名がみえる。営業種類は洋家具商、店名は成三洋行となっている。(33) 大連実業会の有力会員でもあった。坂井慶治は、少年のころから強い海外志向を持つ人物であった。英語学校、米国・台湾・満洲、これら海外の地が彼の活動のメインフィールドとなった。洋行帰り・米国仕込みの商人坂井慶治の店は、場所は転々としたけれども、日本美術品や西洋家具装飾品などを扱う専門店という点では変わることがなかった。しっかりした経営の志を持っていたのであろう。

3　めまぐるしく遍歴を重ねた人物

第二世代には職歴を重ねた人物が多かった。その中には先ほどの例のように、同じ業界を渡り歩いた者も少なくなかった。他方では、道が定まらないまま移動を繰り返す人物もいた。後者のばあいには不如意な職業選択が多かったようである。

荒川勇男(34)──決断と行動を貫く自由人

慶応二年（一八六六）、鹿児島県鹿児島市二本松馬場の生まれ。海軍軍人としてエリートコースを歩んでいながら、それを捨ててある義挙に荷担し、やがて実業界に転じていった異色の人物である。荒川勇男には荒川巳次《みのじ》という兄がいた。巳次は工部大学校（東京帝国大学工学部の前身）の鉱山学科二期生で、明治一三年に卒業している。これからみると兄弟の生家はそれなり裕福だったと思われる。高学歴者の走りで、外交官の道に進んだ兄は、仁川・天津・ロンドンなどの領事を歴任し、『満洲紳士録』刊行当時はブラジル駐在の特命全権公使をしていた。(35) 外務官僚として出世を果たした人物である。

弟の勇男のほうは、明治一五年に海軍主計学校に入学し、一九年にここを卒業した。この学校は、明治一〇年に廃校になった海軍主計学舎が一五年に再興され、一九年に海軍主計学校と改称されたものである。つまり彼が入学した時にはまだ海軍主計学舎だったと思われる。一六歳で入学したことになっているが、本来は一八歳以上でないと入学できなかったはずである。(36) 卒業と同時に、荒川は主計補に任用され会計局に勤務することになった。しかし、単に事務的な仕事に携わっていたわけではなく、海軍兵学校の生徒がおこなう実地遠洋航海の一行に加わり、シンガポール・バタビヤ・オーストラリア・アデレードなどに行ったこともあった。二一年には少主計に任命され、練習艦の龍驤艦に続いて旗艦高千穂に転乗し、四国・九州・北海道・沖縄・台湾・清国・朝鮮の沿岸、ロシア領ウラジオストクなどに航行した。帰国すると旗艦高千穂から降りて横須賀の屯営に転任となった。

その直後の明治二二年、さらに海軍大学校に転任した荒川は、主計学校計算課長を兼務するようになった。めまぐるしいような異動昇進であるが、同じ年、荒川は選抜されて海軍大学校の主計科の学生となった。海軍大学校は、海軍将校の最高教育機関として、前年の二一年に創設されたばかりであった。ここは一年で早くも卒業となり、直ちに満珠艦の主計長心得に進んだ。翌年には正八位に叙せられ、大主計補欠となって呉海兵団勤務を命じられたが、さらにまた龍驤艦に転勤となった。この龍驤による練習航海において、乗組員に深刻な脚気が蔓延し、その原因が兵食にあるとの確信を持った人物が、森尻甲一郎の話に出てきた海軍軍医総監の高木兼寛である。高木により脚気の予防法が確立されたことが、日清・日露の戦争を勝利に導いた重要な一因だったとされている。ここまでの荒川勇男の経歴はまさに順風満帆、エリート軍人としての出世街道をひた走ってきたという感じである。ところが、二七歳になった明治二六年、荒川は病気のために海軍を退職するのである。病名は書かれていない。その後の行動からすると、病気は依願退職の口実だったと思われる。というのは、同じ年のうちに彼は、「郡司大尉の一行」に加わって千島択捉に向かい、そこで一年を過ごしたとなっているからである。

郡司大尉とは何者か。郡司成忠は万延元年（一八六〇）、幕臣だった幸田成延の次男に生まれたが、文豪幸田露伴、史学者幸田成友、音楽家幸田延、安藤幸はみな彼の弟妹である。成忠は後に他家の養子に入り郡司姓となった。明治五年に海軍兵学寮に入り、一二年に海軍少尉補に任ぜられ、海軍大尉にまで昇進を重ねた。二二年七月には、先ほど出てきた海軍大学校（水雷科）の第一回卒業生に名を連ねた。ここのところで荒川勇男の経歴と交叉する。郡司は、二六年一月に自ら希望して予備役編入となり現役を退いた。その理由が千島樺太問題であった。明治八年にロシアとの間で千島樺太交換条約がむすばれ、北方の島々が日本の領土となったが、過酷な土地に移住する者は現れず、いつになっても手つかずのままになっていた。これを慨嘆した郡司は、エリート軍人としての道を捨て、報効義会なるものをつくって同志を集め、北端の占守島への移住を決行したのである。それが明治二六年のことであった(37)。おそらく郡司と荒川は海軍大学校時代に接点を持ち、その後も親交が続いていたのであろう。荒川は、郡司の義挙に強い感銘を受け、自分も開拓団に加わる決心をし、病気を口実に海軍を退職したと思われる。

ところが、翌明治二七年、朝鮮に東学党の乱が起きたと聞くや、荒川はすぐさま帰国して日本郵船会社に入ってしまう。どういう心境の変化が生じたのか、占守島での状況、帰国と転職の経緯について、『満洲紳士録』には何も書かれていない。けっきょく荒川が郡司と行動を共にし、極寒の占守島にいたのは一年足らずのことであった。日本郵船会社に入れたのは、もちろん元海軍エリートのキャリアを買われてのことに違いない。戦時下では、荒川は土佐丸・金洲丸、あるいは御用船の三池丸などに乗り込んで、大連湾・営城湾・旅順港などに出航した。戦後は日本郵船会社の雇い船で、英国汽船のアロヨ号に乗り込み、香港・シンガポール・ペナン・コロンボ・ボンベイ間の航海に従事した。日本郵船会社は、二六年に日本最初の遠洋定期航路としてボンベイ航路を開き、輸入棉花の輸送をめぐり英国の汽船会社と激しく争っていた。その後荒川は、旅順丸に移り、軍艦八島の廻航員を乗せてロンドンに行ったこともある。

これだけ活躍していた荒川だったが、明治三〇年には日本郵船会社をやめ今度は三井物産合名会社に入った。ライバルの関係にあった三菱から三井に鞍替えしたような感じである。最初は、外賓係として横浜支店の船舶係を兼務し、後に東京本社の船舶係に転じた。社船の布引丸が、佐渡の相川で座礁事故を起こした時には、出張調査して大いに活躍したが、三二年にはここも退社してしまった。翌年、義和団事変が起きると、荒川は御用船に便乗して李鴻章の一行に加わり、天津を経て北京の日本公使館に入った。どんなコネがあって御用船に乗れたのか不明であるが、これまでのキャリアで海運業界ではその名を知られていたのかもしれない。北京の公使館で何をしていたのか書かれていないが、やがて天津に移った荒川は土木建築請負業を開いた。この時初めて起業したのである。すでに三六歳になっていた。

日本租界のある天津で、荒川の会社は専管居留地の測量請負や、日本兵営への建築材料の調達納入などに従事した。さらに、天津駐屯軍司令部、日本郵船会社出張所、三井物産支店・倉庫、大阪内外綿会社の支店・倉庫、袁世凱の貴賓室、英国教会堂および貧民病院等々、数多くの建築工事の請負をおこなった。これからみると、退職した日本郵船や三井物産とも、それで関係が悪くなったということはなかったようである。日露戦争下の明治三八年には、開原知県からの依頼で大砲と小銃を調達した。また、日露開戦時、山海関に避難した在満邦人が、そこで立ち往生しているのを知った荒川は、援助金を出して彼らの帰国を助けた。後日、感謝状をもらっている。戦争が終結した翌年、本拠地を天津から大連に移した荒川は、ここにやはり土木建築請負業の荒川工程局を開いた。会社は、専門技師と事務員を多数抱え、各地に支店と出張所を置くまでに成長した。『満洲紳士録』編纂時の荒川の年齢は四二歳である。

荒川勇男の経歴は、海軍軍人↓北方開拓移住↓民間船舶会社員↓大手商社員↓大陸での土木建築業会社の起業という具合に、いかにも変転極まりないものであった。ようやく職が定まったのは植民地に渡ってからである。ただ、そこに一貫していたのは、常に日本を取り巻く現下の政治軍事情勢への関心が働いていた点である。最初に志した軍人の魂のようなものが消えることはなかったのであろう。職歴についてみれば、元海軍エリートゆえに、比較的恵まれた転職が、いとも身軽に繰り返されたという印象である。それにしても、荒川勇男の生涯の決定的な分岐点となったのは、やはり郡司成忠との出会いだったに相違ない。では、郡司大尉一行の占守島移住はその後どうなったのか。情け容赦のない極北の気候風土は、島への日本人の定住を頑として拒み続けたようである。幾多の犠牲をともなった一〇年余の歳月を経た後、けっきょくこの計画は無惨な失敗に終わったのである。

南　元枝(38)　―独学で医師の資格を取ったが

慶応三年（一八六七）、高知県香美郡夜須村の生まれ。家は代々村医者で、本人も自力でその道を志したが、容易にその目的を果たせず遍歴を重ねた人物である。医者の家に生まれた人物は、「紳士」の中では彼だけである。もちろん父親の代までの医業は漢方医であった。しかし、新しい時代には西洋医学の知識と資格が求められた。

南は、明治二一年、二一歳の時に獣医師の免許を取得した。獣医師の免許規則が制定されたのはその二年前のことである。農商務省の実施する獣医医術開業試験に合格すれば、誰でも開業免状をもらえるという決まりであった。国公立の獣医学校もしくは農学校において、獣医学の卒業証書を取得すれば無試験でも開業できた。それまで南が何をしていたのか分からないが、ともかくまずは獣医師の資格を取ろうと考えたのであろう。さらにその二年後、南は内務省実施の医術開業試験も受け、これにもみごと合格した。独学で資格試験に挑戦し、獣医師と医師の二つの開業免状を取得したわけであるから、相当の努力家だったのであろう。

医師開業免許を取得してから五年後、明治二八年に南は大日本私立衛生会の衛生事務講習も受けている。明治初期、日本ではコレラの流行が猖獗《しょうけつ》をきわめ、その防疫対策として長与専斎らが中心になって公衆衛生事業の推進が図られることになった。長与専斎という人物は、初代の内務省衛生局長を務めた医者である。明治初め、岩倉遣欧使節団の一員として欧米を回り、近代的医学教育や医師制度の導入のための知識を持ち帰った。その後、内務省衛生局に長年勤務して、わが国の衛生行政の基礎を築いたことで知られる。長与らは、公衆衛生事業が実効性を持つには、政府が中核となりつつも民間機関が側面から援助するのが望ましいと考え、明治一六年五月に大日本私立衛生会を設立した。その中心事業の一つが衛生事務講習会で、地方の衛生機関で働く公衆衛生関係職員に訓練を施すため開かれたものである。(39) 講習会を受けたころ、南が実際に医師をしていたのかどうかは明らかでない。

日清戦争後の明治三〇年、三〇歳の南は植民地となった台湾に渡った。最初に就いた職は意外にも鳳山庁の警部であった。ということは、それまでまともには医業に就いていなかったのかもしれない。あるいは職自体が定まらなかったのであろう。鳳山庁の警部も長くは勤めず、これを辞した後、淡水の町で売薬店を開いた。しかしけっきょく数年後には引き揚げてしまった。南の台湾移住は失敗に終わったのである。帰国した南は、今度はなぜか蹄鉄工試験を受け、これにも合格し免状を得た。目的は定かでない。実際に彼が就いた仕事は畜牛結核病検査員というものであって、これは農商務省の嘱託であった。獣医師資格を生かしたものだろうが、これもまもなくやめてしまう。次に転じた先もまた畑違いの警視庁であった。職務は書かれていないが、おそらく単なる雇員であろう。このように、いつになっても南の職は安定しなかった。

明治三八年五月、南は日露戦争下の満洲に向かった。年齢は四〇歳目前になっていた。最初は安東県の軍政署に雇われ、衛生主任を務めていたが数ヶ月間で退職した。清国の畜産業を視察するとの目的で各地を回り、同年一一月には旅順に入っていったん売薬店を開いた。しかしまもなく家畜病院を開業し、傍ら旅順民政署の嘱託となって衛生組合事務を監督した。また実業倶楽部を組織して幹事となった。ここに至ってようやく職が定まった感じである。獣医師・蹄鉄工・医師・公衆衛生事務などの資格をフルに生かせる場に、ようやく満洲において巡り会えた。そういうことであろう。

医者や獣医の資格がありながらなぜこれほど職が安定しなかったのか。たとえ資格があっても、れっきとした医学校を出ていないと、医師として満足のいく職に就くのは難しかったということではないだろうか。医学専門学校の出身者は、『満洲紳士録』の人物の中にも数人いる。彼らの多くも職場を転々とした。しかしほとんどは医師としての転職であり、南のように警部になったり売薬業者になったりはしていない。専門資格があっても学歴がないと現実はままならなかったのではないか。南の遍歴からはそういう現実を想像してしまうのである。

大浦元三郎(40)——ドイツ語とベルリン外遊経験を武器に

慶応三年(一八六七)、熊本県鹿本郡大浦村の生まれ。いわゆる高等遊民のような生き方をした人物で、職業はなかなか定まることがなかった。出自や生い立ちは不明だが、明治一三年に「遊学」のため東京に出たとある。まだ一三歳の時である。生家はそれなりの資産家だったと思われる。

大浦が卒業したのは独逸学協会学校の専脩科である。この学校は、西周・桂太郎・加藤弘之らの独逸学協会が明治一六年に設立したもので、現在の獨協大学の起源に当たる。初代校長には元老院議官の西周が就任したが、学校設立が決まったころは、「惜しむらくは、専門学校のごとき高尚のものにはあらずして、ただの語学校なり」などと言われた(41)。最近の研究成果である土方苑子編『各種学校の歴史的研究』によれば、明治二九年当時には独逸学協会学校は専門学校に入っていた(42)。卒業した時大浦は二四歳だった。直ちに内閣官報局に奉職した。内閣官報局が設置されたのは明治一八年一二月である。編輯課と翻訳課とがあったので、独逸学協会学校を出た大浦のことであるから、勤めたのはおそらく翻訳課であろう。しかし、官界に魅力を感じなかったのか、将来に展望がみえなかったのか、大浦がここに長くいることはなかった。ちなみに、二葉亭四迷も東京外国語学校の恩師の世話で明治二二年に内閣官報局の雇い員となり、八年後に退職している。

内閣官報局をやめた後大浦はドイツのベルリンに外遊した。渡航費の工面では実家を頼ったと思われるが、そうであればやはり相当に裕福な家だったに違いない。明治二七年にはオーストラリアにも行き、一年あまり滞在して製糖業の調査に当たっていた。ここでも無収入だったと思われるから、実家から渡航滞在費を出してもらったのであろう。いったん帰国した後、大浦は台湾に渡って商売を始めた。商売の中身は分からないが、植民地となった台湾に関心を持ち、特産のサトウキビを使った製糖業で身を立てようとでも考えたのであろう。つまり彼なりに立身を図ろうとしたわけである。だが、所詮は素人の商売だったのか、事業は失敗に終わり撤退帰国を余儀なくされた。東京に戻ってからは、得意とするドイツ語の翻訳をしたり、外国語学校の教師をしたり、財閥の三井家にドイツ語の家庭教師として雇われたりの暮らしとなった。高い教育を受けたとか、外遊の経験があるとかすれば、それを買われて何とか生活を成り立たせる道はあったのである。それだけインテリには希少価値があったということである。それにしても、すでに三〇歳代に入っているのに、大浦の暮らしぶりも生き方も、高等遊民という言葉を地で行くようなものであった。

そんな大浦が満洲に渡ったのは日露戦争の直後である。四〇歳を目前にしていた大浦は、満洲商品弁所の理事として渡満することになった。これは、第一世代の人物紹介に登場した土木建築業者の英修作らの発起で開設されたものである。どこで英と出会ったのか分からないが、この話はけっきょく実行には至らなかった。その代わりすでに渡満していた大浦は、英組の大連支店の支配人におさまることになった。そして翌年一月、独立して大浦洋行を設立し、雑貨食糧品を販売すると共に、官庁用達・土木建築業の大浦組も組織した。つまり植民地事業家として立身を図ったのである。

大浦元三郎は語学学校の出身で、ドイツ語を身につけた外遊経験者であった。高学歴者であることは間違いなかったが、エリート官僚などに出世できる可能性はなかった。現実はなかなか厳しくて、満足できる職を確保するのは容易でなかった。高等遊民のような遍歴を続けた後、四〇歳の大浦が行き着いたのは日本の植民地になりたての満洲だった。そこでやっと小規模な事業主となって身を固め再出発を図ったのである。

木原千楯(43)――士族民権派青年の放浪人生

慶応三年(一八六七)、熊本県熊本市に生まれる。いわゆる士族民権運動の流れに身を置いて思想形成をしたが、実社会に出てからは職が定まらず、けっきょく満洲に渡って実業家を目指すことになった人物である。

熊本藩士だった祖父の木原楯臣と父の木原楯列は、ともに藩内きっての勤王家として聞こえた。千楯が生まれるとまもなく明治維新となったが、少年のころは儒学者山田武甫の門下に入り漢学を学んだ。山田武甫という学者は、天保二年(一八三一)に熊本藩に生まれ、成人して後横井小楠の門に入り薫陶を受け、横井門下の四天王、あるいは三秀才の一人と称されるほどの高弟となった。やがて政治活動に入り、熊本改進党や九州進歩党などの重鎮として活躍し、国会が開設されると自由党所属の代議士となった。一方、木原千楯は、その後、徳富猪一郎(後の蘇峰)の主宰する大江義塾に転校した。この学校は、当時は民権論者だった徳富蘇峰が、地方青年を啓発するため熊本の自宅に開いた私塾である。明治一五年から一九年まで続いた。ここで木原は自由民権思想に染まったのであろう。その後、上京した木原は明治法律学校（明治大学の前身）に入り、さらに民権思想に影響を受けたと思われるが、二二年に卒業して明法学士（明法＝法を正し明らかにする）となった。翌年、政党活動に関係した木原は保安条例に抵触する事件に遭遇したが、これにめげることなく大同団結運動に参加し、大同倶楽部・自由党などの政党に籍を置いて政治活動を続けた。

明治二四年、木原は大阪の関西日報の記者となった。この新聞は、大阪北浜倶楽部の機関紙として、民権思想家の末広重恭（鉄腸）を主筆に迎えて二一年に発刊されたものである。新聞の立場が木原の思想に合っていたのかここに四年ほど勤めていた。その後、志を変えたのか、大阪市内の私立商業学校の教員に転職し、勤務の傍ら台湾語全集の編纂に従事するようになった。出版社からの委託の仕事だったのかもしれない。このころにはすでに政党活動からは遠ざかり、日清戦争の影響もあって台湾への関心を強めていたようである。二九年には実際に台湾に移り住み、総督府の民政局法務部に採用された。法学の知識や台湾語全集の編纂経験などが買われたのであろう。台湾での生活に彼が何を期待したのかは明らかでない。台湾には六年前後とどまった。

明治三六年、木原はいったん郷里の熊本に帰った。一時帰郷のつもりではなかったようだ。いままでとはまったく畑違いの職に就き、何とか故郷に住み着きたいと思ったようである。ミューチュアル生命保険会社（米国ニューヨーク）という外資系の生命保険会社に雇われ、熊本支部長となったのである。当時、すでに生命保険会社の支店が、熊本のような地方都市にも開業していたということである。しかし、やはり仕事が性に合わなかったのか、翌年には退職してしまう。もはや郷里にとどまることはできず、今度は学生時代を過ごした東京に向かった。衆議院に雇われ書記官長室に勤務することになったというが、嘱託のような身分ではなかったろうか。ともかく職にはありつけたのだが、これもまた長くは続かず年末にはやめてしまった。再び木原の足は海外に向かい韓国に渡った。各地を「漫遊」

した後、戦争の終結した満洲に明治三八年末に入った。漫遊とは言うが、実際には職を求めての流浪の旅だったのであろう。四〇歳目前という年齢になっていた。満洲では、昌図においてひとまず昌図公司の設立に協力して運輸部長となった。翌年一〇月にはこの会社を退いて孟家屯に移り、今度は自ら鉄道輸送業を始めた。

木原千楯は、四〇歳にして初めて新開地満洲において起業したのである。事業内容はかつての経歴からはほど遠いものであった。そのことを本人がどう思っていたのかは分からない。木原の会社はその後長春にも進出し、貿易・食糧品販売・土木建築業などを展開していった。本拠地の孟家屯に日本人会ができると、学識もあることからか木原が会長に選ばれた。こうして木原の職業遍歴の旅も、満洲においてひとまず終わりを迎えたのである。

高間弥之助(44)　―「士族の商法」を地で行った人物

万延元年（一八六〇）、広島県広島市の生まれ。いわゆる士族の商法を地で行くような悪戦苦闘の前半生を送った人物である。

広島藩士の家に生まれ、兄一人姉一人がいた。しかし、戊申戦争に際して奥羽追討軍に加わった兄は、不幸にも戦場に散って帰らぬ人となった。この悲劇のゆえ両親は次男の弥之助が軍人になるのを望まなかった。士族であってもこのような親はいたのである。両親の意を汲んだ高間は教育界に進んだ。とはいえ、彼自身がいったいどの程度の教育を受けていたのか、学歴等については何も書かれていない。教壇に立った経験もないようである。やってみたのは学校経営で、これを彼は何度か試みたという。しかし、いずれもうまくいかず、ついに資産を使い果たしてしまった。やむなく今度は実業界への転身を図った。とはいえもはや国内で再起を図る資金はなかったのであろう。明治二六年、三三歳の高間は日清戦争の前年に清国に渡った。徒手空拳に近い様子だったと想像される。上海に着くとそこで諸種の仕事に就いて暮らしを立てたが、翌年には戦争が始まってしまい、やむなく帰国せざるをえなくなった。「紳士」の中には、日清戦争をまたとない商機にした人物もいたが、高間のばあいには不運といえば不運であった。

戦争が終わると高間は上海に戻り事業を起こした。ところがこれもまた失敗に終わってしまい、挽回を期してさらに様々の事業を試みるも、よほど商才に欠けていたのか、それとも土地の事情に暗かったのか、ことごとく駄目であった。すべてを失った高間は、香港・鎮江・漢口・天津などを流浪し、けっきょく、日露戦争の前年、明治三六年に日本に帰ってきた。尾羽うち枯らしたようなありさまだったに違いない。帰国後は、操觚界《そうこかい》すなわち言論界に入ってみたというが、具体的には何をしていたのかは分からない。地方新聞の嘱託のような仕事でもしていたのかもしれないが、とうてい満足のいく状況ではなかったであろう。

明治三八年、すでに四五歳になっていた高間は、まだ硝煙の消えない満洲に筆硯《ペン》を棄てて渡った。営口に上陸すると英商のブッシュ兄弟商会という会社に入った。日本軍から食糧と軍需品の輸送を請け負った同社が、その事務監督に適当な人間を求めていたのである。高間は英語に熟達していたというので、それを買われたのかもしれない。戦後もこの会社にとどまった高間は、『満洲紳士録』編纂のころは船舶代理店を管掌していた。けっきょく会社員に落ち着いたのである。高間弥之助は明治維新を八歳で迎えた。士族ではあったが新時代に適応できない年齢ではなかった。しかし、およそ事業経営というものは彼には不向きだったようだ。本当は親が願わなかった軍人にでもなれば、あるいはもっと順調な人生を送れたのかもしれない。

4　大陸志向・大陸浪人型の人びと

この世代には、海外志向の強い人物がとくに多かった。中でもこれから紹介する人たちは、若い時から中国に対して政治的・経済的関心を抱いていた大陸志向・大陸浪人型の人物であった。日清戦争を二〇歳代から三〇歳代で迎えたこの世代であれば、そのようなタイプの青年が輩出しても不思議ではなかった。

飯塚松太郎(45)——大陸浪人から植民地事業家へ

明治元年、岡山県御津郡鹿田村の生まれ。なぜか少年のころから大陸に強い関心を抱き、そこが将来の自分の活躍の場であると思い、実際に大陸浪人の先駆けの一人となった。しかし、中途から方向を変え植民地を足場とする事業家に転身した人物である。

二〇歳を越した明治二一年、飯塚は荒尾精の日清貿易研究所の学生募集に応募し、その生徒となって上海で研鑽に励んだ(46)。しかし、二年後、卒業を目前にして一つの事件を起こした。二、三人の同窓生と謀って、日本刀の輸入販売で自ら大きな儲けを得、しかも同時に清国に対して武器改良の刺激を与えようと計画。日清親善のつもりであったというが、最初の試みであえなく上海税関に摘発されてしまった。税関がその不法を通告してきたため、学校はやむなく彼らを退学処分にした。しかし、その前途が考慮され、特別の卒業試験によって卒業免状を授与された。その後の数年間は、単身で長江の沿岸一帯を往来しつつ、土地の人情風俗を視察しながら密かに機会を窺っていたという。これは、もしかすると岸田吟香の楽善堂の配下となって、売薬の行商人などに化けて諜報活動をしていたのではないか。そういう推測もできる。そして飯塚に活動の機会が訪れた。日清戦争である。開戦となるやすぐに陸軍通訳に採用され、軍司令官山県有朋大将(後に野津道貫中将に交代)率いる第一軍に従って任務を完遂した。荒尾精は、この時日清貿易研究所の修了生と学生を、軍のために諜報活動と通訳に遣わしているので、おそらく飯塚もその一員だったのであろう。戦後を迎えると、今度は台湾総督府に入って「刀筆の吏」となったが、これは野心家タイプの彼にとっては不如意の日々になったようだ。

明治三三年、義和団事変が勃発。飯塚は好機到来とばかりに直ちに職を辞し、天皇の側近である岡沢精初代侍従武官に従って台湾を離れて天津に上陸した。あらかじめ仕事や職が決まっていたわけではなく、現地に入ってから有馬組に雇われ、天津支店の主任となったのである。有馬組というのは、東京神田に本社を置く大手の土木建築会社で、組長は森清右衛門といった。幕末に勤皇の志士として活躍した高山彦九郎と交遊があったという。有馬組は、全国各地の鉄道庁の直轄工事部分に、同じ大手の鹿嶋組と共に人夫を送り込んでいた。たとえば明治二四年に着工され、トンネルの難工事で知られる碓氷線の敷設工事や、秩父鉄道の敷設工事などの人夫供給を請け負ったことがある。明治二〇年代の半ばころが有馬組の全盛期だったという(47)。飯塚が担当した仕事は、糧食輸送の御用船などに積み込む貨物の取扱であった。事変が沈静化した後、組長の森清右衛門と意見の衝突を起こし、けっきょく飯塚は組をやめることになった。その後は、天津の専管居留地経営に関係する仕事を単独で請け負う仕事を始めた。先ほど紹介した荒川勇男も、同じ時に同じ場所で似たような商売をしていたのである。

飯塚が天津から満洲に移ったのは、日露開戦後の明治三七年八月、三七歳の時である。営口に入るとすぐに陸軍用達商となった。すでにこの時彼は、満洲では将来土木建築業が盛んになると見込み、数名の専門技術者を招いて飯塚工程局を創業し、ここでもまた土木建築請負業を始めた。戦争が勝利したおかげで見込みは的中し、飯塚工程局は営口に本店、奉天に支局、大連と鉄嶺に出張分局をもつ会社に成長した。飯塚松太郎は在満同業者中の覇者と言われるまでになった。局員は八〇名を超えた。飯塚松太郎は中途で志を変えたように思われる。当初は政治的な色彩の濃い壮士のような青年で、いかにも大陸浪人的な生き方をしていたが、日清戦争の後台湾総督府に勤務し、それを辞してからは同じく中国大陸で生きるにしても、関心はもっぱら実業に向かっていった。変心のきっかけとなったのは、あるいは台湾における荒尾精の急死（明治二九年）だったのかもしれない。

竹内繁次郎(48) ―若くして清国沿岸貿易に進出

元治元年（一八六四）、滋賀県甲賀郡石辺村に生まれる。日清戦争よりも一〇年近くも前に清国の土を踏み、若いうちから日清貿易に従事していたが、事業は浮き沈みが激しく安定せず、戦争のたびに軍用達商となって商機をみつけなければならなかった人物である。とはいえ政治的志向はなく、大陸浪人というタイプではないが、絶えずきな臭い商人だったことも事実である。

出自・生い立ち・学歴など一切不明である。明治一九年、二二歳の時初めて清国へ渡り、上海に小泉洋行を設立して日清貿易を開始した。名前からすると、これは竹内の会社ではなく、小泉という人物との共同経営のようなものだったと思われる。したがって、渡清も単独ではなくて、仲間をかたらってのものだったかもしれない。小泉洋行は、天津・芝罘《チーフー》・長江一帯・四川省各地において、主に海産物の販売を手がけた。三年後、竹内は小泉洋行を辞めていったん帰国し、大阪で日清貿易会社を設立した。おそらく上海で一定の儲けを手にできたので日本に帰り、新たに貿易会社を開いたということであろう。竹内はこの会社の上海支店主任となって再び清国に行き、石炭・綿糸・雑貨の販売に従事した。

やがて日清戦争が起きるわけであるが、当然これは竹内らの商売にとっては打撃となる状況変化だったはずである。しかし彼らは臨機応変であった。当時、上海にいた竹内は支店を閉めると満洲に向かい、第二軍司令部付きの用達商となった。日本軍が営口を占領するやそこに会社の支店を開き、軍用達商の傍ら商魂たくましく大豆や油粕の日本への輸出にも手を伸ばした。戦争のおかげで会社は大きな利益を上げたのである。戦争が終結すると軍隊は凱旋帰国し、官庁も引き揚げ、営口の居留邦人も激減していった。しかし、竹内は仲間三人と残留を決意する。民政署が引き揚げる際には、某官の斡旋により英国領事から四人の身柄保護を取り付けた。ところが、明治三〇年、上海における石炭相場の変動によって、会社は致命的な損失をこうむって解散の事態となってしまう。やむなく竹内は満洲から山東半島の芝罘に移って自ら商社を開いた。この時初めて単独の事業主になったのである。三三歳であった。付近の威海衛周辺には特産の桐材があったので、これに目を付けた竹内は大阪や東京に輸出を試みたところ、相当の利益を上げることに成功した。

それから三年後の明治三三年、義和団事変が起きると竹内は日本軍の監督部付き用達商となり、唐沽に上陸して軍隊への物資供給に従事した。この事変において列強の軍隊が最も困ったのが物資輸送力の不足、運搬労働力の欠乏だった。竹内は、経験豊富で語学力のある清国通である。事変は彼にとっては千載一遇のチャンスとなり、奔走して一二〇〇〜一三〇〇人もの苦力《クーリー》を集め、これを日本および諸外国の軍隊に供給した。濡れ手に粟のようにして彼が得た利益は相当なものであった。同年、その金を携えて帰国した彼は、大阪の西長堀北通に清国向け貿易品の製造所をつくり、同時に芝罘には支店を開いて貿易業を続けた。つまりせっかく築いた芝罘の足場を捨てなかったのである。

そして、日露戦争が始まると再び竹内は満洲の戦場に向かった。年齢はすでに四〇歳であった。これほど身軽だったということは、彼の営む事業がかなり小規模のものだったことを窺わせる。第一軍の二師団の糧餉部用達商となった竹内は、軍に従って韓国鎮南浦を経て鴨緑江を横切って満洲に入り、安東県の町に達した。中国語のできる者が少なかったので、ここで彼は急遽通訳に選抜されることになった。戦後も満洲にとどまり鉄嶺で鉄道輸送業を始めた。清国人に鉄道輸送の有利性を説きつつ業務を続けた竹内は、長年の経験から清国の官憲にも通じていたという。

松本亀太郎(49)――事業家の才も発揮した大陸浪人

元治元年(一八六四)、高知県安芸郡田野村に生まれる。成人するまでの生い立ちはまったく不明である。経歴からみるとこれぞまさしく大陸浪人の走りのような人物である。前出の飯塚松太郎と似通ったところがあるが、もっと破天荒な生き方をした人物であり、得体のしれないところがあった。

明治一七年、日清戦争の一〇年前、二一歳の時に清国に渡った。先ほどの竹内繁次郎よりもさらに早い時期に渡ったのであるが、松本のばあいは何を目的にしていたのか分からない。上海にいて、ある政治的陰謀計画に加担したという。当時、末期症状を呈してきた清朝に叛旗を翻す政治結社の一つに、哥老会というのがあったが、松本は会長の彭清泉などと知り合いになり、その陰謀に参画したのだという。哥老会は、一八世紀の前半、乾隆帝の時代に四川省に生まれた秘密結社である。白蓮教や天地会などの影響も受けていたというが、「反清復明」の漢族主義を掲げて、湖南省や湖北省に影響力を広げていった。長江下流域では私塩の取引などもおこない、太平天国の乱の後組織はさらに勢いを増し、やがて孫文の国民革命運動にも力を貸したが、その後は次第に衰退していった(50)。

松本亀太郎が荷担した計画は、事が未然に露見してしまい、一味は検束され一七人が斬首された。松本も嫌疑を掛けられたが、日本人ということで何とか放免された。この前後のことであろうが、明治一八年六月に浙江台州仙居で哥老会員二〇〇〇人が蜂起し、県城を包囲攻撃し撃退されるという事件も起きている(51)。釈放後も松本は帰国せず、福洲に移動して商業に従事した。彼が言うには、自分が当地における最初の日本人商人であった。商売は大いに繁盛し、一九年には日清貿易拡張のため、興化・泉洲・厦門、あるいは台湾の淡水などの港に、次々と支店や代理店を設けた。短時日のうちに大きな成功を収めたのである。当時の日清貿易には、うまく当たれば一攫千金も夢ではないというところがあったのかもしれない。ところが、松本は「故ありて」これらの事業を畳み日本に帰ってしまった。

そして、話は日清戦争に飛ぶ。戦争が始まるとすぐに松本は陸軍通訳となった。しかも高等官待遇である。年齢は三〇歳であった。彼のように、敵国の事情に通じ、敵国語を使える人物は、戦時においては貴重な人材＝戦力になったのであろう。それにしても高等官待遇で雇われたのであるから、もう少し何か特別な条件を彼は備えていたのかもしれない。所属したのは山県有朋率いる第一軍の司令部であった。出征して紅蓮瓦に勤務中、突然帰還の命令を受けた松本は、敵中を単身一一日かけて横断し柳樹屯に達したという。その後、比志島支隊に属して台湾征討軍に加わった。日本軍が澎湖島を占領すると、松本はそこに行政官として七〇日あまり駐在することになった。さらに、初代台湾総督樺山資紀に招聘されて基隆港に赴き、次いで台北に移った。戦後も台北に残った松本は、開設された台北県庁の財務課長の席に就き、市内の町名をたった二昼夜で改正確定させたという。このような経歴からすると、松本には有能な行政官という側面のあったことが窺われる。学歴が不明なのだが、高等官待遇で通訳に採用されたほどであるから、松本には私塾などで身につけた素養があったのかもしれない。しかし、その後まもなく官職を辞し、いったんは商社を開いた。しかし、これも廃して北投に隠棲し、禅の修業に入ってしまった。そればかりでなく、妻についてもその凡俗なのを嘆き、三年間も高僧に預けてしまったという。どうやら松本亀太郎は相当な奇人でもあったようだ。こうしていったんは世俗を棄てたかっこうになった。

だが、日露戦争の火蓋が切って落とされるや、松本は再び陸軍通訳となって戦場に赴いた。すでに四〇歳の峠をこえていた。与えられた職務は、安東県軍政署の商務課長兼土木課長で、ここでは新市街の設計などに当たった。その後、普蘭店の兵站部に移ったが、まもなく終戦を迎えると職を解かれた。昌図にとどまった松本は、清国人との合弁で昌図公司（株）という運送会社を開いて社長となった。昌図から北の地域に多数の株主がいるのが特徴だったというから、相当な規模の会社だったようである。河川輸送・軽便鉄道・馬車輸送などをおこなっていた。事務員が六〇名前後いて、後に本店は大連に移され、各地に支店を置くようになった。
大正八年（一九一九）一月の「台湾日々新報」には、台北市の北投区にある北投陶器所という工場が紹介されている。[52]明治四四年五月に、この地域一帯の開発と共に創業したこの会社は、ほかならぬ松本亀太郎によって開かれたのである。つまり満洲で昌図公司を始めた後も、彼は台湾と関係を持ち続けていたのである。台湾日々新報に紹介記事が出た時にはすでに故人となっていたようであるが。このように、松本には清国・台湾で事業を手がけた実業家の面もある一方、政治結社に関与したり、二度も戦争に出征したり、政治的国士的な面もあった。やはり大陸浪人の走りと言ってよかろう。

則武佐五郎[53]——中国語力を磨きながら台北監獄署に精勤

明治元年（一八六八）、岡山県岡山市南方町の生まれ。明治一七年に郡立の中学校を卒業した後、日笠義塾という学校で三年間、漢学を学んだ。当時としては高い教育を受けたほうである。とくに漢学の素養は相当のものだったと思われる。

しかし、則武佐五郎が最初に選んだ職業は、漢学の素養とは関係のないものであった。花筵と畳表の製造販売業を開いたのである。いずれも郷土岡山の特産品である。この商売に一〇年間従事したという。決して短い期間ではない。しかし、三〇歳を越したころ、「時事に感ずる処あり」、則武は植民地になってまもなくの台湾に渡った。事業の拡張のためではない。花筵と畳表の製造販売業はやめてしまったのである。新領土の台湾に新天地の魅力を感じたのか、それとも商売がいつまでたっても鳴かず飛ばずの状況だったのか。理由は語られていない。
台湾に渡った則武は、そこで事業を始めたわけではなく、まず台湾総督府立の国語学校に入った。創立したてのこの語学学校は、後に省立の台北師範専門学校となる。則武が入学したのは中国語を学ぶためであった。当然、暮らしの支えがなければならなかったが、明治三一年に台北監獄署に採用され、看守長を務めることになった。ちなみに明治一四年に定められた警視庁の職制事務章程では、典獄署には典獄・副典獄・書記・看守長・看守副長・看守が置かれる決まりになっていた(54)。植民地の台湾でも同じ規定が使われたのであろう。看守長として働き始めた則武は、特選されて先ほどの国語学校への通学を命じられたのだという。たぶん本人の願いにより学校在籍のまま採用されたのであろう。同年中に台北県で施行された通訳試験を受けてこれに合格し、則武は通訳を兼務できることになった。この例のように、まだ植民地になったばかりの台湾ではあったが、日本人にとって都合の良い環境が着々と整えられていったのである。もともと則武には教育もあったので、より易々と安定した暮らしを手に入れることができたということである。その後も中国語の勉強は続けられた。なぜそれほど熱心だったのかは分からない。かつて漢学塾で学んだ時に中国語に深い関心を抱くようになったのかもしれない。明治三七年七月には台湾官話講習所という学校も卒業している。

ちょうど日露戦争の真っ最中で、これが則武にとって大きな転機になった。第一軍の軍司令官黒木為楨の訓告により陸軍通訳に雇われることになったのである。足かけ七年勤めた台北監獄署の看守長の職はこうして退いたが、よほど真面目に精勤したとみえ、金品の授与十数回、昇級も七、八回に及んだという。陸軍通訳に転身した則武は、直ちに第一軍兵站監部付きとなった。その後、梅澤旅団司令部に属して出征した。当時の戦局はというと、乃木希典指揮下の第三軍による第一回旅順総攻撃がおこなわれ、歴史に残る惨憺たる失敗に終わったころである。けっきょく則武は終戦まで戦場にいて、三八年一二月に凱旋帰国した。受けた軍功行賞は勲八等と従軍記章であった。台湾には戻らなかった。翌年、今度は自分の意思で改めて戦後の満洲に渡り、内陸都市の鉄嶺で木材販売業を始めた。一〇年ぶりに実業の世界に戻ったということになる。台湾時代のキャリアからみると、このまま彼が実業家を続けたとは考えにくいところもあるが、その後の消息は分からない。大陸志向・中国志向の強い人物であったが、いわゆる大陸浪人というタイプではなかった。そもそも漢学の素養から生まれた中国への憧れや思い入れがあったのではないか。

5 日本近代史の暗部にかかわった人物

第二世代の「紳士」の中には、植民地をめぐる国家的謀略の事件や工作に直接絡んだ人物がいた。一人は石本鏆太郎、もう一人は太田秀次郎である。

石本鏆太郎(55) ―植民地阿片密売機関の先導者

元治元年(一八六四)、高知県長岡郡八幡の生まれ。後年「満洲の阿片王」の異名をとるまでになり、日本の阿片政策の先導役として歴史の裏舞台に暗躍した人物である。士族の出であった。土佐藩士の家に生まれた石本は、明治維新の時は四歳で、やがて高知の海南学校という私塾で学んだ。この学校は明治六年に海南私塾の名で創設され、一五年に海南学校と改称し、二一年には高知県私立中学海南学校に発展していった学校と同じものであると思われる(56)。石本が学んだ時は海南私塾時代だったはずである。学力優秀だったのか、その後石本は東京に遊学し、帝国大学予備門に入学した(57)。学歴としては高等学校に相当する高いものを身につけたのである。

明治一五年、石本は弱冠一八歳か一九歳で清国に渡った。渡清経験者の多い『満洲紳士録』の人物の中でも、明治一〇年代半ばでの渡航は最も先駆け的なもので、しかも年齢が一〇代というのも珍しい。そこにすでに異才の片鱗が表れていたようである。目的は商売ではなく留学で、英語と中国語を勉強したという。動機は学生時代に生まれたに違いない。その留学中のことであろうが、一九年には石本は西郷副使に従って天津に行きそこで通訳を務めた。この西郷副使というのは、伊藤内閣の海軍大臣だった陸軍中将の西郷従道であろう。それから日清戦争までの間、石本がどこで何をしていたのか『満洲紳士録』には記載がない。日本に帰っていて、東京で琉球の留学生に中国語を教えたり、牛込区山吹町で牧場を経営したり、あるいは牛乳の販売をしていたという情報がある(58)。これが事実とすれば、ひとまず石本は国内において平凡な暮らしをしていたことになる。しかし、日清戦争がその人生を大きく変える転機になった。戦争が始まるとすぐに陸軍通訳に雇われ、配属先を第一師団から第二師団に転じながら台湾征討軍に従った。戦後は、総督府の翻訳官となって台湾にとどまり、ここで彼が受け持ったのが阿片調査だったのである。月並みな言い方をすれば阿片との運命的な出会いであった。

満洲における日本の阿片政策に関する近年の研究成果である山田豪一『満洲国の阿片専売』には、「関東都督府の阿片専売は、日露戦争後早々の一九〇六年、のちの大連市長で、満洲第一の成功者となった石本鏆太郎が請負う特許販売人制度で発足した」と書かれているが、石本がすでに台湾総督府の下で阿片にかかわっていた前歴については何も触れていない(59)。ただ、台湾で阿片と具体的にどうかかわっていたかは、『満洲紳士録』にも書かれてはいない。また、いつまで彼が台湾にいたのかもはっきりしない。日露戦争が勃発すると石本は再び陸軍通訳となった。自ら志願してのことであろう。従軍したのはこの戦争で最も辛酸をなめた乃木第三軍であった。旅順・奉天などの激戦に参加したが、通訳だったためか負傷することもなく戦いを終えた。

戦後、石本は帰国せずに新設の関東都督府に雇われた。ここで利源調査委員となり再び阿片事務を担当することになった。台湾時代のキャリアを買われてのことであるのは間違いない。『満洲紳士録』では現職名が特許阿片総局総弁となっているが、前出の山田豪一の研究にもあるように、これは実は阿片販売の特許請負人であった。日本の満洲経営には、その初発から謀略的な阿片取引が隠し持たれ、重要な財政基盤となっていったのである。それを最初に主導していたのが石本鏆太郎であった。麻薬の阿片取引の総元締になった石本は、大正時代には相生由太郎と並ぶ「大連財界の二大巨頭」と言われるまでに財をなし、大連市長にも選ばれるという出世を果たした(60)。ずっと時代が下って昭和の満洲国創建のころには、すでに阿片王の異名をもって知られた石本は、大連市内の高台にそびえる松山御殿と呼ばれる邸宅で、人目をはばかるように晩年を送っていた。後半生を闇の世界に生き、甘い汁を吸い続けてきた人物には、幸せで安穏な余生は似つかわしくはなかったのであろう。

実は、『満洲紳士録』には、もう一人石本姓を名乗る人物がいる。第四世代に属す石本権四郎である。鏆太郎の実弟である。弟もまた満洲で阿片取引にかかわっていたのであるが、満洲事変（柳条湖事件）の翌年、取引に絡んで敵に捕らわれ人質となった。日本側は、兄の鏆太郎も加わって懸命の救出作戦に出たが、けっきょく権太郎は朝陽県城付近の寒村で銃殺された。昭和七年一二月一一日のことであったが、兄の鏆太郎が病を押して現地に入り、遼河のほとりで遺体を荼毘に付したのは翌年三月のことである。奇しくもその前日の三月一七日、満洲国では阿片の専売が始まった。弟を喪い健康も損ねた石本鏆太郎は、日本に帰ることもなく、同年一二月、失意のうちに大連の土となった。享年七〇歳(61)。数々の謀略に彩られた満洲の阿片史は、石本兄弟の死をもって一つの時代を終えたのである(62)。

太田秀次郎(63)——閔妃暗殺に加わった外務省警部

慶応二年（一八六六）、長野県小諸町の生まれ。近代日韓関係史の中でも、最大のブラックボックスの一つが閔妃暗殺事件であるが、太田秀次郎は、その実行犯の一人と目されている人物である。

太田の出自は小諸藩士、つまり士族である。明治二一年に明治法律学校を卒業し、警察官僚の道に入った。最初は香川・秋田・石川県などの警部を務め、各地の警察組織の近代化に当たっていたが、二六年には抜擢されて外務省警部に栄転した。その後、『満洲紳士録』によれば韓国の京城警察署長に就任したとあるが、これは京城警察署ではなく日本の外務省警察・領事館警察のことである。そして太田の職位は署長ではなく主任警部という説もある。(64)いずれにしても、韓国駐在警察官に転じたことが、まもなく太田を重大な事件に巻き込むことになるのである。

当時、日清戦争が日本の勝利に帰したにもかかわらず、韓国では宮廷の閔妃を中心とするグループが、清国に応援を頼んで反日姿勢を強めていた。赴任以来、太田は韓国朝野の人士と交わり、日本の影響力が弱まらないよう腐心していた。そんな中、明治二八年一〇月、いわゆる閔妃暗殺事件が起こった。嫌疑は当然韓国にいた日本人にかけられた。犯人と目されたのは、韓国訓練隊・日本軍守備隊・日本警察官・日本人新聞記者・壮士などである。日本人警察官では、三浦梧楼公使の指示のもと荻原秀次郎警部ほか巡査六名が実行に加わったとされる。(65)この荻原秀次郎こそ実は太田秀次郎である。最近出版された金文子『朝鮮王妃殺害と日本人』によれば、暗殺には日本人警官数名が加わったが、それは領事館警察署の「署長」荻原警部の率いる外務省巡査隊で、全員が朝鮮人を装っていたという。この本では荻原（太田）の肩書きは署長となっている。(66)容疑者は全員日本に送還され、このうち軍人は軍法会議にかけられた。三浦梧楼公使以下四九名は、謀殺罪および凶徒嘯聚罪で起訴され、広島監獄未決に収監された。荻原秀次郎もこの四九名の中にいた。裁判の結果は驚くべきもので、軍人は全員が無罪、三浦元公使以下四九名も広島地方裁判所予審で証拠不十分として全員免訴となった。真相はあっさりと闇に葬られたのである。

荻原秀次郎が太田姓に改姓したのはこの前後である。(67)改姓の理由や経緯は分からない。「冤罪」の解けた荻原改め太田秀次郎は直ちに復職した。『満洲紳士録』では上海領事館の警察署長を命じられ清国に渡ったとなっている。しかし、釜山領事館付き主任警部として返り咲いたという記録もある。(68)いずれが正しいのか判断しがたい。明治三二年には、韓国釜山の邦人居留民からの懇請により太田は居留民団長となって外務省を退職した。釜山には五年いたが、水道敷設・学校設立・海面埋立て等々、多くの公共事業に功績を残したという。長谷川芳助・大谷貫一らと協力し、韓国農業の改良振興にも乗り出した。しかし、まもなく外務省警察に戻った太田は、満洲の安東県に領事館が開かれると、警察署長となって赴任していった。この時四〇歳であった。日露戦争以来の日本軍政が撤廃され、清国の官憲が利権回収を叫んでいた時であった。太田は、先頭に立って折衝にあたり円満解決に力を注いだ。やがて同地に居留民団が発足する際には理事となって尽力した。『満洲紳士録』編纂当時の肩書きは民団役所理事であった。

太田秀次郎は、閔妃暗殺事件では無罪放免となった。しかしそれは「証拠不十分」だったからで、疑いが晴れたというにはほど遠いものである。もし濡れ衣だったとすれば、その後も彼が韓国に戻って平然と職務に就いたのも不思議ではない。逆に犯人の一人だったとすれば、犯行は国策にのっとった正当な行為であるとの確信に基づくものだったのであろう。それ故なんら反省することなく韓国に戻れたのかもしれない。

第六章　第三世代の人びと——明治維新期に生まれた世代

第三世代が生まれたのは明治維新期の一〇年間である。彼らには、旧幕期の暮らしや戊辰戦争の体験もなく、西南戦争さえ記憶している者は半数に満たなかった。要するに「ポスト動乱の世代」、「文明開化の世代」である。この新世代は、内田義彦が「打算的、経済的な『御一新』生まれのアプレ青年」と呼んだ世代に相当し、明治二〇年代に青春時代を送った人たちである。(1)『満洲紳士録』の人物の中にはこの世代に入る者が二〇二人いて、四つの世代のうちで最も多数を占めた。

この世代は、明治の小学校教育の第一期生であり、幼くして教育立国政策の先頭に立たされた人びとであった。彼らが成人に達した明治二〇年代には、明治国家の構築作業がようやく終了し、社会は秩序を取り戻して破天荒な立身出世は影をひそめ、もはや福沢諭吉の『学問のすすめ』さえあまり読まれなくなった。(2)とはいえ立身出世主義は形を変えても新世代に継承され、東都を闊歩する田舎出の青年が増えていった。(3)その二〇年代の末に起こったのが日清戦争である。第三世代はまさに実戦部隊の中核をになったのではないかと思われる。

戦争を境に世相はさらに変容を遂げ、人びとの関心は経済や実利に向かい、青年の間には政治逃避の傾向が強まった。やたらと社会的順応力のある立身出世主義の権化のような人物、よく引き合いに出される二葉亭四迷の『浮雲』の登場人物、本田昇のような「俗物」が、政治青年を押しのけるようにして台頭してきた。立身出世を論じる出版物にしても、ひたすら富や名声に関心を寄せ、あらゆる成功を金銭的尺度で測ろうとするものが主流となった。(4)時流に乗れないタイプの青年の間には、「国木田独歩が意味した以上に、自由というものはもはや山林にしか求められない」といった閉塞感が広がっていった。(5) このような時代的文脈において、立身出世主義型の青年は知識人の間ではネガティブにしか評価されなくなっていったが、もともと明治の日本そのものが身分制度を廃して競争社会を実現しようとした社会であったから、そうした青年が登場するのも当然であった。彼らを過度に責めてきたのは不当であろうとの反省的コメントを磯田光一が述べている。(6) 一理あると言えよう。

第三世代の「紳士」が働き始めたのは明治一〇年代後半からである。企業勃興・産業革命の開始前夜に当たる。それから二つの戦争を経て明治の末年を迎えた時、彼らは三〇歳代後半から四〇歳代後半、年齢的にみれば社会の中堅層になっていた。この時点ではまだ最高指導者ではなかった。第三世代が、たとえば産業界において大企業の社長や会長の座に就いたのは、だいたい大正期の前半だったとみられる。(7)

一 「紳士」の大衆化と東京熱の広がり

出身地の地域分布をみると、西日本六八％、東日本三二％で、第二世代よりもさらに「西高東低」の傾向が強まった。つまり、人数が最も多かったこの世代において、西高東低の傾向が著しかったことが、「紳士」全体の傾向をそのようなものにしたという面もあったのである。相変わらず九州出身者が三割を占め最も多かったが、関東の比率も一割を超えるなど分散化の傾向も多少はみられた。

生家の職業族籍の分かる人物は三六人、全体の二割に満たなかった。出自を明かした人物の比率は第二世代のばあいよりもさらに下がり、「紳士」の出自が一層大衆化・一般化したことが窺える。明かされた職業族籍のうちでは、最も多いのはやはり士族であって全体の半数を占めた。ほかは商家・豪農・製造業・医師などであるが、全体的には第二世代とよく似た傾向である。続柄についても傾向は第二世代と同じで、大半が次男や三男であった。長男の出郷というのは維新世代においてもまれだったようである。出郷時の年齢が判明する人物は一六人いたが、一〇歳代が一二人、二〇歳代が四人で、最年少の者は一〇歳である。やはり一〇歳代での出郷が圧倒的に多かった。これも第二世代と同じなので、けっきょく明治前半期においては二〇歳前に家郷を出るのが普通だったようである。

出郷先が書かれている人物は三九人いたが、三四人（八七%）が県外への出郷であった。しかも県外他出者の三分の二が東京に向かっている。上京者の比率は第二世代よりもさらに高くなり、若い世代の中に東京志向がますます強まっていたことが分かる。上京者の出身地は、九州六人、四国一人、中国一人、近畿三人、中部北陸三人、関東五人、東北三人という内訳であった。幕末生まれの第二世代では、九州勢が圧倒的で東北出身者は皆無だったが、第三世代になると傾向は大きく変わったのである。出身地では「西高東低」の傾向が強まったが、東京志向のほうは東西に分散して、全国化の傾向がみられた。地方の若者への東京の吸引力が一層増してきたということである。出郷の動機の分かる人物は四〇人いたが、内訳は学業（五三%）、職探し（一〇%）、商売（一五%）などとなっていた。第二世代では三分の一だった学業が五割に達した。「学制」が布かれた明治維新期に生まれたこの世代では、進学志向が一層高まったのである。とくに上京者のばあいには、学業を動機にした出郷が三分の二にも達し、明治一〇年代にはすでに東京が「学問のメッカ」になっていたことが分かる。二〇年代始めには、桜峰居士こと佐藤良之助の『青年之進路』（尚書堂・明治二一年）や清風・田中政一郎の『政界波瀾官員気質』（共隆社・明治二〇年）のような、上京遊学を希望する地方青年にマニュアル的な助言を与える本さえ登場するまでになった。(8)

二　ますますの高学歴化と実学志向

第三世代の一層の高学歴化は明らかである（表20）。第二世代では六六％いた低学歴者は五四％へと大幅に減り、その代わりにたとえば専門学校卒の比率が一二％から二四％へと倍増した。「学制」の洗礼を受けた最初の世代の特徴が如実に表れている数字である。中学校以上の学歴を有する人物とその出身学校は次のとおりである。

【中学校卒】　宮本五市（大分県・大分県立中学）　岡部直（熊本県・九州学院）　梶野喜重郎（愛媛県・愛媛中学校）　藤谷房之助（山口県・山口中学校）　山西又一（広島県・広島中学校）　松岡作次郎（新潟県・新潟中学校）　河野栄（愛媛県・大洲尋常中学校）　黒沢易徳（秋田県・順天中学校）　安達都（宮城県・日比谷中学校）　白川友一（香川県・東京成城学校）　飯田正蔵（山口県・東京中学校）　矢中龍次郎（茨城県・錦城中学校）

以上一二人のうち地元の中学校を卒業したのは六人で、ほかの六人は他府県の中学校を出ていた。しかも後者のばあい、そのうち五人が東京の中学校の出身だった。中学進学以前に親と一緒に東京に移り住んでいた少年もいたであろう。しかし、中学校進学の時に地方から単身上京した少年が多かったのも事実であり、これもやはり明治の息吹を感じさせる話である。なお一二人のうち西日本出身者は八人、東日本出身者は四人である。

表20　学歴構成：第3世代

（単位：人・%）

	人数	比率
低学歴・不詳	108	53.5
師範学校		
中学校	12	5.9
高等学校	4	2.0
専門学校	48	23.8
帝国大学	7	3.5
「その他」の学校	21	10.4
中退者	2	1.0
総　　数	202	100

注）中退者は、中上級学校の中退者にして学歴の特定できない者。

【高等学校卒】　山崎信樹（高知県・第二高等学校）　上野政則（宮崎県・第五高等学校）　嶋名福十郎（鹿児島県・鹿児島高等中学造士館）　渡辺茂

一郎（鹿児島県・鹿児島高等中学造士館）

山崎信樹以外は、地元もしくは近隣に開設された学校に進学している。高等学校は全国に数校しかなかったので、山崎のように郷里からかけ離れた地にある学校に進学した者もいたのである。

【大学卒】　値賀連（長崎県・東京帝国大学）　深水静（熊本県・東京帝国大学）　松井甚四郎（富山県・帝国医科人学）　田辺猛雄（高知県・東京医科大学）　西川博（長崎県・京都帝国大学）　境岬（福岡県・京都医科大学）　増田英一（愛媛県・コロムビア大学）

右の学校のうち、東京医科大学と帝国医科大学は東京帝国大学医科大学、京都医科大学は京都帝国大学医科大学であるとみなした。七名のうち九州出身者が四名、四国出身者が二名というように、これは完全に西日本に偏っていた。先ほどの高等学校卒もそうであった。これだけからみれば、中央官庁での出世につながる学歴エリートの多くが、九州をはじめとする西日本から輩出したことになる。はたしてこれが一般化できるものかどうかは、数少ないサンプルでは即断できないが、第二世代でも同様だったので、やはりここにも西日本優勢の傾向はあったのかもしれない。

【専門学校卒】　上田久衛（愛媛県・慶應義塾）　戸田芳助（愛媛県・慶應義塾）　阿部照太郎（東京府・慶應義塾）　伏見喜久太（岡山県・慶應義塾）　高瀬敏（大分県・慶應義塾）　金子四郎（東京府・東京専門学校）　大関誠一郎（新潟県・東京専門学校）　柴田顕一（福岡県・明治法律学校）　川上浄介（鹿児島県・明治法律学校）　川久保鐵三（大阪府・明治法律学校）　坂本和吉（高知県・明治法律学校）　木村欽一（佐賀県・日本法律学校）　佐藤至誠（宮崎県・東京和仏法律学校）　山中総太郎（高知県・中央法学院）　山下作次郎（和歌山県・専修学校）　武石房吉（秋田県・同志社）　中村得三郎（大分県・東京高等商業学校＝一橋大学）　大庭船太郎（鳥取県・東京高等商業学校）　吉原常三郎（福岡県・東京高等商業学校）　河野正二郎（鹿児島県・東京高等商業学校）　朽綱宗一（福岡県・東京高等商業学校）　井阪濱五郎

（茨城県・東京高等商業学校）　石原正太郎（富山県・東京高等商業学校）　佐川重蔵（大阪府・大阪商業講習所＝大阪市立大学）　星野耕作（石川県・大阪商業学校＝大阪市立大学、東京水産伝習所＝東京海洋大学）　清水友三郎（愛知県・横浜商業学校＝横浜市立大学）　有賀定吉（長野県・東京工手学校＝工学院大学）　島崎傳治（埼玉県・東京工手学校）　大森弘資（愛媛県・東京工手学校）　山田福太郎（東京府・東京工手学校）　臼井忠三（神奈川県・東京工手学校）　松本圓次郎（三重県・岩倉鉄道学校・東京工手学校）　小山田篤太郎（奈良県・攻玉社＝攻玉社工科短期大学）　早乙女忠国（栃木県・東京水産講習所＝東京海洋大学）　中井国太郎（愛媛県・東京水産講習所）　宮城静雄（千葉県・英和学校）　曾根新三（京都府・東京支那語学校）　中島完平（長崎県・長崎医学専門学校＝長崎大学）　小鳥井虎雄（長崎県・長崎医学専門学校）　津村専一（福岡県・長崎医学専門学校）　島崎金一（佐賀県・東京済生学舎）　長谷川和平（新潟県・東京済生学舎）　伊藤寿（福島県・東京済生学舎）　板谷丈夫（兵庫県・京都医学専門学校＝京都府立医科大学）　柳沢広三郎（長野県・仙台医学専門学校＝東北大学）　町田新八（鹿児島県・高山歯科学院＝東京歯科大学）　中馬龍造（兵庫県・京都薬学校＝京都薬科大学）　林房吉（滋賀県・京都薬学校）

以上総数四八人にのぼる。第二世代では一三人だった専門学校卒業者が、一気に四倍近くに急増したのである。明治一〇年代半ば以降の進学熱の高まりを物語る数字である。では、どんな地域から学生がやってきたのか。出身地をみると、九州一四人（二九％）、四国六人（一三％）、中国二人（四％）、近畿九人（一九％）、中部北陸七人（一五％）、関東八人（一七％）、東北二人（四％）という内訳である。西日本六五％、東日本三五％という比率で、やはり西高東低の形ではあるが、高等学校卒や大学卒に比べると東西の開きはずっと小さい。つまり、大半が私立でしかも東京に多かった専門学校には、広く全国津々浦々から学生が集まってきたのである。

第三世代が専門学校に進学したのは、だいたい明治一〇年代後半から二〇年代前半である。そのころには進学熱が全国的に起こっていたことが想像できる。士族のばあいには伝統的に教育に対する価値意識が高かったが、農村の地主や自作農などの中産階級にも、そうしたものが浸透し始めたのは明治一〇年代半ば以降であるとみられている。そして、彼ら平民上層の進学志向に応えるべく開設されていったのが私立の専門学校、とりわけ法律の専門学校であった。(9) 第三世代の「紳士」の学歴には、まさにそうした時代の特徴が映し出されている。

　出身学校のうち慶応義塾から横浜商業学校までは、法律・経済・商業系の学校である。私立学校の出身者が多かった中で、官立の東京高等商業学校を出た人物が七人もいたのが目立っている。ただし全員が商業専攻だったかどうかは即断できない。というのは、この学校にはやや複雑な沿革があるからである。政府は、明治六年に開設した東京外国語学校に、付属の学校として高等商業学校を設置した。これが一七年のことであるが、翌年には東京外国語学校は「軒を貸して母屋を乗っ取られる」ような形で、校名を東京商業学校と変えられてしまうのである。(10) さらに二〇年には東京高等商業学校に改称されたのであるが、先ほどの七人が学んだのはこの学校にほかならず、そこには商業科と並んで語学科も併置されていた。七人がみな商業を専攻したとは言いきれないのはそのためである。

　東京工手学校から東京水産講習所までは技術工学系の学校である。一つ上の第二世代には、技術工学系の学校を出た人物はいなかったので、これも注目すべき変化である。そこには明白な時代背景があった。明治二〇年代末の日清戦争を画期に、日本経済はさらなる成長期に入り、それが工学系技術者の需要を一気に増やしていった。当時はすでに青少年の間では受験案内書が読まれるようになっていたが、そういうものの一つに時代を語る次のような記述がみられる。(11)

> 学校《がくかう》（専門学校―引用者）卒業生《そつげふせい》なども、時《とき》によりて幸不幸《かうふかう》あるを免《まぬか》れない。日清戦後事業熱《につしんせんごじげふねつ》の勃興《ぼつこう》して、やれ鉄道《てつだう》を敷設《ふせつ》しやう、やれ電気事業《でんきじげふ》を起《おこ》さう、曰《いは》く道路橋梁《どうろきやうりやう》の改築《かいちく》、曰《いは》く紡績会社《ぼうせきくわいしや》の開業《かいげふ》といふ様《やふ》に、工業《こうげふ》が盛《さかん》なり

しが為《た》め、其《そ》れに従事《じうじ》する工学士《こうがくし》などは、それ〳〵飛《と》ぶ鳥《とり》も落《おと》さん計《ばかり》の勢《いきほひ》であつて

これとは対照的に、第三世代には語学系の学校の卒業生は少なかった。一方、医歯薬系の学校の卒業生は一一人もいた。とくに官立の長崎医学専門学校と、私立の東京済生学舎の出身者が多かった。医師を志す若者がますます増えてきたのであろうが、これも工学系と同じく専門技術者であり、そうした人材への社会の需要が急速に広がってきたことを物語る。要するに、実学的な専門教育を施す学校に進む者が、社会のニーズに応えるべく着実に増加してきたのである。しかし、実はそのことは、文芸評論家の中村光夫の次の指摘にもあるとおり、一面では高学歴者＝書生の役割と地位の低下を意味したのである。[12]

この時代（明治二〇年代）になると知識階級は、自分の思想見識を直接に役立てるというようなことを求められないで、もっぱら、専門的知識を役立てることを支配者から要求されるようになります。時代の改革者、指導者という地位から、支配者の補助者、あるいはその召使いという地位に落ちることになります。

もちろんこれは、明治初期の破天荒な状況と比べての話であって、時代の流れからすればややネガティブに過ぎる見方とも言える。帝国大学卒のような飛び切りのエリート知識人は別として、専門学校卒業者に代表される実学本位の準エリート層にとっては、むしろようやく活躍の場が広がってきたということであり、歓迎すべき時代の変化だったのではないか。第三世代の「紳士」の中にも、専門技術者やホワイトカラーの走りのような人物が、専門学校卒を中心に輩出してくるのである。それを、近代日本社会の「準エリート層」形成の開始とみれば、変化をあながちネガティブにばかりとらえる必要はないであろう。[13]

【その他の学校の出身者】　鳥合八十二（長崎県・陸軍教導団）　湊守磨（広島県・江田島海軍兵学校）　高柳昇（長崎県・日清貿易研究所）　松倉善家（熊本県・日清貿易研究所）　三谷末治郎（香川県・日清貿易研究所）　石川宗雄（香川

県・日清貿易研究所）　平岩曼三郎（長崎県・日清貿易研究所）　岩間徳也（秋田県・東亜同文書院＝愛知大学）　松島敬三（熊本県・東亜同文書院）　中島右仲（長野県・東亜同文書院）　田実優（鹿児島県・善隣書院）　伊東幸蔵（神奈川県・英語漢学塾）　鹿島清三郎（大阪府・絵画塾野口暁斎門下）　芳谷政次郎（香川県・漢学塾藤沢南岳門下）　松村東一（大分県・漢学荒木塾）　小嶋余四三（京都府・漢学数学塾）　井上泰三（兵庫県・神戸商業講習所＝兵庫県立神戸商業高等学校）　出島定一（島根県・三井物産海外修学生）　庄司鐘五郎（島根県・欧露遊学）　一瀬忠次郎（長野県・医術開業試験合格）　辻慶太郎（佐賀県・医師・薬剤師開業試験合格）

全部で二一名である。出身地をみると西日本が一七人（八一％）、東日本が四人（一九％）というように、圧倒的に西高東低の形である。第二世代でも同じ傾向であった。このような少し特殊な学歴の持ち主が、中部以東の地方からはあまり出てこないのは、やはりそれだけ気風が保守的だったということであろうか。学校別では、日清貿易研究所と東亜同文書院の卒業者が抜群に多かった。後者は、近衛篤麿を会長にして日清戦争後に生まれたアジア主義団体の東亜同文会が、明治三四年に上海に開校した学校である。日清貿易研究所と同じく大陸志向の強い青年が集まった。そのようなタイプの青年が、東日本では相対的に少なかったのかもしれない。

そして、新教育世代であるこの第三世代にも、種々の私塾で学んだ人物がなお少なからずいた。右のリストに出ている芳谷政次郎が学んだ藤沢南岳という漢学者は、明治一八年に「此花新聞」という新聞が、指名投票で「大阪の十秀」を選んだ時に、学者の部で一位に選ばれている。「十秀」にはほかに「金満家」では鴻池善右衛門、「商法家」では五代友厚、「新聞記者」では河津祐之などの名が並んでいた。(14) しかし、第二世代のばあいと比べると、もはやあまり有名な塾は見当たらず、私塾の時代がようやく終わりを迎えつつあったことを窺わせるのである。

三　工業化の進展を映した職歴

では、学校を出た後、満洲に渡るまでの職歴にはどんな特徴がみられたのか。

1　職歴はまだ少ないが着実に多様化

第三世代は「紳士」のうちで人数が最多であることから、傾向は総数（平均像）と似ていて、職歴数も全体的に少ないのが特徴であった。就職回数三回以下までの者が八三％に達し、転職の頻度は高いとは言えなかった。これは彼らの年齢＝若さに関係していたとみられる。『満洲紳士録』が刊行された時、この世代の最年長者は三九歳、最年少者はまだ二九歳である。当時としては壮年の域に入っていたかもしれないが、それにしても先行する二つの世代に比べるとまだまだ若い集団であった。年齢や時代の変化は転職に伴う職業上の地位の変化にも反映していた（表21）。幕末に生まれた世代と比べると、人に仕える社員雇人の比率が高くなり、自営業者と経営者の比率がやや低くなっている。もちろん日本経済の近代化が軌道に乗り、男子の雇用も拡大してきたことが、社員雇人の比率を高めたという面もあったであろう。

職業の産業分布をみるとどうか（表22）。初回の職業では農林水産業二％、

表21　転職と就業上の地位：第3世代　（単位：人・％）

	自営業	経営者	社員雇人	その他	合計
1回目	34（18.7）	21（11.5）	111（61.0）	16（8.8）	182（100）
2回目	29（24.6）	10（8.5）	69（58.5）	10（8.5）	118（100）
3回目	14（22.2）	7（11.1）	37（58.7）	5（7.9）	63（100）
4回目	6（18.8）	6（18.8）	19（59.4）	1（3.1）	32（100）
5回目	4（25.0）	1（6.3）	10（62.5）	1（6.3）	16（100）
6回目	2（20.0）	3（30.0）	4（40.0）	1（10.0）	10（100）
7回目	1（25.0）	2（50.0）	1（25.0）		4（100）
8回目		2（66.7）	1（33.3）		3（100）
9回目	1（50.0）		1（50.0）		2（100）
累　計	91（21.2）	52（12.1）	253（58.8）	34（7.9）	430（100）

注）「その他」というのは兵士、議員、村長等々である。

鉱工業一三%、商業金融サービス業五四%、公務その他三〇%というように、やはり第三次産業への就職が圧倒的に多かった。個別の職種で比率の高いのは、商店・商社・官吏・医師・兵士などで、ほかに紡織・銀行・交通運輸・写真業なども比較的多いのがこの世代の特徴である。経済社会の近代化の進展が反映していると言えよう。累計の数字も初回のそれと驚くほど相似的である。つまり第二世代がそうであったように、転職は同じ産業内でおこなわれることが多かったのである。

（単位：人・%）

雇人	その他		総数	
累計	初回	累計	初回	累計
1				2
			2	2
1		1	2	5
2 (0.8)		1 (2.9)	4 (2.2)	9 (2.1)
7			2	10
1			1	2
1			1	2
1			3	5
5			3	10
22 (8.7)			10 (5.5)	34 (7.9)
5			4	10
42 (16.6)			24 (13.2)	73 (17.0)
23 (9.1)			17 (9.3)	39 (9.1)
25 (9.9)	2	3	41 (22.5)	89 (20.7)
10			7	12
16 (6.3)			6	21 (4.9)
1				1
2			5	7
27 (10.7)		1	14 (7.7)	35 (8.1)
12			9	20
116 (45.8)	2 (12.5)	4 (11.8)	99 (54.4)	224 (52.1)
5		1	3	6
	13 (81.3)	23 (67.6)	13 (7.1)	23 (5.3)
24 (9.5)			10 (5.5)	25 (5.8)
45 (17.8)			17 (9.3)	45 (10.5)
3				3
13 (5.2)			10 (5.5)	14
3			1	3
		2		2
	1	3	1	3
93 (36.8)	14 (87.5)	29 (85.3)	55 (30.2)	124 (28.8)
253 (100)	16 (100)	34 (100)	182 (100)	430 (100)
58.8	8.8	7.9	100.0	100.0

表22　職歴と就業上の地位：産業別：第3世代

	自営業者		経営者		社員
	初　回	累　計	初　回	累　計	初　回
(農林水産業)					
農業	1	1			
林業	1	1	1	1	
水産業		1		2	1
その他					
(小　計)	2 (5.9)	3 (3.3)	1 (4.8)	3 (5.8)	1 (0.9)
(鉱工業)					
鉱山業		2		1	2
煉瓦製造業				1	1
金属機械製造業				1	1
紡織被服業			2	4	1
食品製造業		1	1	4	2
土木建築業	1	8 (8.8)	1	4	8 (7.2)
その他	1	2	1	3	2
(小　計)	2 (5.9)	13 (14.3)	5 (23.8)	18 (34.6)	17 (15.3)
(商業金融サービス業)					
商社貿易商	5 (14.7)	11 (12.1)	1	5	11 (9.9)
商店	16 (47.0)	47 (51.6)	9 (42.9)	14	14 (12.6)
銀行		1		1	7 (6.3)
貸金倉庫貸屋業					
交通運輸業	1	1	1	4	4
旅館ホテル業					
写真業	3	4		1	2
医師薬剤師	3	7 (7.7)			11 (9.9)
その他	1	3	4	5	4
(小　計)	29 (85.2)	74 (81.3)	15 (71.4)	30 (57.7)	53 (47.7)
(公務その他)					
職業軍人					3
兵士(徴兵)					
軍属・用達商	1	1			9 (8.1)
官吏					17 (15.3)
警察監獄署					
教員				1	10 (9.0)
官庁雇い人					1
議員					
村長その他					
(小　計)	1 (2.9)	1 (1.1)		1 (1.9)	40 (36.0)
合　　計	34 (100)	91 (100)	21 (100)	52 (100)	111 (100)
就業の地位別比率	18.7	21.2	11.5	12.1	61.0

注) 1.「就職経験無し」または「不詳」の者は集計から除いた。
　2. 累計は初回から9回目の就職までの累計である。

就業上の地位別に産業・業種の変化をみると、まず自営業では商業金融サービス業が圧倒的に多く、累計では八〇%を占めている。なかでも商店主が五〇%の高率を占めたが、呉服商・呉服太物行商・海産物商・材木米穀販売・酒類販売・洋酒販売・肥料商・雑貨商・骨董商・海軍用達商・台湾総督府用達等々というように、第二世代に比べて特別新味のあるものはなかった。商店以外の自営業では、鉱山業・樟脳製造・土木建築業・貿易商・写真館・開業医・弁護士といったものが挙げられる。

一方、経営者のばあいには、自営業者とは傾向がまるで違っていた。第一位はやはり商業金融サービス業であったが、工業化の進展を反映して鉱工業部門の比率が非常に高く、累計では三五%を占めた。具体的にどんな経営が登場したのか次に挙げておこう。全体として新時代を表す業種が多く、バラエティにも富んでいる。とくに工業部門においてそれが顕著なので、工業化の進展により起業チャンスが広がっていたことが分かる。

【農林水産業】　山林業　水産会社
【鉱工業】　鉱山採掘業　コークス製造業　煉瓦製造業　自転車製造業　精糖会社(台湾)　織物業　洋服裁縫業
生糸製造業　缶詰製造業　酒造業　醬油醸造業　土木建築請負業　工業薬品製造業　印刷会社　精糖会社
【商業金融サービス業】　貿易商　日豊公司主(合弁)　材木石炭販売　堂島米穀取引所仲買　魚販売　水産会社
塩販売　薬種商　呉服店　銀行重役　船舶輸送業　写真館　新聞社　サルベージ会社　露語学校経営　夜学経営
海軍用達商

では社員雇人のばあいはどうか。こちらの産業別内訳は明らかに分散的で、どの部門にもそれなりの就業者がいた。しかし中心は商業金融サービス業と公務その他である。累計でいうと商業金融サービス業が四六%、公務その他が三八%で、鉱工業は一七%にすぎない。個別の業種では最も多かったのが官吏で、一九%を占めて他を圧倒していた。

ほかには、商社貿易商・商店・医師・軍属などがそれぞれ一〇%前後を占めた。人数の多かったものを中心に具体的に職種を挙げてみよう。

【鉱工業】　北海道炭鉱(株)技師　採金夫　日本石油社員　紡績工場職工　東京煉瓦(株)工　石版屋職工　大阪窯業(株)社員　酒造業店員　醸造会社員　製粉会社員　煙草工場職工　ラムネ製造所員　製薬会社社員　土建会社組員　台湾建築部員

このように鉱工業では製造企業《メーカー》の社員や工場労働者も増えてきたが、人数からすると一番多かったのは土木建築業で働く組員であった。

【商業金融サービス業】　三井物産社員　大倉組員　岩谷商会店員　時計店店員(露人経営)　山葉洋行社員　商店店員　商店見習　ドイツ商館員　日本海陸保険会社員　生命保険会社員　日本銀行員　第一銀行員　住友銀行員　日本勧業銀行員　第百三十銀行員　日本銀行雇員　台湾銀行雇員　日本郵船支店員　大阪商船社員　汽船会社社員　日本鉄道会社員　高野鉄道社員　山陽鉄道会社員　人力車夫　旅館雇い人　写真技師　東京衛戍病院勤務　兵庫県検疫官　県立病院医師　台湾総督府医院医員　公立病院薬局長　薬剤師　陸軍軍医　軍医補助員　京都薬学校講師　京都医科大学助手　大学職員　公立学校長　中学校教員　小学校教員　簿記学校助教　報知新聞記者　実業協会書記　交詢社幹事　会員拯済会書記

いかにも多種多様であるが、商社員・銀行員・運輸会社員・病院医師・軍医・教員等々、ホワイトカラーの先駆けや専門職が並んでいる点が目を引く。

【公務その他】　海軍軍人　憲兵　陸軍省勤務　陸軍通訳　海軍兵学校書記　陸軍省看護手　佐世保鎮守府　長崎要塞司令部書記　憲兵隊嘱託　長崎地裁検事　外務省勤務　宮内省勤務　逓信省勤務　鉄道局勤務　農商務省嘱

託　埼玉県土木課　長崎県庁税務係　秋田市役所　小樽支庁勧業課長　島根県隠岐庁書記　粟津村役場書記　裁判所給仕　郵便局員　大阪府警察部　小学校教員　中学校教員　簿記専門学校助教　台湾総督府高等法院勤務　台湾総督府土地調査局員　台湾税関官吏　台南地方院通訳　北京警務学堂教習　カナダ警察

ざっとみても明らかなように、軍隊・中央官庁・裁判所・地方官庁・教員・台湾の官庁など、ここでも雇用先は非常に多様であった。

最後は名誉職などの「その他」であるが、兵士のほか召集軍薬剤官・隠岐水産組合長・県会議員・佐世保市会議員・粟津村村長等々が挙げられる。人数が最も多かったのは兵士（徴兵）で、累計では六八％を占めた。これは先行する二つの世代にはなかった大きな特徴である。明治維新期に生まれたこの第三世代が成人するころに、ようやく徴兵制度が定着してきたことや、日清戦争などに従軍した者が多かったことを物語っている。

2　学歴の違いを映した職業移動

第三世代の中にも、職歴数六回以上の人物が一〇人いるので、その転職過程を簡単に追ってみたところ、職業移動の傾向には学歴の違いが認められた。

①谷口五兵衛（低学歴）　魚販売→馬匹→軍役夫（台湾）→紡績職工→土建人夫→土木建築請負業→鉄道工事請負業→漁業→鉄道工事請負業（韓国）

②村上常之進（低学歴）　呉服太物行商→紙類製造販売→ラムネ製造所配達夫→洋酒卸売業主→貸本屋（清国）→委託販売業（清国）

③増田又七（低学歴）　埼玉県土木課→岐阜県土木課→岡山県土木課→台湾総督府民生部臨時土木課（台湾）→大阪

府→大阪土木会社員→外務省在外帝国専管居留地事務所（清国）

④樋口智一（低学歴）　貿易商社員→三菱炭鉱→商店主（清国）→従軍通訳（清国）→台湾総督府通訳兼事務嘱託（清国）→台南精糖株式会社支配人（清国）

⑤中根斎（医学校中退）　兵士→商店員→兵士（清国）→軍通訳（清国）→大阪商船社員→日清合弁船舶会社経営（清国）→商社経営（清国）→船舶会社主（清国）→大倉洋行社員（清国）

⑥一瀬忠次郎（「その他」の学校）　石版屋職工→煙草職工→金網製造工→人力車夫→医科大学小使い→按摩→開業医

⑦鳥合八十二（「その他」の学校）　簿記専門学校助教→陸軍教導団→台湾守備隊出納官吏（台湾）→長崎要塞司令部書記→長崎通信所長→韓国鎮海湾築城工事副主任（韓国）

⑧武石房吉（専門学校）　英語学校教師→商社員→自転車製造会社重役→貿易業→日本海陸保険会社員→商社支配人（清国）

⑨中島完平（医学専門学校）　軍医補助→病院勤務医→台湾総督府雇員（台湾）→台南県鳳山支庁医員（台湾）→台中医院勤務医（台湾）→台湾総督府医院勤務医（台湾）→開業医→長崎県検疫官

⑩上田久衛（専門学校）　粟津村役場書記→兵士→兵士→製糸会社重役→粟津村名誉村長→兵士

これをみると分かるように、学歴がないと雑業や肉体労働の仕事に就くケースが多く、高学歴であるほど専門職・経営者・名誉職に就いた人物が多かったのである。そういう意味では確かに学歴が物を言う傾向はあったようだ。もちろん、学歴が低くても、転職を重ねて叩き上げ型の出世を果たす者もおり、逆に学歴が高いからといってかならずしも安定した職に就けたわけでもなかった。ただ、職業・職種の分野や階層性が、それなりに学歴差と照応していたことは事実のようである。

表23　転職と就職地：第3世代　（単位：人・%）

	日　本	清　国	台　湾	朝　鮮	ロシア	その他	合　計
1回目	145 (79.7)	14 (7.7)	14 (7.7)	2 (1.1)	5 (2.7)	2 (1.1)	182 (100)
2	85 (72.0)	14 (11.9)	13 (11.0)	2 (1.7)	2 (1.7)	2 (1.7)	118 (100)
3	38 (60.3)	9 (14.3)	11 (17.5)	1 (1.6)	2 (3.2)	2 (3.2)	63 (100)
4	19 (59.4)	5 (15.6)	7 (21.9)			1 (3.1)	32 (100)
5	11 (68.8)	3 (18.8)	2 (12.5)				16 (100)
6	4 (40.0)	3 (30.0)	2 (20.0)	1 (10.0)			10 (100)
7	2 (50.0)	2 (50.0)					4 (100)
8	2 (66.7)	1 (33.3)					3 (100)
9		1 (50.0)		1 (50.0)			2 (100)
累計	306 (71.2)	52 (12.1)	49 (11.4)	7 (1.6)	9 (2.1)	7 (1.6)	430 (100)

注）1回目と4回目の「その他」にはそれぞれ就職地不詳の者が1名含まれている。

四　強まらなかった海外志向

次は海外志向であるが、渡満前に一度でも「海外で就業した経験のある者」は七二人、全体の三六%を占めた。第二世代では四九%であった。累計では二九%で（表23）、むろんこれは当時の一般的な状況からすれば異常に高い数値であるが、一つ上の第二世代では三一%だった。海外経験者の比率も四八%で、第二世代の五六%を下回った。なぜ第二世代よりも海外志向が弱まったのか。理由は定かではないが、年齢が若いということがあるかもしれない。時代環境の変化が微妙に影響し、海外とくに清国や台湾にまで仕事を探しに行かなくても、国内において職を得る機会が広がったためかもしれない。

海外渡航先は主に清国・台湾であった。初めて渡った時期を調べると、日清戦争以前の渡航者は全体の九%にとどまった。日清戦争の二年間に渡った者は二八%に達し、やはりここで一気に増加したのである。義和団事変の起こった一九〇〇年に渡った者も多かった。渡航目的は平時の商売が三〇%で最も多く、次が会社官庁の職務、三位が戦時の商売であった。第二世代に比べると、平時の商売や会社官庁の職務の比率が下がり、従軍兵士と雇われ従軍の比率が上昇したのが第三世代の特徴であった。戦争が韓国や台湾への渡航のきっかけとなったケースが多くなったのである。

五　多数にのぼる戦争に関与した人物

日清戦争をはじめとする三つの戦争に、何らかの形で関与した人物は、延べ人数では一五二人にのぼった（表24）。日清戦争の時は、この世代は年齢が一〇歳代後半から二〇歳代後半だったが、戦争に関与した人物は二六人であった。比率にすると一三％で、第二世代の二二％よりかなり低かった。年齢がまだ若いので、当時、清国や台湾で商売をしていた人物が、第二世代に比べて少なかったのであろう。従軍兵士と雇われ従軍、それに軍用達商などが多かった。

日清戦争では七人が兵士として、三人が雇われ従軍や用達商としての行賞を受けた。義和団事変の時は、雇われ従軍や用達商として行賞を受けた者と、商売上の利益を手にした者が多かった。他方、経済損失や帰国を余儀なくされた者が三人もいて、事変が突発的な影響をもたらしたことを物語っている。日露戦争には半数をこす一〇七人が関与したが、当時この世代は二〇歳代後半から三〇歳代後半になっていたので、従軍兵士は二割にとどまった。中心は軍用達商や雇われ従軍であった。戦争の得失では、兵士や軍用達商としての行賞が六割近くをしめ、商売上の利益を得たと思われる人物は二割にとどまった。しかも負傷病気や経済損失・帰国など、戦争によってダメージを被った者が八人いた。

表24　戦争への関与：第3世代　（単位：人・％）

	日清戦争	義和団事変	日露戦争	合　計
従軍兵士	8	2	22	32
雇われ従軍	9	5	31	45
軍用達商	5	7	47	59
会社の職務	3		1	4
自警民間兵		1	1	2
その他	1	4	5	10
小　計	26	19	107	152
無し・不詳	176	183	95	454
総　数	202	202	202	606

六　大半の人物が日露戦争以降の渡満

世代が若いため、渡満した年次は日露戦争以降が圧倒的だった。戦争のあった二年間に、合計一四一人（七〇％）が初めて満洲に渡っている。戦後の渡満者も加えると、第三世代の八五％は戦争開始以降の渡満者であった。日露戦争が渡満のきっかけだったのである。満洲に渡った後は、全員が何らかの職業に就いていた（表25）。自営業者三七％、経営者二七％、社員雇人三五％という構成で、自営業者と経営者の合計が六割五分であるが、第二世代のばあいには七割だったので、それよりはやや低かった。若さのゆえであろう。自営業者のばあいには、商業金融サービス業が九割を占めた。経営者のばあいにも、商業金融サービス業が最多数であったが、鉱工業も二六％を占めた。土木建築業・煉瓦製造業・食品製造業などの経営者がいて、自営業よりは業界の幅が広かった。社員雇人では、鉱工業の比率が二〇％だったが、ほとんどは土木建築会社の社員である。経営者にも土木建築業者が多かったが、いずれも満洲における土木建築工事の進展を背景にしたものであった。社員雇人では、商業金融サービス業の比率が六八％に上り、商店のほか商社貿易商・交通運輸業、あるいは銀行に雇われている者がいた。

七　人　物　伝

明治維新期に生まれたこの第三世代は、『満洲紳士録』編纂当時でも年齢はまだ三〇歳代の初めから四〇歳代の初めであった。職業遍歴も人生行路もなおその途上にあった。明治の終わりと共に生涯の峠をこえたという世代ではな

表25 満洲における現職：第3世代 （単位：人・%）

	自営業者	経営者	社員雇人	その他	合 計
（農林水産業）					
農業					
林業					
水産業		1			1
その他			1		1
（小 計）		1（ 1.9）	1（ 1.4）		2（ 1.0）
（鉱工業）					
鉱山業					
煉瓦製造業		5	1		6
金属機械製造業					
紡織被服業					
食品製造業		2	1		3
土木建築業	8	5	11		24
その他		2	1		3
（小 計）	8（10.8）	14（25.9）	14（19.7）		36（17.8）
（商業金融サービス業）					
商社貿易商	5	1	10		16
商店	41	25	26		92
銀行			3		3
貸金倉庫貸屋業		1			1
交通運輸業	5	4	5		14
旅館ホテル業	3	2			5
写真業	4				4
医師薬剤師	7	3	2	2	14
その他	1	2	2		5
（小 計）	66（89.2）	38（70.4）	48（67.6）	2（66.7）	154（76.2）
（公務その他）					
職業軍人					
兵士（徴兵）					
軍属・用達商		1			1
官吏			3		3
警察監獄署					
教員			3	1	4
官庁雇い人			1		1
議員					
その他			1		1
（小 計）		1（ 1.9）	8（11.3）	1（33.3）	10（ 5.0）
合 計	74（100） （36.9）	54（100） （26.7）	71（100） （35.1）	3（100） （1.5）	202（100） （100）

注） 未就職・不詳0人。

かった。彼らにとっては、明治というのは幼年から青春を経て壮年にさしかかる時期を生きた時代であった。その経歴に映し出されているのはまさに明治の青春なのである。以下、これはと思う人物二八人を、九つのタイプに分けてその経歴を紹介しよう。

1　地方名望家として活躍した人物

幕末生まれの世代に比べると、名望家の出身者は相対的に少なくなったが、それでも青年時代から地方の名士として政治・経済・公共事業に足跡を残した人物がいた。

白川友一(15)――地方政界を舞台に縦横の活躍

明治六年（一八七三）、香川県綾歌郡造田村に生まれる。かつて岡山県下に下津井軽便鉄道という地方鉄道会社があった。設立されたのは明治四四年である。沿線の旧下津井駅前には初代社長の銅像が立っている。その人物がここで紹介する白川友一である。

本来の姓は安達であった。実父の安達小弥太は、幕末に一四歳の若さで家督を継ぎ、維新後は大区長・町村長・県会議員などの要職を二三年間にわたって務めた。地方経済の振興にも力を注ぎ、開墾開田・塩田造成などに功績を残した。この父親の生年は不詳だが、『満洲紳士録』の人物でいえば、第一世代の神野良などを連想させる典型的な地方名望家だったようだ。友一には三人の兄がいたが、彼らも村長・郡会議員・所得税調査委員などを務めたという。安達家が相当に家格の高い家柄だったことが分かる。家督は長兄の安達保太郎が継いだが、『満洲紳士録』編纂当時も安達家は健在で、れっきとした多額納税者であった。これほどの名家の四男に生まれた友一であったが、学歴はやや異色のものであった。

まず京都に出て平安義校に学んだ後、上京して東京成城学校に入った。東京成城学校は、明治一八年一月に河村隆美と日高藤吉郎によって創設された私立の学校である。校舎は中央区築地に建てられ、最初は文武講習館と称したが、翌年八月には成城学校に改称した。どんな学校だったかというと、陸軍将校生徒の養成学校であった。二二年一二月には、文部省から「中等学校以上ノ学科程度」と認められた。そのころまでに、卒業生の中からは陸軍士官・候補生・幼年学校生徒になった者三〇〇名が輩出した。(16) しかしその後、陸軍関係の生徒は、主に幼年学校と尋常中学校から募集する制度に変わり、成城学校は二九年末に尋常中学校に組織替えされた。(17) 現在の成城高等学校の前身である。

学校を終えると友一は故郷に帰った。つまり軍人にはならなかったのである。兄たちと同様に、彼もまた村長・徴兵参事会員・所得税調査委員・学務委員などを歴任していった。そして、明治二三年に府県議会制度が制定されると、友一は一七歳の若さで議員に選ばれた。こんな若者でも名望家の子弟であれば県会議員になれた時代であった。この時の規定では、府県会議員を構成するのは、市会・市参事会と郡会・郡参事会がそれぞれ合同でおこなう選挙により選ばれる名誉職議員とされた。被選挙資格は、府県内の市町村の公民であることと、最近一年の直接国税納入額が一〇円以上の者という二点であった。このような条件であるから、たとえ若者であっても友一のような人物が選ばれても不思議はなかったのである。その後も改選のたびに当選したという。県会議員になった翌年、一八歳の友一は白川家の養嗣子となって姓が安達から白川に変わった。

それから約一〇年後の明治三三年、義和団事変が起きると、当時も県会議員をしていた安達改め白川友一は、県議会の決議に基づき県代表として出征軍隊の慰問に赴いた。しかも、この時彼は天津に店舗を開き、日本軍その他の用達ともなった。抜け目ない人物だったようである。そのほか、県命によって林業・農業調査のため韓国に二度視察に行っている。あるいは県下二つの銀行と商事会社の重役も務めた。明治三四年には、第七十九銀行の丸亀支店長として本店の危機を救ったこともあった。白川友一には実業の才もあったようだ。三五年には、白川は県議会において丸亀築港問題を取り上げて演説をぶち、議員や県当局者を驚かせたこともあった。県会議員在任中に三つの学校を設立させたともいう。日露戦争の際にも、再び県会を代表して軍隊慰問に赴き、この時には営口に雑貨店を開いて軍隊に物資を供給した。当時白川はまだ三一歳であった。明治という時代の「若々しさ」をそのまま体現したような人物である。戦争が終わると、白川は関東都督府の許可を得て鉄道輸送会社を興した。営業所三二を擁して満洲の当業者中でも白眉と言われた。香川県知事から満洲の実業調査委員を委嘱され、利源調査などにも当たった。しかし、白川は満洲に根を下ろすつもりはなかったようで、その後の満洲経済界の中に彼の名をみることはなかった。

後年、白川友一の名は政治事件の渦中に登場する。大正四年、大隈内閣の時に大浦内相の選挙干渉事件なるものが起こり、その首謀者の一人として彼の名が出てくるのである。当時、大正倶楽部という政党に属していた白川は、第一二回衆議院議員総選挙に丸亀市から立候補したが、対立候補に立候補を断念させるため、内相の大浦兼武を通じて買収工作をおこなったとされた(18)。事件の真相はともかく、白川友一はかなり政治的・政商的な人物だったようである。

2　士族の末裔たち

明治維新の根幹をなす身分制度の廃止と共に、武士もまた消滅の運命となり、以後は族籍上の士族として名を残すのみとなった。その士族の帰趨について、文明開化の時代に最も強い関心を抱いていたのが福沢諭吉であった。福沢は、むろん明治維新にも身分制廃止にも賛成であったが、新生日本を築く主体は士族のほかにはないとの信念を持っていた。自分自身も士族だったからというわけではなかろうが、士族に対するその思い入れには格別のものが感じら

れる。たとえば次のように述べている。(19)

抑も日本の社会に於て事を為す者は古来必ず士族に限り、乱に戦ふ者も士族なり、治に事を執るも士族なり、近くは三十年来西洋近時の文明を入れて其主義を世間に分布し、又維新の大業を成して爾後新政を施したる者も、士族ならざるはなし。

士族に対する似たような惚れ込みようは司馬遼太郎にもみられる。おそらく福沢の言説から影響されたところが大きいと思われる。それはともかくとして、実際に士族が近代日本の構築において、どれほどの働きをしたかについては、いまだ十分には明らかにされてはいない。『満洲紳士録』の人物三九九名の中には、士族を名乗る者が四〇名あまりいた。すでに第一世代と第二世代の考察において、何名かの士族の足跡を紹介したが、これから取り上げる第三世代の士族も含めて、たしかに「士族ならでは」といった趣の人物が見受けられた。他を圧するというほど卓越していたとは言えないかもしれないが、いかにも士族らしい生き方を貫いて、福沢が期待したような働きをした人物はいたのである。

鳥合八十二(20)　―商人、軍人、そしてまた商人へ

明治八年(一八七五)、長崎県北高来郡諫早村に生まれる。旧佐賀藩士の家に生まれ、いったんは商業を志したのだが、中途で軍人になるべく進路を変更し、日清・日露の二つの戦争にも出征した人物。

明治二五年に一七歳で滋賀県商業学校を卒業した。士族でありながらあえて商業の道を志したのである。零落していく明治の士族の心情を、世相の変化の中で綴った田山花袋の『時は過ぎゆく』には、次のような件《くだり》があるが、鳥合の親もこのように考えたのかもしれない。(21)

何でも、これからは商人《あきんど》が一番だよ。とても我々では、子供を立派に修業させるといふわけにも行かないから、商人《あきんど》にするのに限るよ。…（略）…百姓にはさう急にはなれないから、何うしても商人《あきんど》だね。

滋賀県商業学校は、明治一九年に大津市に開校されたもので、後に滋賀県立商業学校、滋賀県立八幡商業学校などと改称されたが、いまも滋賀県立八幡商業高等学校として残っている。商業学校を卒業した鳥合は、東京に出て簿記学校の助教となった。学歴を生かそうとしたのであろう。しかし、まもなく志が変わったのか、これを続けることなくまったく方角違いの陸軍教導団に入ったのである。士族の生まれゆえに、やはり商人の世界は肌に合わなかったのかもしれない。

陸軍教導団の沿革はすでに紹介済みであるが、明治二三年公布の陸軍教導団条例には、「華、士族、平民中、砲兵、騎兵、野戦歩兵、工兵、輜重兵科下士に出身志願の者を選抜して生徒となし、下士たるに必要なる教育をなす」と、学校の趣旨が明記されている。(22) つまり、士官に仕える曹長・軍曹・伍長などの下士官の養成が目的だった。ところがそれにもかかわらず、教導団に入ってくる生徒の中には、陸軍大将を目指そうなどという野心あふれる青年も混ざっていたという。(23) 鳥合八十二が陸軍教導団にいる時に日清戦争が起こった。明治二八年四月、鳥合は工兵第六大隊付きで従軍した。この時年齢は二〇歳であった。無事凱旋後、従軍記章と行賞金を下賜されている。復学した鳥合は、電信建築術を習得して三〇年に教導団を卒業した。その後も軍隊にとどまった鳥合は、三二年には台湾守備を命じられ、下士官以下を指導する引率官となり、現金前渡しの出納管理を任された。さらに長崎要塞司令部書記に転じて勲八等瑞宝章を受けている。

日露戦争が起こった時、鳥合はほぼ三〇歳であった。そのころは長崎の通信所長となっていたが、やがて第三臨時築城隊付きとなって韓国に赴き、鎮海湾築城工事副主任として主任事務を執ることになった。これが竣工となるや元山に移ってやはり副主任として防禦工事に携わった。さらに、三八年二月には、野戦第五師団に転勤を命じられ機関砲隊の小隊長となった。つまり直接の戦闘部隊に送られたのである。日本軍に余力が尽きてきたからであろう。鳥合は小隊を率いて昌図の村山枝隊に属して守備の任に当たった。やがて戦争が終結すると、機関砲隊の残務整理委員を命じられ、軍功により勲七等青色桐葉章を下賜された。戦後、鳥合は予備役編入となった。この時文官技倆証明書というものを付与された。陸軍教導団出身の彼には、将校に出世する道は開かれていなかったから、ここで軍隊を離れて別の職業をみつけなければならなかった。戦争が終わっても鳥合は日本には帰らなかった。そして、初めて実業の世界に足を踏み入れた。明治三九年一二月、韓国仁川にあった力武精米所に雇われ、奉天主任となって再び満洲に渡る。年齢は三〇歳をこえていた。

当初は商業で身を立てるつもりだった士族の息子が、けっきょくは侍の子らしく軍人を志すようになり、下士官を養成する陸軍教導団に入った。そこで通信技術を習得した若者は、日清・日露の二つのいくさに出征し、みごとな働きをみせて尽忠報国の士となった。しかし、三〇歳を過ぎた日露戦後には予備役となり、民間人として新たな職をみつけねばならなかった。鳥合が選んだのは商社員としての新たな生活であった。鳥合八十二の経歴をみると、到来したばかりの職業選択社会に生まれた若者が、試行錯誤を繰り返しながら進むべき道を真剣に探す姿が浮かんでくるようである。

山下善五郎(24)――政治青年から地元実業界のリーダーに

明治一〇年(一八七七)、佐賀県東松浦郡呼子村に生まれる。家は士族で一五歳の時家督を継いだ。明治二〇年代半ばのことである。そのころから政治に関心をもち、自由民権運動に身を投じた時期もあったが、やがては実業の場で地域振興に情熱を傾ける指導者的な人物になっていた。

青年山下善五郎が傾倒したのは政治家松田正久である。松田正久は、後年、大蔵・文部・司法などの大臣を歴任した大物政治家である。肥前国小国藩の下級武士の家に生まれたが、藩の命により江戸の昌平坂学問所で学び、維新後は西周の推薦で陸軍省に入るなど、若くして出世の道を約束されたような人材であった。しかし、陸軍省時代に留学したヨーロッパで民権思想に影響され、帰国すると官を辞して故郷に戻り自由民権運動に入った。明治一〇年代後半から二〇年代にかけて、九州改進党や九州同志会などのメンバーとして活躍し、二三年の第一回衆議院総選挙では佐賀第一区からみごと当選を果たした。山下が松田を領袖として仰いだのはそのころのことであろうが、配下として次第に頭角を現したという。

こうして政治青年として出発した山下であったが、やがて「一朝大に感ずる所あり」政界から身を退いた。「政治の時代」から「産業の時代」への移行を察知したのかもしれない。転じた先は地元の水産業界であった。まず明治二八年に呼子水産合資会社の支配人となった。三〇年には同業者の推薦により遠洋捕鯨株式会社の創立委員となり、次いでその取締役に選出された。三五年には東西松浦水産組合議員にも当選し、翌年には評議員となった。また同年、呼子実業青年会を組織し会頭の座に就いた。山下はこの時弱冠二五歳である。明治もすでに後半に入っていたが、依然として指導者は中央・地方を問わず若さにあふれていたのである。活動の場が政界から実業界に変わったとはいえ、山下にはどこか政治家的でオルガナイザーの気配がする。根っからの漁民ではなく、もともと士族の出であるから、そういう指導者的な才覚によって実業の世界を渡るのが適していたのであろう。これも明治の士族の一つの生き方であった。

明治三七年、日露戦争が始まると、山下は呼子浦漁民義団なるものを組織して、出征軍人の家族救援に当たった。

漁業の収益の一部をその救援金に充てた。周辺地域からそれだけ多数の男が戦争に駆り出されたということである。

さらに翌年四月には、漁民義団大連組というのをつくって、漁船四〇隻の船団を組み、多数の漁民を引き連れて、戦火の立ち上る満洲に乗り込んだ。大連湾を拠点に漁をおこない、引き揚げた魚を満洲軍倉庫本部や各軍隊に供給したのだという。この組織は後に漁民義団山下組と改名し、山下は拠点を満洲に移すことになった。同年八月には、山下は関東洲水産組合創立委員となり、さらに議員兼評議員ともなった。一二月には関東洲民政署の事務嘱託となり、関西地方に出張して水産業を視察した。これは、大連において実業家が官庁の嘱託を受けて出張した最初の事例だったという。明治三九年、二九歳の山下善五郎は関東洲魚市場創立委員となり、合資会社を組織し常務取締役となる。翌年二月関東洲水産組合遠洋漁業団参事員、四月には奉天魚菜糶場組合取締役に就いた。ここに至るまでに、佐賀県知事、呼子実業青年会、佐賀県東西松浦水産組合長、日本赤十字社長松方正義、関東洲水産組合長等々から様々な表彰状をもらっていた。

特別な学歴こそなかった山下善五郎であるが、少年から青年になるころには自由民権運動に身を投じたくらいであるから、貧乏士族に生まれた地方のインテリ青年だったに違いない。途中で政治の世界からは離れたとはいえ、在野にあって民度の向上に率先尽力しようとの志は変わらなかった。その働きぶりはみごとなものである。機を見れば敏で、思い切った行動の取れる人物だったようである。西南戦争の年に生まれた山下善五郎であったが、士魂は宿っていたのであろう。

川島藤蔵(25) ―丁稚から叩き上げの店員へ

明治一〇年（一八七七）、三重県津市八幡町の旧藤堂藩士の家に生まれる。幼少から勉学には優れていたというが、親が貧しかったのか小学校しか出なかったようである。士族でありながら叩き上げによって一人前の商店員になった人物である。江戸から明治への時代転換を身をもって示した生き方であった。

明治二三年、川島藤蔵は一三歳で丁稚奉公に出された。士族の倅でも商店の丁稚になる時代になったということである。誇りに傷がつくようで親も切なかったに違いないが、勉強好きだった子供にとっても辛い思いがしたであろう。奉公先は豪商長井九郎右衛門の店だった。その名は明治一〇年の「東京持丸鑑」と称する商人番付表の中に登場する。「前頭大デン馬・長井九郎右衛門」と記されているので、東京の大伝馬町にあったかなりの大店だったようだ。どんな伝手《つて》があって三重県の津から東京の商店に入ったのか明らかでないが、丁稚奉公としては恵まれた就職先だったと言えよう。根が真面目で辛抱強かったのか、藤蔵はくじけることなく奉公を続けた。やがて徴兵年齢となって入営したが、満期除隊となるとまた店に戻り、ようやく正式の店員に採用された。明治三〇年代の初めのことなので二三歳前後だったとみられる。苦節一〇年だったに違いないが、商店員もそれくらいの修業を積まないと一人前とはみなされない時代であった。

日清戦争では召集されなかった川島だが、日露戦争の時は予備砲兵軍曹として出征し、第三師団に属して各地を転戦した。まだ二七歳だったから精鋭の実戦部隊に編入されても不思議はなかった。どこでどのような戦闘を経験したのかは分からないが、凱旋帰国した後勲七等瑞宝章と金一二〇円を下賜された。かなりのはげしい戦火の中をくぐり抜け、臆することなく戦場を駆けめぐってきたのかもしれない。帰国するとまた川島は長井商店に復帰した。戦後の明治三九年、満洲進出を企図した店主の長井九郎右衛門は、大蔵省指定のもとに永順洋行を設立し、大連・営口などに店を開いた。その後さらに奉天にも出張所を設け、ここに川島を主任として派遣した。『満洲紳士録』編纂時の現職がこれであった。長井商店でのキャリアは、兵役よる中断をはさんで勤続一五年となった。年齢はまだ三〇歳にはなっていなかったが、そろそろ独立してもよい時期に達していたと言えよう。

藤堂藩士を父にもつ川島藤蔵が生まれたのは、先ほどの山下善五郎と同じく武士の命運が尽きた西南戦争の年である。ポスト西南戦争世代の走りとも言える川島は、子供ながら士族の末裔としての矜恃は胸底に秘め、大きな商店の丁稚となって商人の道に入った。よほどしっかりした少年だったのか、ほかの道に逸れることが一切なく、同じ店で見習い店員としてひたすら修業に励み、やがて正規の店員に取り上げられる日を迎えた。そのようであるから店主の信頼も厚かったようで、出自を尋ねれば士族ではあったが、三〇歳を前にして本物の商人に成長していた。川島藤蔵はそんな人物であった。実業の世界にはこのような人物が多数いたのかもしれない。

3 民間、商界に入った高学歴者

とりわけ明治のころは、高学歴の者であれば官界を目指すのが常識だったが、第三世代の「紳士」の中にはあえて民間人として生きる道を選択した青年もいた。かならずしも喜んで選択したわけではないかもしれないが、ともかく彼らの受け皿となる職業が増えてきたという事情もあろう。

値賀　連(26)――司法官僚の道を捨てて弁護士に

明治五年（一八七二）、長崎県北松浦郡平戸村に生まれる。帝国大学を出た法学士で、いったんは検事の職にも就いた典型的な学歴エリートであったが、あえて司法官僚としての出世の道を捨て、民間人として生きていった個性的な人物である。

旧松浦藩士の家に生まれた値賀連は、明治三三年に、二八歳で東京帝国大学を卒業し法学士となった。年齢的には当時としても少し遅い卒業だったと思われるが、士族の子弟として最も望ましい学歴を手にしたのである。その後、長崎地方裁判所の検事となった値賀は、「錦を飾る」思いで郷里に帰ったことであろう。官僚としての将来が約束されたような船出であった。しかし、まもなく心変わりが起こって、値賀は司法官僚の道を捨て弁護士に転じた。明治五年に、無資格の訴訟代言人という制度で始まった弁護士制度であるが、九年に免許代言人に改められ府県別の資格試験が登場し、一三年に至って国家試験制度がスタートした。当時、近代的法治国家への移行に伴って、代言人の仕事への民間の需要が急速に増えつつあった。それを背景に少数のエリート司法官僚を養成する帝国大学とは別に、代言人志望者を教育する私立の法律専門学校が続々と誕生していった。そして明治二六年、弁護士法が制定されるに及んで、代言人は弁護士と名を改めたのである。かつては無資格者が横行したこともあって、「三百代言」やら「弁当代言」やら、とかく後ろ指をさされることが多かった職業だったが、ようやく民間法律家たる代言人改め弁護士の社会的地位が認められる時代がやってきたのである。値賀が司法官僚から弁護士に転身したのはそういう時代であったから、かならずしも時代の流れとずれた選択ではなかったのである。

やがて、民間人となった値賀に目をかけた人物が現れた。長崎でロシア帝室の用達を務めていた貿易商江崎栄造である。気に入られた値賀はその娘婿となった。記録によると、江崎栄造は、農商務省の依頼で日露貿易視察嘱託員となり、明治三四年一月に夏秋亀一という人物と二人で、「『オデッサ』ノ概況及其日露貿易トノ関係」という報告書を提出したことがある。(27) そもそも江崎家は、宝永六年（一七〇九）に江崎清蔵が興したものであるが、代々世襲で長崎伝統の鼈甲業を営むようになった。現在は八代目に当たる。この間、宮内省用達、無形文化財指定、サンフランシスコ万博およびパリ万博でのグランプリ受賞等々、数多くの栄誉に輝いてきた。現存する明治三一年建造の店舗は国の登録有形文化財に指定されている。(28)

値賀は士族であり、帝国大学の法科を卒業し、検事の経験もある最高の学歴エリートである。江崎栄造もそうした値賀のもつ将来性を見込んだのであろう。結婚後、値賀は弁護士の傍ら貿易業にも従事するようになった。おそらく日露間の貿易事業であろうが、察するところ弁護士の仕事はさほど忙しくはなかったのかもしれない。ところが貿易業は日露戦争のため立ちゆかなくなった。やむなく佐世保に居を移した値賀は、地元青年会を組織したり、市会議員に選ばれたりして政治活動のようなことに乗り出した。

そして、日露戦争が終結すると、思わぬ仕事が値賀のもとに転がり込んだ。満洲におけるロシア人の財産整理の仕事である。この話には、義父の江崎栄造がロシア帝室の用達商だったことも関係していたであろう。戦争終結後に、現地ではこのような仕事も生まれたのである。委任を受けた値賀はすぐに大連に向かった。おそらく初の渡満であろう。委託された仕事をこなすだけでなく、法律事務所を開いて内外人の法律相談にも当たった。仕事の需要は順調に広がって旅順や営口にも出張所を置くまでになっていった。地元長崎や佐世保にいたころよりも満洲に行ってからのほうが、弁護士稼業も成り立ちやすかった様子である。植民地経営がスタートしたばかりの満洲には、在留邦人が急増しつつあった。当然弁護士稼業も引く手数多の盛況ぶりになってきたのかもしれない。偶然のきっかけで渡満した値賀であったが、弁護士としての確固たる地位を築いてそのまま満洲に居続けることになった。

『満洲紳士録』が編纂された時、値賀はすでに四〇歳をこえていたが、満洲では「隠然斯界の牛耳を執る存在」と言われるまでになっていた。その名は、大正四年に施行された大連市の最初の市会議員の中にも登場する(29)。値賀は、不遇をかこった者が多かった明治の士族の中では、ひとまず立身出世を遂げた一人と言ってよかろう。

深水 静(30)――帝国大学出の法学士が銀行員に

明治八年（一八七五）、熊本県芦北郡津奈木村に生まれる。六歳の時に父を亡くす不幸にみまわれた。一二歳のころ、村の小学校長からキリスト教への入信の勧誘をしばしば受け、これを嫌った深水は退学して単身熊本に出た。母子家庭になった深水の家が、どんな経済状況にあったかは分からないが、その後たどった進路は最高の進学コースだった。最初は私立の済々黌《せいせいこう》に入学した。この学校は現在の熊本県立済々黌高等学校の前身の一つで、明治一二年に熊本市の有志によって開かれた同心学舎が始まりである。一五年には私立済々黌となっているので、深水が就学したのはこのころであろう。二四年には合併で九州学院に変わったが、二九年にはそこから分離独立して熊本尋常中学校になり、三四年に熊本県立中学済々黌に改称された。済々黌を卒業した深水は、さらに熊本の第五高等学校に進んだ。第五高等学校は、明治二〇年設立の第五高等中学校が二七年に改称したもので、後に現在の熊本大学の前身の一つとなった。在学中は芦北郡の有志から依頼を受け、深水は中学生のための寄宿舎で監督の任に当たった。四年の間に彼の教えを受けた者は六〇名余に上ったという。優秀で勤勉な人物だったようである。それが証拠に、高校を卒業した深水は、上京して東京帝国大学法科大学に入学した。三七年には政治学科を卒業したが、すでに二九歳になっていた。先ほどの値賀連もそうであったが、当時は二〇歳代後半で大学を卒業するのも珍しくなかったのかもしれない。そうであれば様々な年齢の学生が机を並べていたわけで、いかにも明治時代らしいおおらかな風景である。

学歴からすれば官僚の道を選択するのが自然だと思われるが、大学卒業後、なぜか深水は官界ではなくて銀行業界に入った。大学卒業時の年齢が二九歳だったので、さすがにこういう年齢では当時の官僚の世界でも、新人というにはやや「薹《とう》が立っている」とみられたのかもしれない。それで官界でなく民間の実業界を選んだということも考えられる。深水が入った銀行は、地方の旧国立銀行の一つ第百三十銀行で、その大阪本店に招かれたのである。この銀行は、明治一一年に洋反物商の松本重太郎により設立され、三〇年に第百三十国立銀行から改称したもので、大正末期には安田銀行に合併されることになる。深水はここに二年間勤務した。

それから深水が向かったのは満洲であった。従兄弟に当たる深水十八が営口に創設した正隆銀行に招かれたのである。この銀行は、日清両国人を株主として設立され、日露戦争後の明治三九年七月に開店したものである。銀行員だった深水は、そのキャリアを買われて従兄弟が満洲に開いた銀行に転職したのである。店の支配人代理心得として入行したというが、年齢はまだ三〇歳そこそこだったとみられる。しかし、正隆銀行は営業成績があまり振るわず、早くも四三年には改革を実施して本店を大連に移している。(31) この時深水静がどうしたかは明らかでない。なお正隆銀行は、ずっと後年になって満洲興業銀行に合併されることになる。以上のように、士族の出で帝国大学を卒業したにもかかわらず、深水静は官界には進まず銀行界に入った。民間ホワイトカラーの道を選んだのである。彼が学校を出て就職したのは日露戦争の前、明治三〇年代の後半であるが、そのころにはこうした進路を希望する者も増えてきたのかもしれない。

4　就職に苦労した専門学校出の青年たち

すでに企業勃興期に入っていた明治二六年に、福沢諭吉は『実業論』を著して一つの現状を嘆いた。それは、依然として高学歴の青年のほとんどが官僚を志望していて、優秀な人材が産業界に入ってこないというものであった。もし官界に入り損ねたばあいには、学校を出てもすぐには職に就かず、あちこち彷徨している者さえいると批判している。(32) 高等遊民などと呼ばれたインテリ青年のことであろう。しかし、たとえ学歴があったとしても、民間ではかならずしも満足のいく職に出会えないという現実もあったようで、以下に紹介する専門学校出身者なども、そうした青年の実例のようである。

戸田芳助(33)──交詢社でビジネスの世界に触れた元教師

明治五年（一八七二）、愛媛県新居郡飯岡村に生まれる。二五年に慶應義塾を卒業しているが、向学心に燃えて四国の田舎から東京に出ていったと思われる。卒業した時戸田芳助は二〇歳であった。中央での立身出世は望みでなかったのか、東京にはとどまらずに郷里の愛媛に帰り、そこで中学校の教師となった。

しかし、戸田は三年にしてこれを辞めてしまった。田舎教師で終わりたくないと思ったのか、あるいはもともと良い職がみつからなくて教師になったのかもしれない。自由主義経済思想の啓蒙家として知られる田口卯吉は、明治二一年の末に、自らが主宰する『東京経済雑誌』に「青年独立の困難」と題する論説を書いている(34)。維新以来現在に至るまで、「読書を以て社会に立ちしもの独立独行の人少し、多くは他人の使役に是れ応じて、半生を経過し、嘗て学校において養ひたる勇気と胆力とは、出ては上者の為めに挫かれ、入りては家眷絆累に撓められ」と、高学歴の青年にして自ら事業を興して自立的に生きる者の少ないことを嘆いた。田口のばあいには、中産階級的な企業家が日本にも成長してくることを強く望んでいたので、余計にこのような現状が嘆かわしかったのであろう。書生が実業の世界に向かうとすれば、技術を買ってもらって工業会社に雇われるか、新聞雑誌業界に入るほかない。どちらにせよ人に使われる給与生活者である。教員になる者も増えているが、「青年有為の人にして学校教員を以て其生計を営まむことは其素志にあらざるべし」とまで田口は述べている。新聞雑誌記者も学校教員も薄給であった。

戸田の向かった先は東京であった。あらかじめ転職先は決まっていたようで、母校ゆかりの交詢社に採用された。交詢社は、明治一三年に福沢諭吉が設立した日本最初の社交クラブで、銀座にその本部の建物があった。主な会員は慶應義塾関係の実業家で、現在なお健在の組織である。戸田がここに採用されるについては、おそらく関係者の斡旋紹介があったに違いない。したがって、交詢社への再就職が決まってからの上京だったと思われる。戸田は幹事としてここに五年間勤めた。それなりにやり甲斐のある仕事だったのであろう。しかし、三〇歳を目前にした彼は、「感ずる所あり」実業界そのものに身を投じる決意をした。交詢社で多士済々の実業家と接するうちに、自分も直接その世界に入ろうと思うようになったのかもしれない。

明治三六年、戸田は高野鉄道株式会社に入った。会社では支配人として処遇してくれたのであるが、気に入らなかったのかわずか一年足らずで辞めてしまった。自ら職を投げ捨てた格好の戸田は、身を大阪の某料亭に寄せ、いつの日か「意契の人を得て献身的に敏腕を揮ひ其抱負を実行せん」ことを期し数ヶ月を送ったという。この科白からすると、高野鉄道には仕えるにふさわしいと思える上司がいなかったのであろう。これも先ほど引いた田口卯吉の論説によるものであるが、少なくとも明治二〇年当時のことであれば、「社会の事務は大約天保出身若くは無学出身の人に委して進歩の景況甚だ微なり」というように、多くの領域で実権を握っているのは、頭の古い旧幕世代か知識教養に乏しい無学の徒であった。したがって、新しい学問教養を身につけた青年ほど、会社や商店に雇われても仕えるに値する上司になかなか出会えなかったのである。戸田の話は時代が少し後にはなるが、同じことを物語っている。

それにしても、厄介になっている料亭で戸田は何をしていたのか。ただの居候だったのか、店の手伝いのような仕事でもしていたのか、明治ならではの悠長な話である。この時偶然戸田は、当時上方では「大阪の奇骨」として知られた池田唯吉という老人に知遇を得た。老人は一見して彼の非凡の才を見抜き、大阪の豪商河辺九郎三郎に引き合わせたという。池田唯吉については情報を得られなかったが、河辺九郎三郎の名は、明治三一年と四〇年の『日本全国諸会社役員録』を分析した鈴木恒夫・小早川洋一の論考の中に出てくる(35)。当時、河辺九郎三郎は、満洲において松茂洋行という商社を展開しつつあった。ちょうどその刷新拡張の時に当たったため、戸田は直ちにそこに派遣され、大連本店の支配人となった。少し後のことになるが、大正四年当時の松茂洋行の社長は河辺勝という人物であった。河辺九郎三郎の息子であろう。河辺勝が満洲に来たのは明治三九年で、最初は軍用達商をしていたという(36)。その後、会社は順調に発展し、社長の河辺勝は、創立期の大連商業会議所常議員・第一期大連市会議員に選ばれ、松茂洋行主のほか大連汽船（株）社長・大連銀行頭取の肩書きをもっていた。大正一〇年には大連市の多額納税者の第一五位につけていた(37)。

戸田芳助は、渡満した時すでに三〇歳代半ばであった。彼の職歴にはあまり一貫性がないが、その中身をみると、「遍歴型」にしては恵まれた転職を繰り返した人物である。学歴だけでなく力量も備えていたのかもしれないが、自分で会社を起こして実業家になる意思はなかったようだ。優れた経営者の率いる大会社に雇われ、有能な幹部社員として働きたいというのが希望だったのではないか。だとすれば、戸田芳助はまさに慶應義塾出のホワイトカラー、準エリート層の走りだったと言えよう。

武石房吉(38)——同志社を出た秀才も職を転々

明治二年（一八六九）、秋田県雄勝郡山田村に生まれる。家は代々の豪農で、『満洲紳士録』編纂当時も多額納税議員であった。房吉は学力優秀で、小学校時代も秋田中学時代も常に首席を占め、神童の誉れが高かったという。出自・生い立ちとも申し分ないものであった。

房吉が中学校に入ったころ、つまり明治一〇年代の秋田県下では、ほかの地方と同じように政党熱に沸いていた。郷党のほとんどの親類縁者は、大隈重信の率いる民権派の改進党に与していた。彼らは、公立中学に在学する房吉が、「官憲党」の影響を受けるのではないかと懸念した。当時は中学生でも政治に夢中になる者は珍しくなかったようで

ある。たとえば、二葉亭四迷の自伝的小説『平凡』の中で、明治元年生まれの主人公が次のような回想をしている。(39)

そのころの青年に、政治ではない、政論に趣味を持たん者はほとんどいなかった。わたしも中学にいるころからそれがおもしろくて、政党では自由党が大《だい》のひいきであったから、自由党の名士が遊説《ゆうぜい》に来れば、必ずその演説をききに行ったものだ。

ほとんどが民権派だったという武石房吉の周辺は、けっきょく彼を大隈の東京専門学校に転校させてしまった。それにしても東北地方の僻村にも自由民権運動のエネルギーがこれほどまでに伝わっていたというのが興味深い。村の支配者である田舎紳士の間に政治熱・政党熱が広がっていたということである。

上京して一年後、何かきっかけがあったのか、武石は海外渡航を夢見るようになり、英語の勉強の必要を感じて東京専門学校を退学してしまった。欧米に行きたかったらしくイギリス人に英語を習い始め、さらには京都の同志社に入学した。これは一つには新島襄の徳を慕ってのことでもあった。武石は同志社を明治二四年、二二歳で無事卒業した。しかし、けっきょく海外渡航の夢は実現することなく、日本にとどまり職に就くことになった。専門を生かして最初は英語学校の教師となった。しかし、教師は性に合わなかったのかまもなく商社員に転じてしまった。それから数年間は商社マンの生活を送ったようなので、そういう仕事のほうが向いていたのであろう。そのキャリアを買われたのか、明治二九年、二七歳の時に横浜の自転車製造会社の支配人に変わった。後には取締役や監査役にも就いた。つまり経営者に昇進したのである。しかし、やがてここも退社して、今度はフランス人と組んで自ら貿易会社を起ち上げた。ところが、それが軌道に乗ったと思われたころ、片岡温という人物に招かれ大阪の日本海陸保険会社という会社に移った。そこでは神戸出張所長などを務めていたのであるが、今度は会社のほうが倒産してしまう事態になった。しかし、すぐに奈良県の資産家土倉の経営する商社に拾われ、北京に派遣されて北清事業の総括責任者となった。

明治三七年、日露戦争が始まると土倉のもとを離れた武石は、満洲の安東県や鳳凰城のあたりに単身で潜入し、日本軍のために身を挺して諜報活動に当たった。このあたりの行動はいかにも唐突で、動機も事情も明らかでない。おそらく北京に駐在していた時に、諜報活動に入るようその筋から誘われたのであろう。いずれにせよ具体的なことは何も語られていない。その後、たまたま前出の河辺九郎三郎の招きで松茂洋行に入り、武石は満洲の総支配人となった。先ほどの戸田芳助と同じ時期の入社である。松茂洋行での地位は、戸田が大連本店の支配人、武石のほうは満洲総支配人であった。武石房吉という人物は、相当に行動力や指導力に優れていたのであろう。松茂洋行の満洲総支配人になったころすでに三〇歳代も後半に入っていたが、それまでの職歴はいかにも「居所定まらず」といった感じである。英語のほか哲学・日本文学にも造詣が深かったというから、それなり学識もあったようだ。しかし、そうであればあるほど適職に出会うのは容易でなかったのである。現実はますますそこから遠ざかるばかりのようでさえあった。

中根　斎(40)　—日清戦争が進路を決めた元医学生

明治二年（一八六九）、熊本県八代郡鏡町の宮村勇八の四男に生まれたが、後に婿養子となって姓が中根に変わることになる。中根斎については、清末の文学研究の中で、劉鉄雲と交流のあった人物として、その足跡の一端が明らかにされている(41)。

中根斎（宮村斎）は厳密に言えば高学歴者ではない。早くから医学を志し、最初は熊本医学校に入り、その後長崎高等医学部（正しくは第五高等学校医学部）に転じた。しかし、事情があって中途退学に終わり、医師への志望は断ったようである。ちょうどこの時徴兵適齢を迎え近衛第二聯隊に入営した。満期除隊となってからは商界に身を投ずることになった。具体的にどんな仕事に就いていたのかは書かれていない。

明治二七年、日清戦争が始まると中根は予備役で第六師団に編入され、威海衛駐屯軍に属して出征した。年齢は二五歳であった。威海衛は清国の北洋艦隊の本拠地であったが、日本は日清戦争末期に陸海共同作戦によってこれを攻め落とした。戦後になっても、賠償金支払いの保証として日本軍の占領は継続した。戦争が終結して除隊となった中根であるが、引き続き駐屯軍に雇われ通訳を務めていた。ということは中国語が堪能だったのであろう。しかし二九年にはこの任務も解かれ帰国した。そして、同年七月に熊本市の中根熊次の三女と婿養子の縁組みが成立し、この時姓が宮村から中根に変わったのである。軍隊付きの通訳が気に入ったのか、ほかに適当な職がみつからなかったのか、中根はこの年に再び威海衛占領軍の通訳となった。在職中には、仕事の傍ら私塾「同文舎」を開いて、清国人の若者に日本語を教えていた。戦争で出会ったわけではあるが、中根は清国の魅力に囚われていたのかもしれない。とはいえ清国に永住する意思はなかったのか、三一年に駐屯軍（守備隊）と一緒に威海衛を引き揚げた。

帰国した中根は同年中に大阪商船会社に採用された。年齢は三〇歳目前であった。最初の勤務地は宇品支店だったが、後に本社の支那部に移った。これまでのキャリアを買われたのであろう。三三年には、重役に随行して上海に行き、支店・埠頭・倉庫等の用地家屋の買収に当たった。会社ではそれなり重用されていた様子である。しかし、やはり中根の心は清国に傾いていたらしく、二年ほど勤めた大阪商船を退社すると、山東半島の威海衛に近い芝罘《チーフー》に渡った。その港町で清国人と組んで日豊輪船公司という会社をつくり、大阪商船での経験を生かそうとしたのか船舶航海業を始めた。芝罘と満洲の安東県との間に定期航路を開いたのは彼らが最初だったという。これまでに紹介した人物の中にも、清国や台湾に渡ってから現地の中国人と臨機応変に手を組んで事業を興し、商売を展開する者が少なからずいた。こういうところにも明治の青年のたくましさをみる思いがする。中根らの事業は順調に運ぶかにみえたが、義和団事変の影響のためあっけなく解散に追い込まれてしまった。

とはいえ中根は帰国しなかった。今度は単独で中根洋行を設立した。ということは、先ほどの合弁会社の解散は、義和団事変に絡んでパートナーとの対立などが生じた結果だったのかもしれない。手持ち資金はまだ残っていたようである。中根洋行は、旅順・渤海・芝罘などの沿岸航路を開拓し、旅順・大連・営口などでも軍需品の輸送に従事した。旅順＝芝罘間の航路では莫大な利益を上げることができたので、いったん帰国して汽船数隻を借りて芝罘に送り込んだ。こうして商売は順調に拡張していった。さらに、現地で大きな成功を手にしていたイギリス人商人某に注目し、中根は積極的に共同経営を申し込み、提携を実現して三四年に山東輪船公司を開き主宰となった。同じ年、かねてより満洲の安東県の将来性を見抜いていた中根は、東亜同文会の近衛篤麿公爵に「意見書」を提出した。ところがそのことが世間に漏れ、大阪朝日・東京毎日・日本週報・海事新報などに文書が掲載されてしまい、中根の目論見は失敗に終わったという。しかも、中根らが開拓した沿岸航路にもようやく競争者が多くなり、山東輪船公司の経営は次第に行き詰まり、ついには倒産に追い込まれてしまった。中根もイギリス商人も資産のすべてを失い、むろん中根洋行も閉鎖となった。これをみれば、彼らのかかわっていた商売が、いかに浮き沈みのはげしいものだったかが想像できる。

無一文となった中根は、仕事を求めて天津方面に移動した。そこでたまたま支店開設の準備中だった大倉組に出会う幸運に恵まれ、ひとまず雇われることになって救われた。大倉組も中根のキャリアと力量を買ったのであろう。やがて満洲の奉天にも大倉洋行ができると、中根はそこに派遣されることになった。『満洲紳士録』編纂当時の現職は大倉洋行員となっていた。一会社員に成り下がったのである。四〇歳目前になっていた中根であるが、おそらくもう一旗揚げようとの思いは消えていなかったであろう。彼は、医学専門学校を中退している。その時一度挫折感を味わっていたと思われる。その後のキャリアは日清戦争が方向づけた感じであった。戦争とのかかわりが進路の決め手になった青年も多くいたようである。

5　専門技術者に成長した人びと

一つ上の第二世代でも何人もの専門技術者が輩出したくらいであったから、明治維新期に生まれた第三世代からはさらに多くの個性ある専門技術者が登場した。

小山田篤太郎(42)―攻玉社で学んで耐火煉瓦の開発者に

明治四年（一八七一）、奈良県添上郡柳生村に生まれる。家は旧柳生藩士、つまり士族である。父柳生一義は藩内では勤皇家として知られたという。篤太郎は次男で、後に小山田家を継ぐことになり姓が変わった。専門の学校で工業技術を身につけ近代的な製造企業家に成長した人物である。

小山田家の養子となった篤太郎であったが、実際に養育されたのは税所篤（子爵）のもとであった。元薩摩藩士で、幕末に西郷隆盛の片腕として活躍した税所篤は、後年枢密顧問官になるが、初代奈良県知事を務めたこともある。小山田篤太郎の父柳生一義は、税所が奈良県知事のころに旧知の間柄となり、その縁によって篤太郎は税所のもとで養育されることになったのである。こういう話も現代ではまず聞くことのない明治時代ならではのものである。

小山田篤太郎は、奈良県中学校を出た後、上京して攻玉社に入り土木科を専攻した。応用化学を得意としたという。この学校の沿革は次のようである。創立者は明治前期の洋学者近藤真琴である。鳥羽藩士だった近藤は、国学・漢学を学んだ後さらに蘭学を志し、二四歳の時には藩の蘭学方となった。その後も幕府の軍艦操練所などに通い、文久三年（一八六三）には江戸の鳥羽藩邸内に蘭学塾を開いた。これが維新後の明治二年に攻玉塾と名を変え、さらに攻玉社と改称されたのである。やがて近藤は、日本の発展には土木技術が必要不可欠との考えを持つに至り、明治一三年に陸地測量習練所を開いた。これが「土木の攻玉社」の始まりで、攻玉社は測量術や航海術を教える異色の学校として発展していった。習練所は二一年に土木科と改称されており、小山田はここを出たのである。さらに三四年に学校は攻玉社工学校と改称された。現在、攻玉社は短大・高校・中学を擁する総合学園になっている(43)。

土木工学の専門技師となって世に出た小山田であるが、その後の一〇年あまりの経歴は明らかでない。明治三六年、三二歳の時に大阪中小製鉄株式会社という会社に入社し、工業部主任として大阪砲兵工廠納品係となった。やがて彼は、何かがきっかけとなって耐火煉瓦の製造に心血を注ぐようになる。大阪商品陳列所の所長有賀博士にその志を伝え、陳列見本の中でも最高の輸入耐火煉瓦を譲り受けることができ、これを参考にしての製品開発を計画した。そうした折り、たまたま鳥取県の日の川水害防波堤工事請負の話が舞い込み、小山田はこれを一二〇万円で請け負うことにした。土木工学の専門家としての自信があり、まとまった資金がほしかったのかもしれない。しかし経験不足のためか大きな損失を出し、竣工した時には身に金時計一個を遺すだけとなってしまった。それでも再起を図るため、再び耐火煉瓦の開発に戻り、大阪府下に工場を設けた。どうやって資金を工面したかは分からない。今度は努力の甲斐あって、開発品を砲兵工廠で納品試験したところ、みごと合格となり用達を命じられるに至った。その名は次第に斯界に広まっていった。

明治三八年三月、陸軍大臣の許可を受けて小山田は大連に入った。海外渡航はおそらくこれが初めてだった。満洲各地を視察していったん帰国。同年中に再び大連に向かい、九月に大連民政署から臭水屯煉瓦製造所の租借を許された。この製造所はロシアが遼東経営のために建設したものである。ホフマン式輪窯大小四棟、支那窯八個、事務所および病舎九棟、貯蔵庫六棟、合計一九棟一二個の窯より成る広壮な工場であった。小山田は植民地満洲において大きな事業を起こすことを企図したのである。翌年三月、日本から多数の職工・事務員を引き連れてきて製造を開始した。『満洲紳士録』編纂当時は、中国人の苦力一五〇〇人、馬車一〇〇台余を使って耐火煉瓦を製造し、製品の販売は三井物産の大連支店に委託していた。明治四〇年の大連多額納税者名簿では、小山田篤太郎の名は第二位につけていた。[44]三六歳の働き盛りであった。士族の生まれだった小山田篤太郎は、土木工学の専門学校で学んで技術者となったが、三〇歳のころから耐火煉瓦の開発に情熱を燃やすようになり、苦労の末これに成功した。日露戦争後、煉瓦需要の拡大を見越して満洲に進出し、大規模な工場を創設した小山田は、たちまち在留邦人を代表する企業家となった。明治の新教育制度から生まれた最初の製造企業家の一人と言ってよかろう。

有賀定吉[45] ―才覚を認められ土木技師から経営者に

明治二年（一八六九）、長野県諏訪郡落合村に生まれる。生い立ちについては何も語られていない。東京工手学校を卒業した土木工学の専門技師で、『満洲紳士録』が編纂されたころには名の知れた企業家になっていた。

東京工手学校は、明治二〇年に帝国大学総長の渡辺洪基が中心になって築地に開いた学校で、現在の工学院大学の前身に当たる。[46]渡辺洪基は、明治一八年に三八歳で東京府知事に就任し、翌年には東京帝国大学の初代総長に就任した当代きっての学識者であった。学校の開校式では田口卯吉も祝辞を述べているが、その中で、いかにも田口ならではのメッセージを贈っている。そもそも「開化」には二つの種類があって、一つは無形の開化＝知識、もう一つは有形の開化＝衣服・居宅・道路・橋梁・港湾・器械等々であるとし、次のように工手学校の生徒を激励した。[47]

我国人が精神を尽くして至急に改めざるべからざるものは有形上の開化是なり。…（略）…然らば則ち諸君が此

学校を卒業して当に働くべきの領分は甚だ広大なりと云ふべし

年齢からみると、有賀が工手学校で学んだのは、学校創設からまもない明治二〇年代前半のことと思われる。卒業すると甲武鉄道・川越鉄道・九州鉄道などの鉄道敷設工事に従事し、鉄道学校（岩倉鉄道学校）の教師なども経験していった。そのころのことであろうが、有賀はその後の人生を決定する人物に出会った。土木建築業界の俊才として名を馳せ、佐賀の振業社の技師長をしていた工学博士の菅原恒覧《つねみ》である。菅原が、振業社に有賀を見習い技師として雇い入れたというから、出会ったのは九州だと思われる。明治三五年、菅原恒覧は振業社から独立して菅原工務所を開設した。(48)この時菅原に同行した有賀は三三歳だった。

日本の土木業界では、明治一〇年代に初期留学経験技術者と国内教育機関出身者による階層的な技術者集団が形成され、そのもとで土木建設技術が着実に向上していった。そして、企業勃興期の二〇年代に入ると、初期の鉄道工事で実地に訓練された技能者たちが、鉄道建設請負業者に自立成長し、全国各地で活躍するようになった。(49)菅原も有賀もそういう技能者集団の中にいたのである。その後、有賀は菅原工務所を出て博多鉄道株式会社に入り、工務課長などを務めていた。これを続けていれば平凡な技師で終わったかもしれない。しかし、日露戦争の直後、満洲の大連に菅原工務所の支店が開設されると、有賀は工務所への復帰を持ちかけられ、大連支店の初代支店長の職を引き受けることになった。再び菅原と手を組んだ有賀は、多数の部下を引き連れ渡満した。

有賀の采配のもと、菅原工務所は陸海軍や満鉄からの請負工事を次々と手がけ、めざましい勢いで発展していった。旅順や鉄嶺にも出張所を持ち、『満洲紳士録』編纂当時は、職工・事務員など使用人は五〇〇名前後にのぼった。本業のほか湯屋業・貸屋業も手がけ、こちらにも店員が五〇名もいたという。そして明治四〇年、有賀は菅原から菅原工務所（本店東京）の大連支店を譲り受けるのである。よほど菅原は有賀を気に入り、その手腕を買っていたようである。過分とも言えるこの褒賞に対して、菅原への旧恩を思う有賀は、あえて店名は変えることなく営業を続けることにした。こうしたところにも有賀の人間的魅力があったのだろう。明治四二年の大連市の多額納税者リストでは菅原工務所は第四位につけ、大正一〇年でも二〇位に入っていた。それより先、大正四年には創設されたばかりの大連商業会議所常議員と大連市会議員に選ばれ、満洲邦人社会の名士となっていた。

有賀定吉には写真の趣味があった。余暇に写真業を始めたところ予想外に繁盛し、東京の江木写真館から技師二名を招くほど熱を入れた。江木写真館（店）は、江木保男・江木松四郎兄弟によって最初京橋区山城町に開かれたもので、後に銀座八丁目角に六層の瀟洒な洋風建築を構え、この建物は銀座のランドマークになるなど有名な写真館だった。福沢諭吉など慶応義塾の関係者と馴染みが深かったという(50)。有賀の恩人菅原恒覧は、れっきとした工学博士の肩書きをもつ土木建築業者として、当時としては異色異端の人物だったが、後年は斯界の有力者として隠然たる存在になっていった。皇居造営でも名を残した。戦前戦後、実業家・文化人として活躍し、破天荒な生涯を送ったことで知られる菅原通済は恒覧の息子である。

早乙女忠国(51) ―漁場の振興に情熱を燃やした水産技師

明治四年（一八七一）、栃木県河内郡姿川村に生まれる。この人物も出自や生い立ちについては何も書かれていない。学歴は東京水産講習所の第一回卒業生となっている。修得した技術を地域の振興のために惜しみなく捧げた青年である。東京水産講習所の前身は明治二二年設立の水産伝習所である。この学校は現在の東京海洋大学の起源となったものだが、三〇年四月に改組改称して東京水産講習所になったのである。年齢から考えると、早乙女が出たのは前身の水産伝習所の可能性もある。

卒業した早乙女は、島根県隠岐島庁に採用され書記となった。郷里の栃木からも東京からも遠く隔たる離島への就職だったが、身につけた水産業のノウハウを生かす仕事が彼を待っていた。青年は島民を指導して五つの水産組合をつくり、さらにはこれらを統一して隠岐水産組合とした。その後、島庁を辞めると自らが組合長となった。スルメの製造改良に努め第五回内国勧業博覧会に出品し名誉金杯を受けた。農畜産などの振興にも尽力し、島根県農興銀行設立委員にも選ばれている。さらには島根・鳥取両県間の漁場紛争を処理して令名を博し、両県下の新聞で激賞されたという。若さと行動力にあふれ、しかも人徳も厚かったのであろう。

やがて早乙女は隠岐の島を去って北海道の小樽支庁に移った。折しも漁業法施行の年（明治三五年）であった。早乙女は三一歳になっていた。さっそく彼は小樽周辺の漁場制度の改良に取り組んだが、これも大いに成果を上げて全国の模範とまで評価された。小樽支庁では勧業課長ともなったが、なぜかここにとどまることなく福島県（おそらく県庁）に移った。福島県では産業発達一〇年計画を立て、知事や県参事会員の賛同を得て実施に移した。しかし、在職中、満洲の関東都督府が農商務省に塩業や漁業の熟練技師を求めてきたことから、早乙女は特選されて関東都督府の技師に栄転し、初めて渡満することになった。明治三八年には従七位に叙せられた。すでに三四歳の中堅人物になっていた。

最新の水産漁業の専門知識、技術を身につけた早乙女忠国は、それを存分に奮って漁場漁村の振興に努めることに情熱を傾けた人物である。地域経済の発展のためには、場所を選ばず献身的に働くことに無上の喜びを感じていたようである。一か所に定住することなく、使命を果たしたとみればその土地を去り、自分を必要とする別の場所に移っていった。驚くほどに私欲を感じさせない早乙女忠国は、いわゆる立身出世志向の人物ではなかった。明治時代にはこういう青年技師が輩出したことも見落としてはなるまい。

中島完平(52)——病院を転々とした士族出の医師

明治二年(一八六九)、長崎県西彼杵郡時津村に生まれる。家は旧大村藩士だった。中島完平は、一般に士族が蔑視していた医師の道を志した人物である。その意味ではこれも時代が生み出した新しいタイプの職業人であった。

明治二六年、二四歳で地元の長崎医学専門学校を卒業した。学校の起源は、長崎奉行所西役所医学伝習所である。その後、これは精徳館、長崎府医学校、長崎医学校、第五高等中学校医学部、第五高等学校医学部、長崎医学専門学校等々めまぐるしく改称を繰り返し、やがて大正一二年に長崎医科大学となり、戦後に至って長崎大学医学部に吸収されることになる。中島が就学した当時は、学校名は第五高等学校医学部だったが、後に長崎医学専門学校と改称された。

卒業した中島は、長崎病院で内科の実地研修に従事し、翌年には内務省から医術開業免状を授与された。これで一人前の医師となったわけである。同年、長崎大隊区の徴兵医官補助員を命じられたが、一一月には長崎病院の医員として外科部に勤務することになった。しかし、二年後の明治二八年一〇月には台湾総督府の雇員となり、日清戦争に従軍して従軍記章を下賜されたという。もっともこれは何かの間違いで、台湾総督府に雇われたのは日清戦争の後であろう。二九年五月には台南県鳳山支庁医員を拝命し、翌年四月に医学得業士の資格を認定された。医学得業士というのは、医学専門学校を卒業した者に与えられた称号である。ちなみに帝国大学医科大学を出れば一つ上のグレードに当たる医学士の称号がもらえた。この年、中島は鳳山監獄の医務嘱託となった。しかし、翌三一年には台中医院に移り、さらにその翌年には台湾総督府医院の医員に任命され、ここで晴れて高等官に昇進した。やっと立身出世の門が開けたのである。二九歳になっていた。同年八月、台中県臨時衛生事務講習所講師に招かれ、三三年には台中地方病調査医員として風土病の綿密な調査に当たった。同年、台中医院の外科部主任に昇進し、従七位に叙せられた。台湾における公立病院医師としての中島の活躍には目を見張るものがあった。

明治三五年、ようやく社会的地位を築きつつあった中島のもとに不幸な知らせが届いた。父親が病気危篤となったのである。やむなく中島は退官して台湾を去り帰国した。郷里でいったん開業医となったが、うまくいかなかったのか同年七月には長崎県検疫官となり、さらに日本赤十字社の準備医員となった。何かいったん振り出しに戻ってしまったような成り行きであった。これらの仕事に満足できなかったのか、日露戦争末期の明治三八年五月には、旅順軍政署の雇員となって渡満し、患者治療と共に公衆衛生事務を担当した。翌年にはこの職も辞し、旅順市街に医院を開いて内外患者の治療を始めた。植民地において開業医となったのである。すでに三七歳になっていた。

中島完平の職歴は、医師としては終始一貫していた。しかし勤務先はめまぐるしく変わっている。医師の資格があればどこかに雇用される機会は常にあったようだ。公立病院などが次々建てられていたからであろう。国内と植民地台湾の病院を比べると、中島完平の経歴からみるかぎりでは、処遇は台湾のほうがよかったような感じである。国内では満足いく職場がないため台湾に渡り、帰国した後も国内にとどまることなく、今度は満洲に渡ったのではないか。しかも、渡台にせよ渡満にせよ、どれも戦時におこなわれたもので、軍政署などの雇員に志願したものであった。ということは、国内ではよほど不遇だったのかもしれない。明治になっても江戸時代と同じように、開業医中心の時代が続いていたので、病院の勤務医では根の張れる場所がみつかりにくかったのであろう。中島完平は、すでに働き盛りを過ぎるころに、ようやく植民地の満洲で自分の城を築くことができたのである。

島崎金一(53)――野戦病院に召集された町医者

明治六年（一八七三）、佐賀県杵島郡大町村に生まれる。家業は医者であった。長男だったのか、本人も中学校を卒業した後公立の柄崎病院で医術の見習いをするようになった。しかし、そのままでは医師の資格は取れないため、島崎金一は二〇歳になった明治二六年に上京し、有名な東京済生学舎に入った。

近代的な医師養成制度が整う明治後期まで、民間の医学校として圧倒的に有名だったのが東京済生学舎である。この学校の沿革については第三章で触れておいた。そもそもこれは明治九年に長谷川泰（元東京医学校・長崎医学校教師）によって開校された学校＝私塾である。目的は、内務省が実施する医術開業試験の合格者を出すことであった。就学期間は三年で、前期には物理・化学・生理・組織などの基礎科学を、後期には外科・内科・薬物・産科・眼科等々の医学を学んだ。ドイツに倣った教授法を採用し、二四年当時の教員数は二五名、生徒数は六一二名だった(54)。当時の新聞によれば、「各地より医学に志し、笈《きゅう》を負うて出京する者、多くはまず済生学舎を目指して入学する」というほどの盛況だった(55)。授業時間は、前期課程が週五七時間、後期課程は八六時間だったというから、学生は信じられないような猛勉強を科せられたのである。その甲斐あって、医術開業試験に受かって免状を取得した学生は、明治一〇年から二四年までの期間だけで三〇〇〇人に達した。これは、帝国大学卒や高等中学卒を含む合格者全体の三分の一にも相当した。それゆえ「この学舎が我が医業の発達、医学の進歩上に功労多きは、今更云までもなきことなり」とまで称賛されたのである(56)。多数の医師・医学者がこの学校から輩出したが、当時としては珍しく女子学生も受け入れていた（途中で禁止）。現在の東京女子医科大学の前身東京女医学校を明治三三年に開いた吉岡彌生も卒業生の一人だった。しかしながら、専門学校令が施行されたことにより、東京済生学舎は明治三八年に廃校となった。専門学校の要件を満たしていなかったためというが、長谷川が文部省当局と衝突し自ら廃校にしたとも言われる。衆議院議員だった長谷川は、三五年にはこれを退き、「専心済生学舎に力を傾け、私立大学となさんと腐心したるも、当局と議を異にし、三十八年六月、断乎としてこの歴史ある学舎を廃校にせしめたる」と報じられている。[57] 長谷川泰は奇人としても有名だった。

話を島崎金一に戻そう。済生学舎を無事卒業した島崎は、明治三二年に内務省の医術開業試験を受けてみごと合格し、郷里の佐賀に戻って家業（医師）を継いだ。親の期待に応えたわけである。二六歳であった。むろん地元では歓迎され、武雄療病院の副院長を兼ね、また大町学校の校医も嘱託された。こうして町医者としての平穏な暮らしが五年ほど続いた。

明治三七年、日露戦争が始まると、三一歳の町医者島崎金一は召集され、第一二師団の軍医となって従軍することになった。医師であることを見込まれての召集だったのであろう。旅順兵站病院、遼陽兵站病院、さらに奉天兵站病院へと転任を重ねた。戦争終結後も遼陽兵站病院に残って五万余名の負傷者の手当てに当たり、一ヶ月あまりは不眠不休で働いたという。その功によって勲六等旭日章と従軍記章を下賜された。いったん帰国したかどうか分からないのだが、島崎金一は三九年に旅順で病院を開業した。佐賀に戻って小さな町の開業医として生きるよりも、新天地の満洲のほうに医師としての将来性を見込んだのであろうか。『満洲紳士録』によれば、島崎の病院は主に清国人の治療に当たっていたという。たまたま軍医として召集され、戦場の満洲において体験したことが、心境に何か大きな変化を起こさせた。そのように推測できるのではないか。

町田新八[58]　―韓国の病院や戦地で名を上げた元町医者

明治一二年（一八七九）、鹿児島県肝属郡垂水村に生まれる。出自は明らかでないが、一六歳で東京の正則尋常中学に入ったという。この学校は、もともとは明治二九年に正則学院の名で開校された各種学校であった。[59] 進学のため東京にまで出してもらったのであるから、町田新八の家は裕福なほうだったのであろう。

しかし在学中に志望が変わったのか、中途で高山歯科学院に転校した。歯科医を目指すことになったのである。高山歯科学院は、明治二三年に高山紀斎により創設された学校で、我が国最初の歯科医学教育機関であった。現在の東京歯科大学の前身である。町田が卒業したのは三一年、一九歳の時である。同年、町田は歯科医術開業試験を受け、ひとまず学科は及第となった。翌年、徴兵合格となって第六師団工兵第六大隊に入隊した。三三年には衛生部選抜試験を受けて衛戍病院で看護学を修業し、同年末には陸軍省看護手を拝命した。そして、三四年に大阪で実施された歯科医術開業実地試験にも通った。これで歯科医の開業資格を得たわけである。

明治三五年、ようやく徴兵も満期除隊となり、町田は郷里の鹿児島に帰って歯科医を開業した。しかし、これは順調に成り立たなかったのかもしれない。というのは、この年、町田は韓国の京城公立漢城病院に招かれ歯科主任となるのである。まだ二三歳の若さであった。郷里での開業医がうまくいっていれば、わざわざ韓国に行くことはなかったのではないか。まだ日韓併合前のことで、どういう経緯で町田が韓国の病院から招聘されたのか、興味を覚えるところであるがその事情は明らかでない。ただ、歯科医としての技倆は相当優れていたらしく、韓国の病院関係者の間でもよく知られるようになったという。

明治三七年二月、日露戦争が始まると共に、町田は京城に駐屯していた第一二師団の嘱託となり、軍人の歯科治療に当たった。五月には召集も受け、第六師団に属して第三野戦病院付き医師として従軍し、満洲各地を転戦した。三八年四月には三等看護長を拝命した。町田が衛戍病院で看護学を修めたことは前述したが、それが生かされることになったのである。八月から一一月までは第四軍軍医部に派出され、第六師団と第一〇師団の軍人軍属の歯科治療に当たった。生命が危険にさらされる戦場において、歯科医療が欠かせなかったというのは興味ある事実である。戦争が終わった翌年の三九年三月、ようやく凱旋した町田には、その献身ぶりから勲八等旭日章と金二〇〇円が下賜された。

ここで町田は韓国の病院には戻らず、同年中に再び渡満し、奉天市内に歯科医を開業した。これは萩原守一奉天総領事の斡旋によるものだったという。戦中の尽忠報国の働きぶりは要路の人物にもよく知られていたのであろう。郷里ではうまくいかなかった開業歯科医を、新天地の満洲ならば成功させられる、あるいはしてみせるという判断をくだしたのかもしれない。町田新八はまだ二七歳であった。ここまでのキャリアは歯科医の専門技術を十分に生かしたもので、基本的には順調な滑り出しだったと言ってよい。ただし、戦場にまで赴いたわけであるから、決して恵まれた職歴ではなかったのである。

三船秋香(60)　―植民地で成功した写真師

明治四年(一八七一)、秋田県由利郡河内村に生まれる。本名は三船徳造といい、植民地において大きな成功を収めた写真師である。往年の映画俳優三船敏郎はその息子である。

三船徳造は幼くして東京に出た。医師になる志望をもち宇都木医学士のもとで修業に励んだ。医術開業試験を目指したのであろう。しかし、中途で挫折したのか、あるいは志望が変わったのか、三船は医業とはまったく異なる方向に転じた。写真師になるべく浅井魁一のところに入門したのである。浅井魁一については詳しいことは明らかでないが、日本の洋画界の草分け浅井忠の従兄弟である。陸軍陸地測量部に協力して戦地に赴いたりしたという情報もある。三船はおそらく東京で暮らすうちに写真の世界と出会い、その魅力に惹かれていったのであろう。

明治二八年、二四歳になった三船は郷里秋田に帰って写真館を開業しようとする。しかし震災のためにこれは断念せざるをえなくなった。調べてみると、確かにその前年の秋、明治二七年一〇月二二日に、山形・秋田一帯に大地震が発生し、倒壊家屋四四八八戸、死者七三九人の被害が出ていた。庄内大地震と呼ぶようである。(61)三船の実家も被害を被ったのかもしれない。やむなく再び郷里を出て今度は横浜に行き、岩淵写真館に雇われ技師となった。あらかじめ知っていた伝手だったのであろう。いずれにせよ震災は彼の人生を大きく変える岐路になった。

五年後の明治三三年、義和団事変が起きた年に三船は天津に渡った。そこに三友商会と称する商店を開き、写真撮影の傍ら西洋雑貨の販売や貿易を開始した。横浜時代に渡航と開業の資金を貯えることができたということであろう。山海関にも支店を設け、居留民の組織化にも活躍するようになった。三船には写真技術だけでなく商才もあったようだ。そして、日露戦争の始まった年に満洲に移った。まだ三三歳であった。第六師団司令部に属して従軍し、戦況や各地の地形などの撮影に当たった。つまり写真班の一員として従軍したのである。志願しての出征だったようだ。戦後もそのまま満洲にとどまり、営口に三船写真館を開設した。日露戦争に際して、わざわざ天津から満洲にやってきて、従軍写真師になった動機は何だったのか。名前を売る絶好の機会とみたのか。高い報酬が期待できたのか。それとも愛国心の発露だったのか。『満洲紳士録』の記録はここで終わっているが、その後の足跡がつかめたので少し触れておこう。

第一次世界大戦後、山東省の青島が日本の委任統治領となった。すると三船は満洲から青島に移った。青島では、ドイツ統治の時代に日本人の経営する高橋写真館というのがあって、これが市内で最も人気が高く繁盛していた。ところが第一次世界大戦の後、青島の日本統治が始まると、高橋写真館に取って代わって登場したのが三船写真館であった。三船写真館は日本軍用達ともなった。(62)大正九年(一九二〇)、三船写真館に長男が生まれた。これが三船敏郎である。徳造(秋香)はすでに四九歳になっていた。三船写真館も、青島随一と言われるほど盛んになったが、なぜか一家は大正一四年に再び満洲に戻り、今度は大連に写真館を開いた。三船秋香編で出された写真帖には、たとえば以下のようなものがある。

関東都督府在職記念写真帖（大正二年・遼東新報社）　青島名勝写真帖（大正一二年・三船美術印刷社）　青嶋風俗写真帖（大正一二年）　支那風俗写真帖（大正一五年）　日独戦没記念写真帖（大正一四年再版・三船写真館）　満洲駐剳記念写真帖（大正七年）　大連旅順名勝写真帖（大正一二年・三船写真館出版部）

これをみると、三船写真館は出版部を持つほどのものだったようだ。写真館主としてはみごと事業に成功したと言えよう。それは、天津・営口・青島・大連など中国各地を移り住みながらの営業と、駐留日本軍への協力によって実現できたものである。日本の覇権の拡大に乗っての成功であった。大連の三船写真館は連鎖街という商店街にあって、昭和六二年当時には半分取り壊されながらも、なおいくばくかの面影をとどめていたという。(63)

6　苦学力行に努めた人物

『満洲紳士録』の人物には、どの世代にも苦学力行型や叩き上げタイプの青年がいたが、第三世代の中では大関誠一郎と一瀬忠次郎の二人が傑出して面白い経歴の持ち主であった。

大関誠一郎(64)——他人の温情と本人の努力で活路を開く

明治一一年（一八七八）、新潟県中蒲原郡白根町に生まれる。幼くして母を喪い、一〇歳の時には父も亡くしたという不幸な生い立ちであった。養育してくれたのは函館にいた伯父であった。伯父に育てられて成長した大関誠一郎の青年時代は、明治の時代には珍しくなかった苦学生の青春そのものとなった。

長じると共に誠一郎は軍人を志望するようになったが、なぜか伯父はこれに同意せず、札幌の北溟中学に進学させた。しかし学校は二年で廃校となってしまい、今度は上京させてもらって錦城学校に入った。伯父はそれなりに経済的に余裕のある人だったようである。錦城学校の起源は、福沢諭吉の高弟で政治家・ジャーナリストとして活躍した矢野龍渓が、明治一三年に慶応義塾内に創設した三田予備校で、翌年には三田英学校と改称していた。国際人養成を目的にしていたが、神田錦町に移った時に錦城学校に再び名を変えた。さらに二五年に中学校令が出ると錦城尋常中学校に改められた。現在の錦城高等学校の前身である。(65) 誠一郎が学んだのは、錦城学校が尋常中学になってからのことであろう。今度は無事に卒業できたのであるが、これと前後して育ての親である伯父が他界するという不幸にまたしてもみまわれた。いまや誠一郎は天涯孤独の身となってしまった。そこで彼が考えついた窮余の一策は、いまの世の中ではとても考えられないものである。

誠一郎はある人物を訪ねた。大隈重信の娘と結婚し、婿養子となった大隈秀麿である。大隈秀麿というのは、旧津軽藩主の息子で、米国留学で天文学を修めて明治一一年に帰国し、その翌年に参議大隈重信の婿養子になった人物である。(66) 一五年に、東京専門学校が牛込早稲田の別邸に設立されると、大隈秀麿が初代校長になった。(67) 誠一郎がかねてより大隈と面識があったのかどうか、それは分からない。いきなりの訪問だったのではないかと思われるが、そこで彼が大隈に願い出たことというのは、要するに「食客」にしてほしいという話だった。窮状を訴えたのである。すると大隈は、誠一郎の将来性を見込んだのか、情にほだされたのか、門前払いをすることなく救済の手を差しのべたのである。食費免除で東京専門学校への入学を許可するというものであった。喜んでこの温情にすがって入学した誠一郎は、法学を学びながら教授の講義録の編集に従事して学資を稼いだ。二年生になると一ヶ月六円の学資（奨学金か？）が得られることになり、講義録を編集する仕事は辞めた。学校も彼の志を汲み月謝を免除してくれた。三年生になると校内の柔術道場の助教となり、同時に講道館の紹介でほかの道場でも教師を務めた。柔術の心得があったようだ。その報酬と六円の学資によって学業を続けることができ、明治三二年にみごと卒業を果たした。二一歳であった。

直ちに新潟県柏崎にあった日本石油株式会社に入社した。この会社は、新潟県の尼瀬油田の石油開発ブームの中で、明治二一年に石油の採掘精製販売を目的に、新潟県刈羽郡の山口権三郎・牧口荘三郎らを発起人として設立されたもので、最初は有限責任日本石油会社と名乗った(68)。現在の新日本石油株式会社の起源である。誠一郎は新しい時代にふさわしい会社のサラリーマンになったのである。庶務課長を二年務めた後、一年志願兵として近衛工兵大隊に入営した。工兵というのは、陸軍にあって築城・架橋・鉄道敷設・爆破・測量などの技術的な任務に従事する兵である。もともと専門学校の法科出身なのに、なぜ志願して近衛工兵大隊に入ったのか、動機はよく分からない。満期除隊後、日本石油には戻らなかったが、その代わり石油興業会社の主事となった。

明治三六年、日露戦争前夜、誠一郎は召集されて見習士官となり、翌年には工兵少尉に昇進した。近衛工兵大隊での経歴が評価されたのであろう。戦争が始まると福知山工兵大隊に移ったが、さらに鉄道大隊配属の第一〇師団第九補助輸卒隊長に転進した。姫路において隊を編成すると、三七年八月には戦場である満洲に向かい、安東県に上陸した。そこで安奉鉄道などの敷設工事に加わった。同年のうちに中尉に昇進した。三九年二月、凱旋し従七位勲六等を下賜された。二八歳であった。戦争が終わっても誠一郎は日本に帰国せず、鉄嶺軍政署に雇われ軽便鉄道部長となった。やがて軍政撤廃となると石油販売会社を開いた。かつてのキャリアを生かそうとしたのである。しかしこれは失敗に終わり会社は解散となった。やむなく営口の井上公司に入った。

以上が大関誠一郎の三〇歳前後までの経歴である。幼くして両親に死別したが、利発で大人に好かれる素直な子供だったのか、人との出会いにはよほど恵まれた前半生だったと言えよう。育ての親となった伯父、大隈秀麿の温情、軍隊内での順調な昇進、井上公司への就職等々をみると、大関誠一郎には出会った相手を惹きつけるものがあったに違いない。彼の体験したエピソードをみると、立身出世主義が広がった明治の世にも、まだまだ人の情けに触れる機会の多かったことが分かる。社会の隅々になお伝統的基盤＝共同体的要素が色濃く残っていたということである。

一瀬忠次郎(69) ―初志を貫き徳ある医者に

明治六年（一八七三）、長野県下伊那郡飯田町に生まれる。家業は旅館であった。幼いころに、病気に罹った泊まり客への医者の治療を目の当たりにして、感動のあまり医者になる希望を胸に宿した。一瀬忠次郎は、苦労を苦労とも思わず夢を追いかけ、ひたすら前向きに生きた青年であった。まさしく彼も立志の人であった。

小学校を終えた一瀬は、地元で実業学術研究会を起こしたりしたが、医者になる志望は持ち続けた。初めて医学書を繙いた一七歳の時、動脈一覧表を模写したという。その後、意を決してわずか一円六二銭を懐中に東京に向かった。偶々家出である。上京した時にはすでに所持金も尽き、神田区末広町の民家の軒先で野宿をせざるをえなかった。偶々家の主が同県人にしてしかも父親の旧友高阪文三であった。運良く急場を救われ二〇円を恵んでもらった。一瀬はさっそくそれで東京済生学舎に入った。しかし、親の仕送りもなかったため暮らしも成り立たず、わずか二週間で退学してしまった。

以来、石版屋の機械輪転工、巻き煙草製造職工、金網製造工など、一瀬忠次郎は医師とは縁遠い職を転々とし、町工場の労働者となって糊口をしのぐ生活が続いた。とても学資など工面できる状況ではなかった。それでも医師志望は捨てることなく、暇をみつけては上野と美土代町の図書館に通って医学の勉強を始めた。八ヶ月ほどたったころ、大伝馬塩町の人力車業の親方と知り合い、事情を話すと寄食を許されることになった。医師を目指す熱意に親方もほだされたのであろう。車屋の親方の世話になることになった一瀬は、医学の教えを請うため向島の大沢医学博士の門を叩いた。面会を求めること十数回、ようやく会うことを許され、親切にも医科大学の小使いの職を紹介してもらった。それから半年間の猛勉強の末、特例により介保生になることができた。二年半勤務したところでようやく医術開業試験を受ける日が来て、みごと前期試験に合格を果たした。

ところが、それからの一瀬の行動は理解に苦しむものであった。医術開業試験に受かった後『内臓圧片解剖図』と題する本を著し、それによって相当の利益を得たという。しかも、なぜか音楽に興味を引かれるようになり、三年間ほどそれに没頭した挙句、再び医学の道に戻った時にはまたもや無一文になっていた。再起を図った一瀬は、今度は「按摩」になった。傍ら盲人医学協会なるものを起こし、大森・品川・芝・京橋などで、五八〇名あまりの盲人にマッサージ技術を教えた。ということは彼自身その技術をどこかで身につけていたということである。やがて、明治三三年五月、ようやく後期の医術開業試験にも合格を果たし、芝区桜田備前町に医院を開業した。伊那を出てから苦節一〇年、一瀬忠次郎は二七歳になっていた。

それから五年後の明治三八年六月、日露戦争が終結をみるや、一瀬は家屋家財を売り払って薬を買い込み、調剤助手一人を連れて満洲に渡った。すでに家族がいたがとりあえず残していったようである。満洲では外国人（欧米人）にマッサージ治療を施すつもりだったというが、考えることがいかにも突飛である。大連に廃屋に近い家を借りてさっそく開業した。しかし、外国人が予想外に少なかったため計画を断念し、マッサージではなく一般の医療に切り替えた。それにより患者が次第に増え、何とか食いつなぐことができた。少しの余裕もできたが、来院した哀れな日本人困窮者に同情し、治療代の半分以上を帰国の旅費として与えてしまう始末なので、助手はあきれて彼のもとを去ってしまった。この話からすると、当時満洲にいた日本人の中には、職も得られずに食い詰めて、帰国したくても旅費も工面できない者が多数いたことが窺われる。年末を迎えるころには六千円もの資金が貯まったので、一瀬は浪花町に家を借りて妻と看護婦を日本から呼び寄せ、ここに改めて一瀬病院を開いた。貧困者の施療に当たり、たちまち入院患者であふれ、外来患者も連日列をなすほどであったという。たまたま市内で時計・自転車・貴金属等々を手広く商う十字堂の店主乾丑太郎（「紳士」の一人）と知り合い、協力して基督教慈恵病院を開設した。乾は篤志家であった。乾が病院主で、一瀬は主治医となった。大正一〇年の大連市内の医院名簿をみると、「大連慈恵病院」というのがあるが、設立が大正四年となっている。(70) 乾と一瀬がつくった病院と同一かどうか定かでない。

大連の浪花町に病院を開いた時、一瀬忠次郎は三二歳になっていた。意志が強く非常な努力家で、しかも情に厚い人物だったようだ。職歴をみれば分かるように、雑草のように生活力のある逞しい男であった。学校はけっきょく小学校しか出なかったが、懸命な独学によって医術開業試験に合格し、医師開業免状を勝ち取った。まさに立志伝型の人物と言ってよかろう。ただし、いわゆる立身出世を動機に生きた人物ではなく、医業を通じて世のため人のために尽くしたいという篤志の人であった。そうであるがゆえか、一瀬忠次郎は人との出会いに恵まれた人生を送ってきた。同県人の高阪文三、車屋の親方、大沢医学博士、そして十字堂店主乾丑太郎、これらの人物の登場なしには彼の成功はありえなかったであろう。経済的に余裕のある人や社会的に高い地位にある人間は、志があっても金に困っている青年に出会ったら、気前よく救いの手を差しのべる。明治の世にはそういうことも珍しくはなかったのかもしれない。

7　大陸や台湾に渡って一旗揚げた人びと

第三世代は、日清戦争では実戦部隊を構成した世代でもあったから、清国や台湾、あるいは極東ロシアなど近隣のアジア地域に渡って、そこで一旗揚げようという若者も多数いた。彼らにとって、これらの土地は意外に身近な存在になっていたようである。

嶋名福十郎(71)　—名門中学を出て商界に入り満洲で自立

明治九年（一八七六）、鹿児島県鹿児島市下龍金町に生まれる。出自・生い立ちは不明だが、学校は地元の鹿児島高等中学造士館を卒業している。同じ九州出身で、後にアジア主義者として名を成す宮崎滔天は、明治四年に生まれて一五歳の時県立熊本中学校に入学している。その回想によれば、当時の中学校で学生に将来の志望を問えば、異口同音に「われは何々の吏《り》となり、われは何某《なにがし》の官に就《つ》かん」と答えたという(72)。つまり官界志望が常識だったのである。しかし、高等中学校を終えた嶋名福十郎は、大学に進学できる環境になかったのか、あるいは本人の意思によるものか、そのまま社会に巣立っていった。

明治二九年、二〇歳の時に帝国海上保険や共済生命保険会社などから嘱託を受け、地元の保険の募集（勧誘）に従事した。企業勃興期に入ったころなので、鹿児島あたりでも保険会社の仕事が珍しくなくなってきたのかもしれない。その後、三二年に鹿児島に米穀取引所が開設されると、嶋名は直ちにその仲買人に転身した。しかし、わずか三年にして取引所は閉鎖となってしまい、嶋名も廃業を余儀なくされた。やむなく親戚筋の久米田商会に雇われ支配人となる。この会社は、米穀・肥料・砂糖の仲買や委託販売のほか、海運業や鉱山業を手がけていた。かなり手広く商売をやっていたようである。三六年、会社の職務で嶋名は天津に渡った。ついでに足を伸ばして南満洲各地を回り、さらに上海・長江河口・香港なども視察して帰国した。同年再び職務で旅順に渡った嶋名は、ロシア陸軍糧餉部から白米三千屯の買い入れを請け負って、これを果たした。そして南満各地で大豆などを買い付け、芝罘・上海などを回って帰国した。

翌明治三七年一月、日露間の情勢が風雲急を告げるなか、嶋名は業務整理のため上海・芝罘を回った後、無謀にもロシア軍の拠点旅順に上陸した。その時ちょうど開戦となったため、嶋名はロシア軍に捕らえられ軍法会議にかけられた。密偵などの嫌疑を受けることもなかったのか、まもなく身柄は英国汽船で芝罘に送られ、同地の日本領事館に引き渡された。韓国の仁川を経由して無事帰国した嶋名であった。しかし、そのまま国内にこもっていたわけではない。早くも四月には肥料と汽船の買い付けのため上海方面に出張し、さらに九月には再び満洲に向かい、第一〇師団の酒保用達となり、店の監督者として自らも戦場に出た。戦闘がまさに熾烈を極めていたころである。命知らずというか、商魂たくましいというか、嶋名は根っからの商人だったようである。そして、翌三八年一月、嶋名は久米田商会を辞めた。三〇歳目前だった。独り立ちの目途がついたのであろう。営口の清国商人王茂幹との共同で、福茂東洋公司という会社を起ち上げたのである。両者の姓名から一字ずつ取った社名である。これまでの体を張った営業経験から満洲の将来性に確信を抱き、親戚の久米田商会からの独立に踏み切ったのであろう。会社は貿易と河川輸送業を手がけた。場所が営口であるから、河川輸送というのは南満洲を縦断して流れる遼河の水運であった。さらに四〇年一月には、奥地の長春に単独で隆泰公司を設立し、日清貿易のほか保険代理店・輸送業・雑貨委託販売・土建請負等々、幅広い商売を開始した。

官界志望者が大半だったという中学校で学んだ嶋名福十郎であるが、卒業すると同時に商界に入って修業を積み、三〇歳にして日露戦後の満洲で自らの商社を開いた。植民地企業家として飛躍を期したということである。日露戦争の勝利は、満洲南部の一角を日本の植民地となし、そこにこのような前途有為の青年を吸い寄せていったのである。それはいわゆる「食い詰め者」とは異なる人たちであった。

た。

樋口智一(73)——台湾を足がかりに満洲で起業

明治四年（一八七一）、佐賀県杵島郡武雄町に生まれる。家業は呉服商で兄弟は七男三女。樋口智一は第七子であった。

幼いころから自立心が強かった樋口は、一六歳の時「半円札」一枚を手に長崎に出奔した。明治二〇年のことである。途上、船中で（旧）島原藩士で医学士の里見武雄に出会い、その誘いにより東京に遊学することになる。ほとんど親の援助を受けずに苦学したというが、どこの学校にいたかの記載はない。学歴としてはけっきょく小学校卒に終わったのであろう。その後、郷里に近い長崎に行き陶磁器の直輸出会社に入社した。これが実業に従事した最初であるという。ということは出郷以前にはまだ仕事に就いていなかったわけで、おそらく家業の手伝い程度のことをしていたのかもしれない。長崎ではその後さらに三菱炭鉱に移った。

明治二四年、二〇歳になった樋口は意を決して清国に渡った。上海に商店を開いて自立したのである。傍ら中国語を勉強するようになった。しかし、やがて日清戦争が起こるとむろん上海にとどまってはいられず、店も閉めざるをえなかった。開戦翌年の二八年一月には陸軍通訳となり最初は大本営勤務を命じられた。中国語力を買われたのである。その後、金州半島兵站部・復州兵站司令部に移り、二九年一月に凱旋した。勲八等瑞宝章・従軍記章を下賜された。同年四月、樋口は上海には戻らず植民地となった台湾に渡り、今度は台湾総督府に通訳として雇われた。商売を再開するのは難しかったのか、あるいは戦争中のキャリアを生かす方がたやすかったのか。総督府の事務嘱託として、台南県その他鳳山駐剳軍の通訳を兼務して八年余、台湾での樋口の働きぶりはなかなかのものだったようだ。紹介文では以下のように記されている。事務勉励のための賞金の授与十数回。清国沿岸諸港への通商事務関係調査の特選出張派遣。第五回内国博覧会出品事務主任として、台湾南部の巨商四〇名を連れて参加。台南慈恵医院の創設に尽力し、数年間その事務に携わる。よほど勉強家だったのか、台湾の事情に精通するようになった樋口は、周囲では「台南県中旧慣博士」と称されるほどになった。にもかかわらず樋口の身分は嘱託のままであった。そういうこともあってか、けっきょく台湾総督府も彼にとって定住の場所にはならなかった。

総督府を退職した樋口は、なお台湾にとどまって台南精糖株式会社の創立に当たった。これは現地人、つまり台湾人のみを株主にしてつくった資本金三五万円の会社であった。後の沖縄精糖株式会社の前身に当たり、沖縄の嘉手納にも工場があった。会社設立に働いた樋口は支配人に選ばれたが、不運にも病気のため一年後には職を辞して帰国した。年次は定かでない。そして、日露戦争の直後、樋口智一の姿は満洲の旅順にあった。渡満した時はすでに三五歳前後だったであろう。旅順で始めたのは旅館であり、続いて写真館も開業したが、こちらは経営を実弟樋口忠七に任せた。三〇歳代半ばにして植民地実業家として一応の地歩を築くに至ったのである。

まだ少年のころに親に無断で出郷した樋口智一は、その経歴からみても何か志のある人物だったと思われる。東京遊学のころに学問に触れたのか、知的水準は決して低いものではなかったようだ。しかし、特に学歴もなかったためか、「社員雇人」という立場ではなかなか満足のいく仕事に恵まれなかったようで、職を転々とせざるをえなかった。けっきょく自分で事業を開くほかなく、それが新開地満洲においてひとまず成就したわけであるが、おそらくそれは彼にとっては新たな出発にほかならなかった。その後のことは分からないが。

村上常之進(74)―農業を嫌って商売の道へ

明治三年(一八七〇)、愛媛県宇摩郡野日村に生まれる。家は代々農家であった。最初は家の仕事を手伝っていたが、やがて農業を嫌って商売の道に進むことを希望するようになった。当時、こうした若者は年を追って至るところの農村で増えていったのであろう。

しかし、村上はすぐに郷里を出たわけではなく、村にとどまりながらわずかの資金で呉服太物の行商を始めた。年齢はそろそろ独り立ちしてもよい一四、五歳だった。商売は意外にもうかったという。事業を広げるため製造業にも手を伸ばした。畳表用の藺草の不要物と藁を混ぜ、土佐半紙の一種を考案し、これを販売したのである。いわば工夫を凝らした廃物利用である。明治二三年、二〇歳になった村上は、六円の元手で紙類の製造を開始し、一年足らずのうちに二千円もの利益を上げたという。農家の倅だった村上には、もともと物作りと商売の才があったのかもしれない。

明治三一年、二八歳になった村上は、これまでに貯えた資金を持って大阪に出た。商売による一層の立身出世を考え、ついに郷関を後にしたのである。しかし、大阪で事業を起こすには資金が足りなくて、この時はいったん帰郷を余儀なくされた。その後、手持ち資金を母親に預けて再び出郷し、今度は新興の貿易都市神戸に向かった。所持した金はわずか六銭だった。ラムネ製造所に雇われ配達人になった。ちなみに、ラムネは維新早々から登場した「舶来」の飲料で、東京では新富町の三川屋というのが有名だった(75)。明治一九年にコレラが蔓延した時には、氷水などの代わりにラムネを飲む者が増えて、神戸十八番館で製造するものは品切れ状態になったという(76)。ラムネの配達員をしているうちに八円の金がたまり、しかも勤勉な働きぶりによって配達先の信用や同情を得ることができた。そこで一気に独立をはかり洋酒の卸小売業を開いた。ラムネといい洋酒といい、いかにも文明開化の時代らしい商品である。店は順調に利益を上げていったのであるが、窮状におちいった友人を救うためにこれを使い果たしてしまった。そういった際に、金の融通を無碍に断れない人間関係の中で村上も生きていたのであろう。けっきょくそれで店はつぶれたようである。

明治三六年一〇月、日露戦争の前夜、村上は営口丸に乗って清国の芝罘に渡り、さらに天津に向かった。乏しい資金をはたいて貸本屋を開いた。その後、委託販売業を始めると利益が上がり経営の基礎ができてきたというが、何の委託販売だったかは明らかでない。戦争が始まり、日本軍が営口を占領したとの知らせを聞くと、村上の関心はにわかに満洲に注がれた。三七年七月には天津の店を閉じて営口に移った。三四歳の時である。元神廟街に家を借りて軍政署の用達となった。ここでも大いに信用を得たようである。ロシア軍来襲の危機が迫った時には、軍政署から秘密書類の保管を依頼されたほどである。軍政署が廃止されると奉天に移り、ここでもまた官庁用達となった。

農家の生まれでありながら、農業よりも製造業や商業で身を立てようとした村上常之進のような人物は珍しくはなかったであろう。彼のばあい、職人的な器用さや商才もあったようだが、独立した事業家になる道は平坦ではなかった。けっきょく村上は国内から清国へ、さらには戦時下の満洲へと流れていった。満洲では官庁の信用を得て商売を営んでいたが、その後も順調に運んでいったかどうかは分からない。

8　大陸浪人・壮士型の人びと

同じく大陸を目指した若者の中には、商売上の動機ではなく、政治的思想的な動機で渡った者もいた。第三世代が成人に達したころには、若者を熱狂させた自由民権運動は過去のものとなり、政治青年の関心はアジア問題、中国・ロシア問題に傾斜しつつあった。アジア主義や国粋主義の台頭も著しくなったが、そんな風潮を感じさせる人物を何人か紹介しなければならない。

柳原又熊(77)――清国の学校で教壇に立つ

明治二年（一八六九）、熊本県熊本市寺原町に生まれる。出自・生い立ち・学歴などは一切明らかでない。清国に渡って、現地の学校で日本語教育に情熱を燃やした人物である。

明治二六年、二四歳の時に清国に渡った。日清戦争の前年であるから早期の渡清者の一人である。上海で「上海週報」という新聞を発行したという。在留邦人向けであろう。新聞を発刊したくらいであるから、柳原又熊はインテリだったと思われる。しかし翌年、日清戦争が勃発したため廃刊に追いやられたが、帰国することなく陸軍に雇われ通訳となった。第二軍に属して山東・遼東に従軍し、最後は威海衛守備軍と共に凱旋した。中国語は堪能だったようである。その後の経歴が面白い。柳原は両湖総督の張之洞に招かれ、湖北において日本語教育に数年従事している。いかなる経緯で招聘されたのかは書かれていない。彼が最初に勤めたのは湖北自強学堂という学校だったが、後には南京の三江師範学堂に移った。三江師範学堂は現在の南京大学の前身である。三江師範学堂には、明治三六年現在、柳原を含め一〇名ほどの日本人が教習として働いていた。これに関しては確かな記録があるが、それによると彼の前歴は、やはり湖北自強学堂の教習で、三江師範学堂でも教習として雇われ、日本語と通訳を担当していた。月俸は銀二五〇元で、三六年五月から三年間勤めたとなっている。(78) ほかの日本人の肩書き（前歴）をみると、東京帝国大学文学士が二人いたほか、法学士・理学士・農学士・医学士・工学士・仙台陸軍学校教員・日清商品陳列所員等々となっていた。

その後、柳原は明治三六年七月に南京高等師範学堂に移り、そこでもやはり教鞭をとった。実は、これに関連する記事が当時の日本の新聞に載っている。南京高等師範学堂は、明治三六年五月の創立予定で、そこには日本人教師一一名が招聘される。上海同文書院の教頭が人選にあたった。彼らが担当する科目は、理化学・農学・工学・医学・商業学・倫理教育・博物学などである。(79) 日清戦争後の清国の学校において、このような日本人教師がいたことはあまり知られていないが、当時の日中関係をみるうえで興味深い事実である。日本の高学歴者であれば、そうした気の利いた就職口が清国にもあったということである。時代のおおらかな気分を感じさせる話であるが、日清戦争に敗れた清国が、日本を見習って近代化に着手したことの表れでもあったろう。

満洲に柳原が行ったのは日露戦争後のことである。とりあえず就いた職業は教師ではなかった。大連にあった日本塩業公司という会社に入り、そこの庶務課長におさまったのである。『満洲紳士録』編纂時の現職はそれであった。情勢の急激な変化によって清国で教師を続けることが難しくなり、やむなく満洲に居を移したのではないか。年齢はすでに四〇歳前後になっていた。

森脇源馬(80)—戦時の特殊任務にも加わった漂泊者

明治六年(一八七三)、高知県長岡郡大津村に生まれる。出自・生い立ち・学歴のどれも明らかでない。

明治二五年、森脇源馬は一九歳の若さで上海に渡った。まだ日清戦争前のことなので初期渡清者の一人である。上海で何をしていたのか書かれていないが、おそらく商売であろう。日清戦争が起こるとすぐに陸軍通訳となり、第一軍に属して各地を転戦し、戦後、勲八等を授与された。戦後もなお上海にとどまった森脇は、日清貿易研究所を主宰していた荒尾精の紹介により扶桑商会という会社に入った。しかし在勤したのは二年足らずのことで、その後は蘇州に移って自ら日光館という商店(営業内容不詳)を開いた。同時に、技術者を雇って写真館も開いたが、こちらはあっけなく失敗に終わったという。

明治三三年、北京で義和団事変が起こると、森脇はさっさと日光館をたたんでしまう。知人二人と結託して有道公司を組織し、勇躍北京に乗り込み日本軍政署等の用達となった。事変を格好の商機とみたのである。事変鎮定後、上海には戻らず天津に移って醬油の醸造業を始めた。日本軍政署等の用達商で稼いだ金を開業資金にしたのであろう。天津でマニュファクチュアの経営に乗り出した森脇だったが、これもけっきょくうまく軌道に乗らないまま閉業となってしまった。どうやら彼にはあまり商才はなかったようである。

その直後のことであろう。日露開戦必至の情勢となった明治三七年一月、森脇は中島真雄の誘いを受けて高等官待遇で再び陸軍通訳となった(81)。敵情視察の特別任務を帯びて満洲に潜入していったのである。この特別任務については、田中正明『大亜細亜先覚傳』に詳しい(82)。それによれば特別任務を帯びて満洲に潜入した人物は全部で四七人いた。その中には『満洲紳士録』に出てくる人物もいた。森脇のほか、飯田正蔵・前田豊三郎・田実優の四人で、全員が同じ第三世代であった。一行は四つの班と別働隊とに分けられ出動したが、四人とも無事任務を終えて戦後を迎えたのである。森脇と満洲との出会いはこれが最初であった。年齢は三一歳、もはやそれほど若いとは言えなかった。当時、ロシア・中国方面の情報任務を担っていたのは福島安正少将率いる参謀本部第二部であった。しかしそれとは別に、参謀本部第一部の松川敏胤大佐が、江木精夫中佐を韓国京城に派遣して独自の諜報活動を展開していた。その江木中佐が明治三七年一月、土井市之進大尉と共に北京から満洲に潜入した際、通訳として雇い入れたのがほかならぬ森脇源馬であった(83)。遼陽を中心とする一帯の敵情視察に従事したが、八月に遼陽が陥落すると同時に森脇は職を辞した。戦後、その功を認められ勲六等と従軍記章を下賜されている。

任務を降りた後も満洲にとどまった森脇は、友人二人と商社を開いて軍隊の用達を始めた。身を挺する特別任務とはいえ、森脇にとってはあくまでも臨時の仕事だったのであろう。このような危険極まりない任務を引き受けたのは、商売が行き詰まり困っていたからではないか。若くして大陸に渡ってはみたが、商売はいっこうにうまくいかず、失敗のたびに日本の軍隊を頼って通訳として雇われ窮状をしのいできた。『満洲紳士録』によれば、寡黙で冷静な人物という印象を与えたようだが、やはり商売にはあまり向いていなかったのかもしれない。森脇源馬の半生にはどこか漂泊者の物悲しさが感じられる。満洲では煉瓦製造業を始めたという。

上野政則[84] ―同志と共に北京で学校を開く

明治八年（一八七五）、宮崎県宮崎町に生まれる。出自は不詳だが、経歴や行動からすると士族ではないかと思われる人物である。

上野政則は熊本の第五高等学校を卒業した学歴エリートであった。その後も遊学のため東京に出てドイツ語を学びつつ、傍ら各所の私立学校の講師を二年ばかり勤めていた。日清戦争の時は二〇歳前後だったが、戦争には直接関与しなかったようである。そういう上野が、義和団事変の翌年の明治三四年に、「感ずる所あり」北京に渡った。二六歳だった。依然として教育に関心を持っていたらしく、清国の児童教育に当たろうと、二人の協力者を得て文明学堂という学校を開いた。協力者となったのは横川省三と沖禎介という青年である。四年あまりの間に三〇〇人をこえる児童に「普通学」を教えたと記されている。

明治三八年八月、日露戦争後のことになるが、上野は営口の日本軍政署から招聘され、北京の学校の管理を友人に託して満洲に移った。営口では瀛《えい》華実学院の教頭兼教習の職に就いて「普通学」を教えた。後にこの学校は商業学堂と合併したが、「普通学部」も設けたので上野はそちらの教習も兼務することになった。やがて軍政が撤去されると、今度は清国奉天学務公所の管理に移され、そこでもまた教鞭をとるようになった。第五高等学校を卒業した上野政則は、東京遊学時代の私立学校教師から出発して、清国に渡ってからも一貫して教師の道を歩んできた。教鞭をとった場所は、東京・北京・営口・奉天と変わり、教える相手も日本人だったり清国人だったりしたが、教師以外の職に就いたことはなかった。なぜ彼が清国に行ったのか動機は語られていないのだが、やはりアジア主義的な考えを持っていたのではないか。そうでなければあえて大陸に渡らなかったであろう。

ところで、北京の文明学堂を上野と一緒に開いた横川省三と沖禎介について、参考のため紹介しておきたい。彼らこそまさしく大陸浪人にほかならなかった。横川省三は、慶応元年に盛岡藩士の家に生まれた。若くして自由民権運動に身を投じ、いわゆる加波山事件に連座して禁固刑を受けたことがあった。士族民権運動家の一人だったということであるが、おそらく深い挫折感を味わったと思われる。明治二三年には東京朝日新聞に入り、郡司成忠の千島探検の特派員を務めた。この千島探検の悲劇的な顚末は、第一世代の荒川勇男の紹介のところで触れたとおりである。おそらく荒川とも接触したであろう。横川は、日清戦争の時には朝日新聞の従軍記者も務めた。元政治青年によくみられたように、新聞ジャーナリズムの世界で何とか食いつないでいたのであろう。その後、清国に渡って北京の東文学舎という学校の教師となった。ここで上野政則と知り合い文明学堂を開いたのである。しかし横川は、日露戦争前夜には軍事探偵となって諜報活動に入り、上野とは袂を分かつことになった。開戦と共に沖禎介らと満洲に潜入し、奥地のチチハル近くまで前進し、東支鉄道（後の満鉄）の橋梁爆破を謀った。しかし、直前にロシア軍に捕らえられてしまう。直ちに軍事裁判にかけられ、明治三七年四月二一日、ハルビン郊外で沖と共に銃殺刑に処せられた。

一方、沖禎介のほうは明治七年に長崎に生まれた。父親は判事だったというから恵まれた家に育ったのであろう。第五高等中学校（第五高等学校）を出ているので、沖と上野政則とは同窓であった。年齢は沖が一歳上であったが、あるいは二人はこの当時からの知己だったのかもしれない。卒業後、沖は東京専門学校に進んだが、これは卒業には至らなかった。そのころに内田良平と知り合い、黒龍会に出入りするようになったというから、そこでアジア主義に染まったのであろう。義和団事変の翌年、明治三四年に北京に渡って東文学舎の教師を務めた。三六年には文明学堂を上野・横川と三人で設立した。しかし、日露戦争の前夜から諜報活動に入り、横川と運命を共にしたのである。彼らが爆破を計画したのは、チチハルの西方、嫩江に架かるフラジル鉄橋であった。

田実　優(85)　―川島浪速とつながった大陸志向の青年

明治九年（一八七六）、鹿児島県日置郡上伊集院村に生まれる。旧薩摩藩士の田実良左衛門の四男に生まれた士族である。彼もまた地元の鹿児島中学造士館に入ったが、中途で東京の善隣書院という私塾に移った。何事か志すところがあったのであろう。

善隣書院は、宮島大八（詠士）が、慶応三年（一八六七）に興した私塾である。宮島大八の祖父は、宮島吉利（一瓢軍）といい、米沢藩の右筆＝記録係をしていた。父宮島誠一郎も学問に秀で、若くして藩校興譲館の助教を務め江戸藩邸詰めとなった。幕末動乱のさなか三〇歳で家督を継ぐと、誠一郎は雲井龍雄と共に藩の公用人として活躍した。その間に得た経験と人脈により維新後は新政府に取り立てられ、外交交渉や修史事業に携わり、後には貴族院議員にもなった。宮島誠一郎の関係文書は国会図書館や早稲田大学図書館に所蔵されている。

学問に優れた祖父や父の血を引いた宮島大八は、東京外国語学校の支那語科を卒業した。その後さらに研鑽を深めるべく清国に留学し、直隷省保定府にあった蓮池書院に入学して張廉卿に師事した。帰国すると中国語の私塾善隣書院を自宅に開いた。明治二九年のことである。当時、日本にはまだ正規の中国語学校がなかった。宮島大八は、東京大学・東京外国語大学の講師も兼任し、受講者には若き日の宇野哲人などもいたという。中国通として政治家や軍人の間に広く知られる存在になっていったが、後には日本の中国政策に反対して東条英機らと対立することになった。

宮島大八が没したのは昭和一八年である。

田実優が善隣書院に入ったのは、開設から数年後のことと思われる。鹿児島の中学生の耳にも、宮島大八と善隣書院の名は聞こえていたのかもしれない。中国語の勉強に励んだ田実優は、明治三三年に二四歳で善隣書院を卒業した。ちょうど義和団事変の起こった年である。さっそく田実優は志願して陸軍通訳となり、第五師団附属として渡清し、事変の収束をもってこれを退職した。従軍記章と金五〇円を下賜された。翌三四年にも、再び北清駐屯軍通訳となったが、一年後にはこれを辞めて北京警務学堂の教習に雇われた。

北京の保定府にある警務学堂を創設したのは日本人川島浪速である。川島は慶応元年に松本藩士の家に生まれた士族であった。上京して東京外国語学校で清国語を学んでいたが、中途で退学して上海に渡り、二、三年の間各地を見聞して回っていた。早くも大陸浪人の兆しがみえていた。病気のためいったん帰国したが、日清戦争が起こると今度は陸軍通訳となって従軍し、大陸から台湾へと各地を転戦した。戦後、乃木希典台湾総督の知遇を得て、いったん総督府の官吏におさまったが、義和団事変が起きると再び陸軍通訳となって大陸に渡り、その後軍政署事務官を兼ねつつ警察業務に従事した。ここまでの経歴ならば「紳士」の中にも似たような人物が何人かはいる。

明治三四年、北京にいた川島は警務学堂を創設した。目的は清国政府、つまり清朝のために警察官を養成することであった。年次からみると田実が採用されたのは学校創設の翌年だったようである。それ以前にどこかで川島との接点ができていたのであろう。実は警務学堂ができた年には、「紳士」の一人前田豊三郎が採用されていた。さらには、だいたい同じころに、そこには川島と同じ東京外国語学校出身の二葉亭四迷（本名長谷川辰之助）もいたのである。「提長」（事務長）として勤務し、対ロシア諜報活動に携わっていた。若いころから二葉亭はロシアの南進に強い危機感を抱いていたのである。なお、川島浪速の名は、後年、清朝の粛親王の娘を養女（川島芳子）とし、満蒙独立運動を画策することで一躍有名になる。

警務学堂では、日本語教師の傍ら庶務と会計を兼務した田実だったが、三七年一月には退職した。その間の功労によって清国政府から雙龍四等勲章を贈られている。警務学堂を辞めた翌月、日露戦争開戦と同時に特別任務を帯びて、田実は北満の松花江付近に深く潜入していった。これは前述の森脇源馬が関与した任務と同じものである。その後、田実は高等官待遇で大本営付きとなり、さらに満洲軍総司令部に転じたが、病気のためにいったん退職となった。しかし、まだ日露戦争中の三八年三月に奉天軍政署の通訳となり、一二月に凱旋した。この時二九歳であった。

そのまま満洲に残った田実は、奉天に瀋陽館という旅館を開き、同地における日本人の草分けの一人となった。その後建てた新館は、全館スチーム暖房の奉天最初の近代的旅館だったというが、企業家として満洲に骨を埋める覚悟だったのであろう。(86) 若くして中国情勢に強い関心をもち、鹿児島から上京して善隣書院の宮島大八の薫陶を受けた田実優は、その後清国に渡って陸軍通訳や警察学校教師、あるいは特殊任務員となり、日露戦争終結まで中国大陸を駆けめぐった。彼もまたアジア主義的熱情に燃えた青年だったのであろう。ただ、日露戦争後は、満洲において植民地企業家として生きる道を選んだようである。

9 特異な経歴の持ち主たち

『満洲紳士録』の人物には、興味深い経歴の人物が少なくないが、なかでもこれから紹介する谷口五兵衛・庄司鐘五郎・鹿島清三郎の三名は格別であった。

谷口五兵衛(87) ―家名を汚した無法無体な若者

明治九年(一八七六)、鹿児島県噌唹郡志布志に生まれる。家は平家の血を引く近郷きっての名門だったという。家いた。

業は、数代前から魚問屋であった。巨費を投じて漁船漁具を用意し、それを付近の漁夫に貸し付け、漁獲物を売って

五兵衛は、幼いころから異彩を放っていた。剽悍《ひょうかん》をもって知られる腕白で、教師にも反抗する乱暴者。けっきょく小学校も中途退学となり家業の手伝いに就いた。馬の背に生魚を積み、毎日隣りの宮崎県都城まで、片道八里の道を往来して商売の監督に当たった。しかし、いつの間にか「猿玄道《えんげんどう》（正しくは袁彦道）」、すなわち博打の世界にのめり込み、商売の利益を使い込むようになった。父母や周囲のいさめも聞かないため、親族会議で馬引きの使用人の身分に落とされる。その後、主任に戻ったこともあったが、素行の乱れは改まらず勘当を受けることも一再ならずだった。奇行も一向に収まらないどころか、博徒の仲間に入るまでになり、ついに両親によって捕縛監禁されるありさまとなった。

これより先、五兵衛は軍役夫（軍夫《ぐんぷ》）となって台湾に渡る決意をしていた。密かに家を抜け出すと、ほかの軍夫志願者らと一緒に船で鹿児島に向かった。この時はまだ未成年者であった。それもあって体格検査に引っかかったが、これまでの事情を酌量してもらって何とか中隊長の許可を得ることができた。軍夫というのは、日清戦争当時の日本軍の補給業務を担った臨時雇いの軍属である。彼らには軍服も軍靴も支給されず、雇用は軍に出入りする請負業者がおこない、末端の実務者の多くは博徒であった(88)。日清戦争では、第一線兵力への補給はすべて人力輸送に頼り、しかも陸軍は兵站輸送部隊を持っていなかった。雇用動員された軍夫は一〇万人以上に達した(89)。この中に谷口五兵衛もいたということである。谷口らは特別任務を与えられ、七ヶ月後に凱旋帰国し解役となった。

しかし、錦を飾れるまでは故郷に帰れないとして、谷口は同郷の軍夫仲間と別れ、わずかな所持金を手にひとり長崎に向かった。すぐに紡績職工となったが、病気や事故に見舞われて借金ばかりが嵩《かさ》むようになってしまった。収入

を増やそうと転職を考え、土木建築請負業者に雇われることになった。つまり土建人夫になったのである。これがこの業界に入ったきっかけであった。胡島の兵営建築に従事していたが、竣工して長崎に帰ると独立し、長崎土木株式会社の配下となった。下請けの土木建築業者になったのである。長崎港湾埋立て工事などを請け負って、巨額の利益を上げ地元新聞に報道されるなどして、同業者間にその名が知られるようになった。しかしまもなく大きな失敗をきたし、明治三三年一一月三日、天長節の日に無一文で長崎を去り、各地を流浪してから鹿児島に帰った。とはいえ家には戻らなかった。偶然、北海道木材会社の鉄道木材を積載した元山丸の陸揚げの仕事を、某氏の同情によって引き受けることができた。さらに日薩線鉄道工事の請負もなし、二年のうちに数万円の金を手にした。ここで数年ぶりにやっと両親のもとに帰った。当時、郷里では無頼の徒が横行し風紀が乱れていた。そこで谷口は、私財を投じて夜警組を組織し、無頼漢の掃討に大きな功績を遺した。かつての無頼の徒が改心したことの証しとも言える。

帰郷後は土木建築業ではなく漁業に従事していたが、三年目に多大の損失を被ってしまい、兄弟友人に借金をする羽目になった。起死回生を図るべく朝鮮の釜山に渡った。日露戦争中の明治三七年五月のことである。文無しだったので釜山から京城までは徒歩で行かねばならなかった。その後、大倉組の配下になることができ、京義線の一部区間の工事を請け負い、一四〇〇円から一五〇〇円の利益を得た。仁川に移ると妻を迎えて一家をなした。年齢は三〇歳目前になっていた。三八年六月には、密航船に乗って仁川を出て、鎮南浦・龍巌浦を経て満洲の旅順に達した。この時も手にした金はわずかに二七銭だった。某大官の庇護で土木建築業に従事し、ここで谷口組を組織し、これが満洲での現職となった。

谷口五兵衛と思しき人物は、創業百年を迎える「レンゴー株式会社」の創業者、井上貞治郎（一八八一年生）の回顧録の中に登場する。明治三九年のことと思われるが、初めて会う谷口組の組長の印象は、若き日の井上の目にはこ

う映ったという。(90)

親分は中肉中背、眼光は鋭く馬賊の頭目みたいな男。赤裏の黒いマントなど羽織って、えらく威勢がいい。その直接のお声がかりというので、私は恐る恐る前へ進み出た。

この谷口組の親分というのが谷口五兵衛であることは間違いない。『満洲紳士録』の紹介文から浮かび上がってくる人物像と、井上貞治郎の記憶（印象）とは驚くほどぴったりと重なるのである。『満洲紳士録』の紹介記事が誇張でないとすれば、谷口五兵衛はまれにみる破天荒な人物にして、特異な体験の持ち主だったというほかない。地方名家の生まれでありながら、生来粗暴のため一時は身を持ち崩して破落戸《ごろつき》となり、職歴のほとんどは底辺下層労働者の世界に浮き沈むものとなった。教育や学歴とは無縁の生き方であるのはもちろんだが、いわゆる立志伝型の人物とも言えない。一家を構える親分となったのは渡満後のことである。年齢はまだ三〇歳なので、この先も波乱を重ねたに違いない。

庄司鐘五郎(91)　—日露戦争前の大連で成功したロシア通

明治三年（一八七〇）、島根県松江の生まれ。若いころにヨーロッパロシアに留学したという。どういう学校で何を学んでいたか書かれていないので、いわゆる「遊学」のようなものだったのであろう。学費や滞在費を親に頼っていたとすれば、庄司鐘五郎の家はかなり裕福だったと思われる。帰国すると東京にロシア語学校を開き主宰者となった。二〇歳代前半のことである。

このロシア語学校はあまり順調にはいかなかったようである。日清戦争の終わった明治二八年、庄司鐘五郎は台湾総督府の通訳官となった。ロシア語学校を閉めて台湾に渡ったのである。ロシア語の通訳だったのか、それとも中国語の通訳だったのか、具体的なことは分からない。どちらにせよこの仕事は気に入らなかったらしく、まもなく退職してしまった。その後、どういう経緯によるものか、庄司鐘五郎は伊東博文の推薦をもらって外務省に奉職することになった。対ロシア外交が重要性を増していく中で、ロシア通の人材価値が上がっていたには違いない。外務省における庄司の職位については何も書かれていないが、通訳官のような専門職・技術職的な待遇だったと思われる。勤務地は極東ロシアの拠点ウラジオストクだった。庄司鐘五郎は再びロシアの地を踏んだのである。ウラジオストク在任中には、ロシア政府からスタニスラーフ三等勲章を贈られたというから、ロシア通の庄司は水を得た魚のように働いていたのかもしれない。しかし、「前途大に考ふる所あり」彼は在職四年にして外務省を退職した。明治三三年、義和団事変の起こった年で、庄司鐘五郎はちょうど三〇歳になった。

当時、満洲の大連ではロシアが東洋一の港湾を建設中だった。これを庄司は一大商機とみたようである。外務省を辞めた庄司が行った先は大倉組だった。仕事を持ちかけたのである。成功報酬の契約で庄司は大倉組の顧問におさまった。「前途大に考ふる所あり」という外務省退職の動機はこれだったのである。妻と女中を伴い庄司は大連入りし、ロシア当局から請負工事の契約を取ることを企図した。それを期待して大倉組は庄司を顧問にしたのである。長期戦の構えでロシア当局者との接触を重ね、ひたすら工事の公開入札を待った。しかし半年たっても事態は進展せず、庄司一行は私財を空費するばかりで貧窮生活におちいってしまった。それでも庄司はあきらめず、日本から運び込まれた個人の美術品を買い取って、それをロシア人に店頭販売するなどして急場をしのいでいった。あるいは道路工事の請負でもかなりの金を手にすることができた。しかし、肝心の港湾工事の公開入札の話は、一年待たされたあげくに清国人に取られてしまった。それで大倉組との縁も切れた。

この間、ロシア語が堪能な庄司には、次第にロシア人の知己が増えていった。中でも六〇歳代半ばの東清鉄道汽船会社の老支配人からは厚い信頼を得るようになった。彼の斡旋によって、庄司は長崎=上海間の定期航路の代理店として、切符の販売や貨客取扱の事務などを委託されることになった。後には寛城子から日本への小麦輸出も開始し、順調に商売は拡張していった。東清鉄道や露清銀行の信用も得て、貨車の供給や為替の便などについても意見を求められるようになった。あるいは、大連港建設用の石炭やセメントを日本から輸入するブローカーにもなった(92)。こうして、ロシア「遊学」や外務省勤務の経験を生かして、庄司は日露貿易のビジネスで大きな成功を手にしたのである。

明治三六年の冬、日露戦争の前夜、ハルビンから来た東清鉄道会社の営業部長が、沿線各駅で安く集荷した小麦を日本に輸出するという商談を持ち込んできた。庄司はすぐに神戸・大阪の豪商に相談して同意を得、この話に乗ることにしてハルビンに赴いて契約した。しかし、この商談は実行寸前になって、日露戦争勃発のためにあえなく頓挫した。当時、庄司鐘五郎は大連日本人倶楽部の会長をしていた。まずは邦人の安全を優先せねばと考え、庄司はすべてを整理して帰国を急いだ。埠頭には東清鉄道の老支配人が見送りにきていたという。けっきょく庄司鐘五郎は日露戦争で財産の多くを失う羽目になった。帰国後、佐世保の知人で鎮守府司令長官をしている人物を訪ねると大いに歓待され、時局柄すぐに参謀本部に赴くべしと紹介状を書いてくれた。上京して参謀本部に行くと、最先発の第一二師団司令部に庄司は通訳官として採用され、二月には韓国の京城に入った。そこから満洲に前進して、遼陽が陥落となった時に辞職を願い出たが認められず、第一軍司令部に転勤となり休戦を待った。戦争が終結すると軍を辞職して庄司は再び大連に向かった。幸いにも所有の家屋は無事で、すぐに荘司商会を再開できた。軍功で勲六等旭日章を下賜された。なお、後に庄司鐘五郎は満鉄調査課に入ったようである(93)。

庄司鐘五郎の経歴で最も目を引くのは、若いころのロシア遊学の経験と語学力を、日露戦争以前のロシア支配下の大連において、ロシア企業やロシア人相手のビジネスにフルに生かした点である。当時は、まだ極東ロシアや満洲においても、日本人とロシア人との間で良好な関係が築かれていたという事実も明らかになった。

鹿島清三郎(94)——老舗の酒問屋が生んだ異色の写真師

明治七年（一八七四）、大阪府大阪市に生まれる。鹿島家は大阪天満の大きな酒問屋だった。幼いころの清三郎は、家庭教師をつけてもらって英語・漢学・数学を学び、少し後には野口暁斎という絵師の門を叩き、暁清と号して高弟を務めたほどであったという。また、挿花（生け花）の心得もあり柳清と名乗った。名前からも推測できるように、鹿島清三郎は家業を継ぐ立場にはなく、しかも豊かな親の財力によって学問や芸術の素養を身につけることができるという羨むべき境遇に育った人物である。しかし、れっきとした学校に入った形跡はない。商人である親も勧めなかったし、本人も師匠に就いて学ぶ古いスタイルの教育を好んだのかもしれない。

『満洲紳士録』によれば、明治二二年、弱冠一五歳の清三郎はロンドンに渡航し、会社に入って商業実習に従事したという。とはいえロンドンでは商業見習い一筋の暮らしをしていたわけではなかった。仕事の傍ら、得意の生け花や絵画を通じて、盛んに日本美術の宣伝に努めていたのである。むろんイギリスにばかりいたわけではなく、暇をみては欧米各地を巡遊していた。『満洲紳士録』によれば帰国したのは明治三二年の冬である。後で触れるように、この帰国年次はおそらく誤りであって、遅くとも二八年には帰っていたのではないかと思われる。日本に戻った鹿島清三郎は、けっきょく商人にはならなかった。意外にも東京に玄鹿館という名の写真館を開いた。つまり写真師として出発したのである。ロンドンにいた時に写真技術を身につけたのかもしれない。玄鹿館は一時都門に名声を博するまでの繁盛ぶりとなった。この写真館については『満洲紳士録』の記述とは少し食い違う記録もある。やや横道に逸れるかもしれないが、興味ある事情に触れておきたい。

鹿島清三郎には八歳上の兄がいた。名を鹿島清兵衛といった。兄はまだ四歳の時に、東京の京橋にあった分家筋の酒問屋鹿島屋の養子に入った。分家である江戸の鹿島屋も、旧幕時代からの著名な「下り酒」の問屋で、広大な土地と巨富を所有していた。しかし、成長した清兵衛はまるで家業に身が入らず、進む方向がずれて道楽三昧に耽るようになった。漆絵や蒔絵に魅了され、あるいは笛に凝って能の笛方を務めるなど、美術や芸能の世界にのめりこんでいった。(95)そして、写真にも興味を覚えた清兵衛は、浅草松林堂の写真師今津政次郎から技術を習ったが、それでも飽きたらず工科大学教授で建築家兼写真家のバートンにも師事するという熱の入れようだった。鹿島家の資力にものを言わせて、高価な写真器材を外国から取り寄せ、技倆も玄人はだしの域に達していったという。明治二八年二月には、一五〇坪ものスタジオを擁する宏壮な写真館「玄鹿館」を銀座木挽町に開設し、その館主に実弟の鹿島清三郎をすえた。つまり、玄鹿館を創設したのは清三郎ではなくて、兄の清兵衛だったのである。その年次も明治二八年となっているので、清三郎はこの時には帰国していたことになる。清兵衛は、その後も写真のために私財を使い続け、派手な仕事ぶりから「写真大尽」の異名を取るまでになった。

しかし、ビール会社の懸賞写真に応募するため、弟清三郎から紹介されたモデルの芸者と恋仲となり、それがために鹿島家から離縁され生活資金を断たれた。もともと肝心の家業は、番頭や家付き娘の妻に任せっきりだったので、当然受けてしかるべき仕打ちではあった。そういうこともあって玄鹿館の経営も次第に傾き、やがて清兵衛一家はこれを閉じて関西に移り住んだ。そこでも写真業を始めたがうまくはいかず、再び東京に舞い戻って本郷の本郷座前に写真館春木館を開いた。夫婦は一二人もの子宝に恵まれ、妻は芸者時代に覚えた芸を生かして寄席に出たり、三味線や踊りの師匠をやって夫を助けた。かねてより交際があったのか、娘の一人「くに」は演劇界の大御所坪内逍遙の養女にもらわれた。清兵衛が死んだのは大正一三年、享年五八歳であった。(96)

一方、弟の清三郎であるが、彼は明治三六年に天津に渡った。その事情は明らかでないが、玄鹿館が閉鎖したためと思われる。天津でも写真業を始めたというから、清三郎は確かに写真師だったのである。翌年、日露戦争が始まると満洲の営口に向かい、旅順に御門写真館を開設した。この時まだ三〇歳であった。これで名実共に独立した写真館主になったということであろう。玄鹿館の存在をいまに証拠づける資料がある。北海道大学の北方資料室の『明治大正期北海道写真目録』をみると、明治時代のアイヌの生活をとらえた貴重な写真が二〇点ほどある。それは玄鹿館が撮影し出版したもので、明治二八年ころの記録とみられている。そこでは玄鹿館の館主は弟の鹿島清三郎となっている。(97)

確かに兄清兵衛が開いた写真館の館主におさまっていたのである。鹿島清兵衛・清三郎の兄弟は、江戸時代からの豪商の家に生まれ、幼いころから美術や芸能の道に親しみ、どちらも家業を継いで商業の世界に入ることがなかった。選んだのは写真師・写真館という最もハイカラで文明開化の象徴のような仕事だった。商人の伝統的な価値観かちすれば、決して堅実な生き方ではなかったが、新しい時代の新しい職業や文化を開くという意味では、兄弟の進んだ道も尊いものであった。(98)

第七章　第四世代の人びと　——ポスト維新派の青年たち

「紳士」の中で最も若い第四世代が生まれたのは、明治一〇年代初頭から二〇年代初頭にかけての一〇年間である。全員が西南戦争後の生まれであり、最年少の者が生まれたのは、森鷗外が四年間のドイツ留学から帰国した明治二一年（一八八八）である。翌年には帝国憲法が発布され、二年後には帝国議会が開設されるなど、時代を画する大きな出来事が続いた。第四世代の若者は、自由民権運動の熱気も知らずに育ったという意味で、正真正銘のポスト明治維新派である。『満洲紳士録』の人物の中にはこの世代に属す者が五四人いた。

第四世代が、少年期から青年期に達したのは明治二〇年代後半から三〇年代後半、ちょうど近代国家の体制が整い、経済の資本主義化が軌道に乗った時である。動乱の世を背景にした無秩序な立身出世競争は、このころにはもはや昔物語の世界に入ろうとしていた。新世代に迫ってきたのは秩序ある立身出世競争であり、世の中は学歴差を軸に形成される階層社会に移りつつあった。維新以来なかなか固まらなかった学校制度も、明治一九年の帝国大学創設を契機にようやく形を整え、「学力」よりも「学歴」を身につけるのが立身出世のメインストリームとなる時代が訪れた。こうした時代転換を一気に促したのは日清戦争で、これを機に教育の実用化と国民化が広がったと言われる。全国の諸府県に公立の中学校が続々設立されたのもこの時期である。田舎の青少年を巻き込む苦学・独学および上京のブームが起こり、そのものずばりの『成功』と題する雑誌まで登場するようになるのである。(1)

『満洲紳士録』が編纂された時、第四世代の人びとは二〇歳から三〇歳の青年だった。つまり日露戦争では実戦部隊の中核をになった世代なのである。その意味では、ほかの世代以上に、彼らにとって日露戦争は特別な意味を持ったであろう。ポスト維新派であった第四世代は、明治最大の対外戦争である日露戦争に際しては、文字通り戦中派としてこれに遭遇したのである。彼らは、いずれも若くして満洲に渡ったので、当然のこと職歴は豊富ではなかった。明治が終わりを迎えた時、最年長者でも三二歳、最年少者は二二歳だった。彼らの人生はまだ半分にも達していなかったのである。明治の後半期に、少年時代や青年時代を送った彼らが、社会の中堅人物や指導者として活躍するのは明らかに次の大正時代である。旧幕期の残像もすっかり薄れた第四世代の人びとは、半ばは「明治の人」であるが、半ばは「大正の人」であった。

一　増加した東日本出身者

出身地の東西分布は、西日本六一％、東日本三九％であった。おおよそ六対四の「西高東低」の形であるが、第三世代までに比べると明らかに構造は崩れていた。若い世代には新たな動きが生まれたのかもしれない。首位はやはり九州だが比率は二六％に下がった。代わって近畿と関東が二〇％にまで上昇した。社会移動の西と東の不均衡が崩れ、移動が全国化する傾向を見せ始めた兆しと言えるかもしれない。

生家の職業の分かる人物は五人のみで、そのうち四人が商家、一人が士族の出であった。続柄が判明する人物は六人いたが、うち五人が長男だった。出郷先の分かる人物は一二人いたが、そのうち県内での移動は二人のみで、残り一〇人が県外への移動だった。県外に出た者のうち六人が東京、三人が大阪に向かった。出郷の動機では学業進学が三分の二を占めた。これは先行する世代よりもさらに高い比率で、若者の進学志向がますます高まっていたことが窺われる。上京した六人のばあい全員が学業進学を動機とした。学歴を足がかりに立身出世を夢見る若者にとって、いよいよ東京は特別の土地＝「聖地」になっていったのである。

二　定着する専門学校の人気

表26　学歴構成：第4世代

（単位：人・%）

	人数	比率
低学歴・不詳	19	35.2
師範学校		
中学校	5	9.3
高等学校		
専門学校	22	40.7
大　学		
「その他」の学校	8	14.8
総　数	54	100

明らかに先行世代よりも高学歴化が顕著である。低学歴者とみられる者は三五％にすぎない（表26）。残り六五％が中等以上の学歴を有していた。とくに専門学校卒が四一％もいたのが際だっている。しかし高等学校卒と大学卒はなぜか一人もいなかった。第四世代の「紳士」の学歴構成が非常に高いものになったのは、一つには若さのためであろうと思われる。年齢が若かったため、低学歴にして「叩き上げ」型の成功を手にした人物がまだあまりいなかったので、紳士録の編者が選んだ「紳士」は結果的に高学歴者が中心になった。そうした面があったと言えるのではないか。中学校卒以上の者を一覧にすると以下のとおりである。

【中学校卒業者】石本権四郎（東京府・日本中学校）　高浜麟太郎（長崎県・長崎中学校）　諸石熙一（佐賀県・佐賀県立中学校）　岩田彦次郎（神奈川県・錦城学校）　出雲喜之助（石川県・学校名不詳）

日本中学校というのは、明治一八年に創立された東京英語学校が二五年に改称された私立の中学校で、現在の日本学園高等学校の前身である(2)。

【専門学校卒業者】柄澤秀三郎（新潟県・慶應義塾）　森井貫之（兵庫県・東京専門学校）　羽生秀雄（東京府・東京専門学校）　馬場善吉（兵庫県・東京専門学校・専修学校）　山本雪三（山口県・台湾協会学校）　久米甚六（佐賀県・東京

高等商業学校）　芝田小三郎（和歌山県・東亜商業専門学堂）　佐藤昌一（東京府・大阪商業学校・攻玉社）　妹尾君美（鳥取県・中央商業学校）　井田茂三郎（島根県・東京工手学校）　長谷川作次（石川県・東京外国語学校）　増井茂松（三重県・東京外国語学校）　古賀羊太郎（佐賀県・東京外国語学校）　甘利四郎（長野県・東京外国語学校）　瀬尾栄太郎（徳島県・東京外国語学校）　倉岡岩（鹿児島県・東京外国語学校）　東海林光治（神奈川県・東京外国語学校）　小柳雪生（熊本県・東京外国語学校）　村井周次郎（長崎県・長崎医学専門学校）　小笠原辰二郎（長崎県・長崎第五高等学校医学部薬学校）　土井朝松（長崎県・熊本医学校）　内海専吉（広島県・東京歯科医学院）

合計二二人の専門学校出身者のうち、商業系の学校の出身は四人、外国語学校の出身が八人、医歯系学校の出身が四人というように、専門性や技術を売り物にする学校の卒業生が多かった。とりわけ目立っているのが東京外国語学校の出身者である。ここに出ている卒業生のうち二名は、最近刊行されたばかりの野中正孝編『東京外国語学校史』の中にも登場している。一人は増井茂松である。(3) 増井は明治三六年（一九〇三）の卒業で、同年の校友会主催第四回講演会において、清語科卒業生総代として式辞を述べている。成績優秀だったのである。翌年、日露戦争が始まると陸軍通訳となって従軍し、戦後の四一年当時は満洲の遼陽の巡警総局に在勤していた。そのまま同地にとどまったらしく、大正六年（一九一七）には遼陽警務局顧問におさまっていた。もう一人は明治四〇年卒業の小柳雪生で、最初は大阪朝日新聞哈爾浜《ハルビン》通信社に採用されたが、明治四三年の同窓誌によれば外務省通訳生として吉林に在職していた。現地採用とみられる。大正八年当時は哈爾浜日本領事館に勤務し、さらに大正末年以降は、ハルビン・ウラジオストク等々の副領事から領事を歴任していった。(4) 両者とも植民地満洲の官僚として、着実に立身出世を達成していったのである。若い第四世代において専門学校出身者が多くなったのは、時代がますます実用的・技術者的人材を求めるようになってきたからであろう。増井茂松や小柳雪生のような青年は、これまでの世代にはあまりみかけなかったタイプである。

【「その他」の学校出身者】　藤川栄三（佐賀県・陸軍教導団）　上野源次（福井県・兵庫県商業学校・東亜同文書院）　松井徹（長崎県・東亜同文書院）　渡辺武夫（宮城県・東亜同文書院）　中村順之助（福島県・東亜同文書院）　小出英吉（東京府・善隣書院）　榊原康吉（愛知県・名古屋商業学校）　城始（熊本県・私立工業学校）

東亜同文書院の出身者が急増したのが目立っている。この学校は、日清戦後の明治三一年に近衛篤麿らによって結成された国家主義団体の同文会（後に東亜同文会）が、三四年に上海に開校したものである。前身は南京同文書院と称した。目的は、日清両国の有志の連携と留学生の育成にあった。陸軍教導団と善隣書院は紹介済みである。名古屋商業学校（現名古屋市立商業高校）は、明治一七年の「商業学校通則」により開校された県立の第一種商業学校で、入学資格は小学校中等科卒業の学力を有する一三歳以上の児童で、修業年限は二年とされた。同校が設立されたのは明治一七年であるが、二一年までに全国で八校が開校された(5)。他方、漢学塾や英語塾といった私塾の出身者は一人だけとなり、ここにも時代の変化が如実に表れていた。

三　増加する給与生活者＝ホワイトカラー

この世代が社会に出たのは、だいたい日清・日露戦間期のころ、つまり明治三〇年代である。それは日本の資本主義経済の成立期、もしくは産業革命期に当たる。幕末生まれの第一世代や第二世代が世の中に出たころとは、時代の変わりようには「隔世の感」があったに違いない。第四世代の七割近くは渡満前の職歴がわずかに一回であった。年齢が若くしかも高学歴者が多かったので、これは不思議ではない。中には職歴数四回、五回という人物も少数ながらいたが、いずれも専門学校や実業学校の出身で、低学歴者ということではなかった。

最初に就いた職業では、六九%が社員雇人の身分であった(表27)。「紳士」全体のばあいには六〇%だったので、最も若い第四世代で被雇用者として社会に出ていった若者がとくに多かったのである。累計でみても傾向は同様である。おそらく男子の雇用市場が開けてきたことの表れとみてよかろう。産業別の内訳をみると、一回目の職業では商業金融サービス業が六七%を占めた(表28)。次に多いのが公務その他で二三%、鉱工業は一〇%であった。個別的には、商店・商社貿易商・交通運輸業・医師薬剤師などの比率が高かった。累計では、商業金融サービス業五七%、鉱工業二三%、公務その他二〇%というように、初回に比べると鉱工業が増えて商業金融サービス業の比率が落ちている。鉱工業が伸びたのは土木建築業への就職が増えたからである。

表27　転職と就業上の地位:第4世代　(単位:人・%)

	自営業	経営者	社員雇人	その他	合　計
1回目	6 (15.4)	3 (7.7)	27 (69.2)	3 (7.7)	39 (100)
2回目	3 (27.3)		7 (63.6)	1 (9.1)	11 (100)
3回目	2 (33.3)		3 (50.0)	1 (16.7)	6 (100)
4回目			3 (100)		3 (100)
5回目			1 (100)		1 (100)
累　計	11 (18.3)	3 (5.0)	41 (68.3)	5 (8.3)	60 (100)

注)「その他」というのは兵士、議員、村長等々である。

就業上の身分で圧倒的多数を占めた社員雇人のばあい、累計で産業別内訳をみると、鉱工業二四%、商業金融サービス業五九%、公務その他一七%であった。これは総数とほぼ同じ傾向である。具体的に職業名を挙げてみると以下のようである。高学歴化が進んだためか、有名会社に採用された者が多く、比較的恵まれた雇用関係のもとにあったと推測できるホワイトカラーの時代が到来しつつあったことを示している。

【鉱工業部門】　電信燈台用品製造所員　精製糖会社員　東京日本製粉社員　有馬組社員

【商業金融サービス業部門】　陶器店員　東京市街鉄道会社員　貿易商店員　大阪鉄道会社員　山城川越銀行員　三井物産社員　内田洋行丁稚　大阪朝日通信員　病院

勤務医

【公務その他】　福岡県庁職員　兵士　陸軍高等通訳　門司市役所技手　東亜同文書院教習　小学校教員

一方、自営業のばあいにはほとんどが商店（業）で、雑貨販売・陸軍用達商・日本公使館酒保・土木建築業・歯科医・薬剤師などが主なものである。まだ年齢が若いので経営者は少なかったが、銅鉄器問屋兼貸金業・米穀店兼精米所・食品問屋などがいた。そして、若くして戸長や議員などに就いた人物はこの世代にはいなかった。幕末生まれの

（単位：人・%）

雇人	その他		総　数	
累　計	初　回	累　計	初　回	累　計
1				1
2			1	3
2			2	2
5			1	8
10 (24.4)			4 (10.3)	14 (23.3)
7			5	8
6			11	12
1			1	1
5			4	6
1			4	6
			1	1
24 (58.5)			26 (66.7)	34 (56.7)
1			1	1
	3	5	3	5
1			1	1
3			2	3
2			2	2
7 (17.1)	3 (100)	5 (100)	9 (23.1)	12 (20.0)
41 (100)	3 (100)	5 (100)	39 (100)	60 (100)
68.3	7.7	8.3	100	100

表 28　職歴と就業上の地位：産業別：第 4 世代

	自営業者		経営者		社員
	初　回	累　計	初　回	累　計	初　回
（農林水産業）					
農業					
林業					
水産業					
その他					
（小　計）					
（鉱工業）					
鉱山業					
煉瓦製造業					
金属機械製造業					
紡織被服業		1			1
食品製造業					2
土木建築業		3			1
その他					
（小　計）		4（36.3）			4（14.8）
（商業金融サービス業）					
商社貿易商		1			5
商店	3	3	3	3	5
銀行					1
貸金倉庫貸屋業					
交通運輸業	1	1			3
旅館ホテル業					
写真業					
医師薬剤師	2	2			2
その他					1
（小　計）	6（100）	7（63.6）	3（100）	3（100）	17（63.0）
（公務その他）					
職業軍人					1
兵士（徴兵）					
軍属・用達商					1
官吏					2
警察監獄署					
教員					2
官庁雇い人					
議員					
村長その他					
（小　計）					6（22.2）
合　計	6（100）	11（100）	3（100）	3（100）	27（100）
就業の地位別比率	15.4	18.3	7.7	5.0	69.2

注）1.「就職経験無し」または「不詳」の者は集計から除いた。
2. 累計は初回から 5 回目の就職までの累計である。

第一世代や第二世代からは、何人もの青年戸長や村長が輩出したが、時代も社会秩序もすっかり変わったのである。いよいよ明治維新も遠くなったということである。職歴も少ないこともあって海外での就職比率も、第二・第三世代に比べると累計では一〇ポイントほども低かった（表29）。若いからというだけでなく、この世代が社会に出たころには国内で適当な職を得る機会が増えたということもあるのではないか。

表29　転職と就職地：第4世代　（単位：人・%）

	日本	清国	台湾	朝鮮	不詳	合計
1回目	33 (84.6)	1 (2.6)	2 (5.1)	2 (5.1)	1 (2.6)	39 (100)
2	6 (54.5)	3 (27.3)	1 (9.1)	1 (9.1)		11 (100)
3	6 (100)					6 (100)
4	2 (66.7)	1 (33.3)				3 (100)
5	1 (100)					1 (100)
累計	48 (80.0)	5 (8.3)	3 (5.0)	3 (5.0)	1 (1.7)	60 (100)

四　高まった極東アジアへの関心

外国で就職した者は増えなかったとはいえ、渡満以前に海外渡航を経験した者は全体の四〇％にも達した。これは極めて高い比率である。渡航先は清国・台湾が中心で、それに朝鮮とロシアを加えた極東地域に集中していた。欧米体験者は一人だけであった。これも時代の変化を表すもので、若い世代には維新以来の欧米志向よりも、むしろアジア志向・大陸志向のほうが強まってきたということではないか。清国・台湾への渡航者は一六人いたが、日清戦争以前に行った者は一人もいなかった。最も早かった者でも日清戦争の翌年である。義和団事変の翌年に初めて渡航した者が五人いて、この年が一番多かった。渡航の目的は、留学、平時の商売、戦時の商売、会社官庁の職務などである。さらに調べてみると渡航目的は学歴による違いがあった。低学歴者では平時の商売、戦時の商売、会社官庁の職務など、専門学校卒では留学と会社官庁の職務、「その他」の学校を出た者では留学が多かった。

戦争への関与では、日清戦争と義和団事変にかかわった人物は合計三名だけで、いずれも軍用達商であった（表30)。しかし、日露戦争の時には六割近くの三一名が関与した。そのうち従軍兵士と雇われ従軍が合計で二二名、全体の七割を占めた。若いだけに直接戦場に赴いた者が多かったということである。戦争の得失を調べると、日露戦争においては兵士・雇われ従軍・軍用達商として行賞を手にした者が多かった。いずれにせよ、日露戦争の実戦部隊の中核を構成し、激しい前線に立ったのが、ほかならぬこの第四世代である。生き残った人たちは、「戦中派」として大正時代を生きていったのであろう。

表30　戦争への関与：第4世代　（単位：人）

	日清戦争	義和団事変	日露戦争	合　計
従軍兵士			10	10
雇われ従軍			12	12
軍用達商	1	2	6	9
会社の職務			1	1
自警民間兵				
その他			2	2
小　計	1	2	31	34
無し・不詳	53	52	23	128
総　数	54	54	54	162

五　渡満のきっかけは日露戦争

初めて渡満した年次を調べたところ、日露戦争の年に行った者が圧倒的に多くて三八人、全体の七割に達した。渡満の目的は、商売八人、戦時の商売六人、会社官庁の職務一六人、従軍兵士九人、雇われ従軍一〇人、その他不明五人という内訳であった。戦争がらみで満洲の地を踏んだ者が多かったのである。日露戦争が若者を満洲に送り込み、誘い込んだということが鮮明に表れている。

満洲では全員が職業に就いていた（表31)。就業上の地位でみると、自営業者二八%、経営者二〇%、社員雇人四六%、その他六%という内訳である。渡満後においても社員雇人の比率が目立って高いのが特徴である。一つ上の第三世代では三五%であった。次に多いのが自営業者で、経営者は最も少なかった。いずれ

表31　満洲における現職：第4世代　（単位：人・%）

	自営業者	経営者	社員雇人	その他	合　計
（農林水産業）					
農業		1			1
林業					
水産業		1			1
その他					
（小　計）	0	2（18.2）	0	0	2（ 3.7）
（鉱工業）					
鉱山業					
煉瓦製造業		1			1
金属機械製造業					
紡織被服業					
食品製造業			1		1
土木建築業			4		4
その他		1			1
（小　計）	0	2（18.2）	5（20.0）	0	7（13.0）
（商業金融サービス業）					
商社貿易商	1	2	5		8
商店	10	4	9		23
銀行					
貸金倉庫貸屋業	1				1
交通運輸業					
旅館ホテル業	1				1
写真業					
医師薬剤師	2	1	1		4
その他					
（小　計）	15（100）	7（63.6）	15（60.0）	0	37（68.5）
（公務その他）					
職業軍人					
兵士（徴兵）				1	1
軍属・用達商			1		1
官吏				1	1
警察監獄署					
教員			1		1
官庁雇い人			2		2
議員					
その他			1	1	2
（小　計）	0	0	5（20.0）	3（100）	8（14.8）
合　計	15（100） （27.8）	11（100） （20.4）	25（100） （46.3）	3（100） （5.6）	54（100） （100）

注）未就職・不詳0人。

も若さを反映した数字とみてよかろう。『満洲紳士録』編纂時では、第四世代の中には三〇歳をこえる者はいなかった。自営業者は、全員が商業金融サービス業部門に属し、圧倒的に多かったのが商店主で、全体の三分の二を占めた。一方、経営者のばあいには産業分野が分散的であった。経営者のほうが、自営業者や社員雇人よりも産業分野に広がりがあったという傾向は、ほかの世代にも共通していた。人数の多かった社員雇人のばあいには、鉱工業二〇%、商業金融サービス業六〇%、公務その他二〇%という分布であった。

六　人　物　伝

これまでたびたび述べてきたように、第四世代の「紳士」は『満洲紳士録』が編纂された当時は、全員がまだ二〇歳代の青年であった。人生はまだまだこれからであった。したがって職業遍歴にしても始まったばかりの者もいて、エピソードに富む人物はそれほど多くなかった。ただ、明治後半期に青年期を迎えた人たちが、具体的にどのような形でこの時代を生きていったのかを知ることはできる。

1　苦学力行型の人びと

明治の後半期に『成功』と題する雑誌が登場して大いに受けるという現象が起こった。立身出世主義の受験雑誌である。日清戦争後、三〇年代に入ってから上京遊学を志す者はさらに増加した。しかし、その上京遊学は以前のそれとはやや異質なものに変わっていった。何の支えも庇護もない「裸一貫型」の苦学が多くなったのである。同じ苦学でも以前のものは様々なネットワークによって支えられていることが多かったという。(6) 明治後半期には進学熱が大衆化し、そのため文字通りの苦学生が急増したということであろう。そのような若者は第四世代の「紳士」の中にも実在した。

佐藤昌一(7)　—苦労して土木工学を修め満洲へ

明治一三年（一八八〇）東京麻布区新門前町に生まれる。「艱難《かんなん》汝を玉にす」という言葉がぴったり当てはまるような青年である。一一歳の時に父を亡くし親戚のもとで養育された。苦労したと思われるが、二九年に大阪商業学校の別科支那語学科を卒業した。支那語学科を選んだのはやはり大陸志向があったのだろう。

大阪商業学校の源流は、明治一三年に五代友厚ら当時の大阪の財界有力者により創設された大阪商業講習所である。この学校が、二二年に大阪市制が発足すると共に、市立大阪商業学校に生まれ変わったのである。その後、この学校は市立大阪高等商業学校に発展し、さらには大阪商科大学（私立）となり、第二次大戦後には大阪市立大学へと継承されていった。その大阪商業学校を出た後、明治三〇年、佐藤は大阪鉄道会社・紀和鉄道会社など地元関西の鉄道会社に就職した。しかし二年後に郷里の東京に帰った。しかも目的は学業であった。改めて攻玉社に入ると、今度は工学の勉強を始めた。鉄道会社での経験から出てきた選択かもしれない。一から勉強しようという決意が感じられる。学校に入り直した佐藤は、学資を捻出するため逓信省の電信燈台用品製造所に勤めた。苦学生の日々を送ったのである。

日露戦争の直後、佐藤は満洲に渡った。最初は営口軍政署の雇員となって土木建築の設計測量・製図に従事し、軍政署廃止後は営口道台工程総局に雇われた。渡満後の職歴からみると、攻玉社では建築工学の技術を習得したようである。彼には姉と妹がいたが、『満洲紳士録』編纂当時、姉は逓信省に判任官として在職し、妹は津田女学校に在学していたという。学力優秀で勤勉な血筋だったようである。父を亡くして苦労して育った佐藤昌一は、それゆえに意志堅固、克己心に強く、母への孝養、妹の教育に心を砕く青年で、渡満後もなお独身の暮らしを続けていた。

井田茂三郎(8) ―働きながら学んで建築士に

明治一三年(一八八〇)、島根県に生まれる。二八年、すでに籍を福岡県に移していた井田茂三郎は、一五歳で地元の福岡県庁に採用された。ここに三年ほど勤めていたが、都合により三一年に民間大手会社の大倉組に転じた。建築部員として小倉師団や対馬の兵営建築などに従事した。しかし大倉組も三年ほどで退社した。それまでの体験から建築の専門技術の必要性を痛感したようである。

建築学を学ぶため二一歳の井田は上京した。苦学を志したのであるが、ともかく職に就かねばならなかった。前歴を生かして建築の設計や監督に従事したというから、そうした仕事は割合とたやすくみつかったのかもしれない。たまたま歌舞伎座の修繕工事の監督になった時に、後の東宮造営課長足立某氏と知り合った。その紹介で日本赤十字病院の建築も監督することになった。東京に出てからも仕事には恵まれていたのである。とはいえ井田の上京の目的は建築学を学ぶことである。そのことを工事発注者の日本赤十字社に打ち明けると、仕事の傍ら通学することを許された。さっそく建築工学の専門学校として知られた東京工手学校に入り、午後三時から学校に通う毎日となった。建築現場から二里の道を、二年間徒歩で往復通学し、ついに明治三七年七月、成績優等で卒業を果たした。二四歳になっていた。

土木の専門技術を身につけた井田は、すぐに東京建築設計所に入り主任となった。しかし、同じ年に東京市役所に転じて、区役所・学校などの建築の設計や監督に従事した。さらに日露戦争後の明治三九年、満洲に渡って営口軍政署の雇員となった。軍政署が撤廃されると、前出の佐藤昌一と同じく、営口道台工程総局に入り副工程司として建築事務を主宰することになった。彼もまた、植民地経営が始まった満洲を新天地とみて、ここを自らの本拠地と考えたのであろう。井田茂三郎は、もともとは小学校卒として働き始めた。最初から一貫して建築業に身を置き転職を重ねつつ、しかも建築の専門技術を身につけるべく苦学の道を貫いた。いわゆる叩き上げ型とは異なる苦学力行型のテクノクラートである。相応に満足のいく職に就くためには、専門知識・専門技術を身につけねばならない時代に移りつつあったのであろう。

岩田彦次郎(9)　—挫折を繰り返して後満洲へ

明治一五年（一八八二）、神奈川県足柄下郡二川村に生まれる。名前からすると次男だったとみられる。一四歳になった年、岩田彦次郎は、商業で身を立てるべく故郷を後に汽車に乗り大阪に向かった。しかし、不運にも途中洪水のため汽車が通行不能となり、足止めを食っているうちに乏しい旅費を使い果たしてしまった。大阪に着いた時には無一文になっていた。弊衣破帽のありさまで徘徊していたところ、東警察署署員の尋問を受ける羽目になった。事情を話すと署員は彼に同情し、陶器店への就職を斡旋してくれた。真面目な働きぶりから岩田は大いに店の信用を得たが、三一年に店が倒産してしまった。やむなく知り合いの帽子製造業松本亀太郎方に寄食させてもらうことになった（第二世代の「紳士」の中にも松本亀太郎という人物がいるが、同姓同名の別人であろう）。この時、これからは商人にも学問が必要と考えた岩田は、錦城学校という学校で「普通学」を学んだ後、さらに関西法律学校（現在の関西大学）に進んだ。おそらくは苦学生の生活を続けていたと思われる。

ところが、明治三四年、無理がたたったのか不運にも病気にみまわれ退学を余儀なくされ、郷里に帰って治療に専念することになった。深い挫折感を味わったのではないだろうか。しかしまだ一九歳であった。若いので病気も早くに癒えたのか翌年には再び大阪に出た。今度は松本亀太郎の助力を得て自ら製帽業を開いた。まもなく第五回内国博覧会に出品したりしたが、けっきょくこの商売は失敗に終わった。日露戦争の前年のことである。そして明くる三七年二月、開戦と同時に岩田は志願して代用従卒として歩兵第八聯隊に入った。おそらく生活は困窮していたのであろう。その後、第三・第四・第五の三個師団で構成された兵站部に移り、直ちに大阪を発って仁川に向かった。同地の司令部に勤務した後、八月には第一軍の司令部に転じてその雇員となった。仕事は糧餉部付きの代用計手で、事務を執っていたという。三八年一二月、凱旋帰国後も残務整理員を命じられた。港区北青山の陸軍大学校内に設けられた事務所で翌年二月末までこれに従事した。その後、いったん郷里に帰ったが、四月には再び満洲に渡って奉天に入り、官庁用達や雑貨商を始めた。年齢は二三歳であった。やはり彼も植民地満洲を新天地とみた若者の一人であった。

まったくの田舎の少年が、わずかの路銀をふところに、単身大阪に向かった。商売人を志したというが、商店で働きながら専門学校に通ったというから、立身出世の希望も抱いていたのであろう。しかし現実は厳しく、苦労の連続でなかなか芽が出ず成功には漕ぎ着けなかった。そんな折、日露戦争が起こったので、志願してひとまず軍隊に雇われて糊口をしのぎ、戦後になると今度は植民地となった満洲で商機を得ようと再出発した。岩田彦次郎の少年期から青年期に至る軌跡はそういうものであった。途中で二度ほど郷里に帰っているが、まだ若かったせいもあって、困った時には実家に戻って再起をはかる、そういうことができたようである。似たような話は珍しくなかったであろう。苦労人だったこともあって情に厚く、渡満してからは、邦人の生活困窮者を食客として迎え入れ、彼らの再起と成功に手を貸していたという。

2　大陸経営に志を抱いた青年

日露戦争を「戦中派」として体験したこの世代にとって、植民地満洲はこれから先の人生を切り開く新天地に思え、そこに積極的にかかわっていこうという青年を生み出した。先ほど出てきた東京外国語学校出身の増井茂松や小柳雪生もそうであるが、ここに紹介する上野源次もやはり若くして大陸経営に志を向けた青年であった。

上野源次(10)　―新天地に招かれた若き専門家

明治一三年（一八八〇）、福井県今立郡岡本村字大瀧に生まれる。生家は三田村家といったが、後に兵庫県に籍を移して姓が上野に変わった。養子に入ったのである。

上野源次は兵庫県商業学校で学んだという。これは、明治一一年に開かれた神戸商業講習所が、一九年に兵庫県立神戸商業学校と名を改めた学校のことであろう。現在は神戸商業高等学校となっていて、日本で最も古い歴史を持つ商業高校である(11)。三三年、在学中に韓国に旅行して仁川・京城・平壌などを視察したというから、日韓や日清の貿易に強い関心を持っていたようである。翌年二一歳で卒業すると、直ちに兵庫県から命を受け、北清の各地を視察して回った。さらにその翌年には県の選抜により実業練習生として上海に航海する体験をした。こうした海外実習生制度は、当時農商務省などでも実施していた。滞在中、中国語の必要性をよほど感じたのか、上野は改めて東亜同文書院に入学する。そして三八年にはここもきっちりと卒業した。学費や生活費をどうしたのか、『満洲紳士録』には何も書かれていないが、苦学生だった様子もないので、養子先の上野家が面倒をみていたのかもしれない。ここまでの経歴はいかにも順調である。

上野が東亜同文書院を卒業した時、日露戦争はまだ進行中であった。ようやく終結した直後の明治三八年六月、営口日本軍政署の招きを受けた上野は、すぐに現地に赴き商業学堂の堂長兼教習となった。おそらく東亜同文書院の紹介によるものであろうが、商業学校卒の学歴やその後の経歴も買われたに違いない。営口に向かう途中、在留邦人の口から現地の教育機関が不備であるとの実状を知った。商業学堂に着任すると、それとは別に個人で夜学校を開き、英語・清国語・商業学を教え始めた。相手は在留邦人と思われる。学校はけっきょく一年あまりで閉校してしまったが、それでも四〇〇名前後の者を教育したという。商業学堂のほうは、日本軍政署が廃止されると奉天学務所公所の管理下に入った。上野はここに招かれ教習を続けることになった。上野源次は、学校で商業の専門知識と中国語を身につけた。働き始めた時がちょうど日本の満洲経営の発進時と一致し、上野はそのための有為の人材として現地に招かれ、教員としての職を与えられた。本人はその仕事にやり甲斐を見出したらしく、少なくとも『満洲紳士録』の編纂時までは転職しなかった。まったく戦争の修羅場を経験することもなく、若いながらも専門家として植民地に恵まれた職を用意された上野源次は、新時代の青年を象徴するような人物である。

3　社会貢献型専門家の登場

第二世代以降の「紳士」の中に、医師が多かったことは一つの特徴であり、またそのうちの主なものが病院の勤務医だったのも意外な事実であった。そうした医師たちにもいろいろなタイプの人物がいたが、第四世代の土井朝松などは学究肌の非営利主義の勤務医であった。

土井朝松(12) ―学究肌の非営利主義の医師

明治一四年（一八八一）、長崎県北高来郡小野村に生まれる。生い立ちは書かれていないが、早くから刀圭家（医者）になることが夢だったという。その志を遂げる環境に恵まれていたのか、土井朝松は熊本医学校を卒業した。

最初は神戸の須磨病院の医員となった。なぜ神戸に行ったかの経緯は書かれていない。その後、上京して東京伝染病研究所に入り医学の研究に励むようになった。東京伝染病研究所は、明治二五年一一月に福沢諭吉と大日本私立衛生会によって創設されたもので、最初は芝公園五号地の福沢邸内に置かれた。その後愛宕町に移転し、三二年には民営から官営に移され内務省所管の国立伝染病研究所になった。さらに三八年には芝区白金台に移転した。(13) 研究所を実際に主導していたのは北里柴三郎であるが、東京済生学舎の主宰者で、衆議院議員でもあった長谷川泰も支援を惜しまなかった。(14) 土井が籍を置いたのは国立になってからのことであろう。二、三年研鑽に励んだ後、明治三六年ころには土井は九州に戻って熊本県立病院に勤務していた。年齢はまだ二二歳であった。翌年に日露戦争が勃発するのだが、戦場における軍医不足の話が耳に入るや、土井は志願して軍医となり戦場に向かった。身分は三等軍医であったというから決して厚遇とは言えない。しかし、日露戦争を一大国難と感じて、自らの意志で職を投げうち軍医になったのであろう。戦争が終結して凱旋帰国すると、今度は京都医科大学の衛生教室に身を置いて、専ら細菌学の研究に従事することになる。このあたりの身の軽さは際だっている感じだが、医学（術）そのものへの専門家的な情熱を抱き続けていたのかもしれない。

明治四〇年一一月、満洲の安東県道台から衛生の専門医招聘の要請が、安東県領事を経て医科大学に届いた。この時推挙されて同地に赴任していったのが土井であった。もちろん日露戦争中の満洲体験も買われたに違いない。幼いころから医道を志した土井朝松は、有能でしかも真摯な人柄の医師だったようである。学者肌もしくは職人肌の医師で、私利を求めて開業医になるといった考えはまったくなかった様子である。それればかりか、日露戦争に際しては尽忠報国の精神を発露して、志願して軍医となり戦地に赴いたほどの社会貢献型の医師であった。医師としては、これはこれで新しいタイプの人物だったのではないかと思われる。

4　日露戦争の勇士

第四世代は、日露戦争の戦中派世代であったが、実際にその最も苛烈な戦線に身を置き、九死に一生を得て生還し、しかもその後数奇な半生を送った人物がいた。石本権四郎である。

石本権四郎(15) ―旅順総攻撃の生き残りと阿片の密売

明治一三年（一八八〇）、東京府東京市に生まれる。父親は高知県長岡郡豊岡村の土佐藩士である。第二世代の中に登場した「満洲の阿片王」石本鏆太郎は実兄である。

石本権四郎は、東京の日本中学を卒業した後、明治学院に進学して英語の勉強に励んでいた。在学中の明治三五年一二月に徴兵年齢となると、志願兵として近衛第二聯隊に入り、一年間の兵役を体験した。いわゆる「一年志願兵」というものである。学歴のある者はたいてい「一年志願兵」となり、士官候補生と一緒に特別教育を受け、一年後には軍曹で除隊した。(16) 除隊の後明治学院に戻ったかどうかは分からない。そのころちょうど日露戦争が始まったはずである。三七年七月、除隊から半年あまり、日露開戦からも半年あまり、石本は臨時召集を受けて丸亀の第一一師団歩兵第一二聯隊に配属された。出征すると直ちに陸軍少尉に任じられ、正八位に叙せられた。二四歳であった。戦場に向かった権四郎らは、旅順攻略で悪戦苦闘していた乃木希典の第三軍の一翼をになうことになった。奇しくも同じところに実兄の鏆太郎が、こちらは陸軍通訳として配属されていた。

明治三七年一一月二六日、これまで二度の大失敗を重ねた後、第三軍は三回目の旅順総攻撃を開始した。権四郎のいた第一一師団は左縦隊を構成し、東鶏冠山《ひがしけいかんざん》への正面攻撃を受けもった。わずか一〇日間で一万七千名近くの死傷者を出し、一二月五日に日本軍はようやく二〇三高地の要塞を落とした。文字通りの死闘であった。とくに一一月二九日から三〇日にかけての攻防戦は、司馬遼太郎の巧みな表現を借りれば、突撃する日本兵は「千人が十人になるのに、十五分を必要としないほどの損耗」であった(17)。まさにその修羅場に石本権四郎もいたのである。石本の属する中隊が吶喊《とつかん》したのは三〇日であったという。身に六発の砲弾を浴びて人事不省におちいったが、石本はまさしく九死に一生を得て生還した。奇跡と言ってもよかったであろう。同僚は中隊長以下全員が戦死したというのであるから。

重傷の石本はいったん帰国して療養の身となった。しかし翌三八年四月には、新設の第一四師団五四聯隊付きとして再び戦場に向かうのである。不屈の闘志をもつ根っからの軍人になっていたのかもしれないし、亡き戦友たちへの思い、一人生き残ったことへの口惜しさのようなものが、彼をして戦場に駆り立てたのかもしれない。聯隊は法庫門付近に駐屯し、北満洲と蒙古の辺境守備についた。三九年二月にようやく凱旋帰国し、石本は金鶏勲章功五級六等勲章を下賜された。その後、日本にとどまることなく漁夫を率いて大連に再上陸して漁業に手を染めた。事業家を志したのである。しかしこれはあっけなく失敗に終わった。彼には実業の経験がまったくなかったのである。『満洲紳士録』編纂当時は再起を図っている最中であった。年齢は二七歳になっていた。

日露戦争で地獄からの生還を果たした石本権四郎は、それだけでも希有な体験の持ち主だったが、その生涯はまた数奇な形で閉じられることになるのである。話は昭和初期の「満洲国」建国の時代に飛ぶ。当時、権四郎は関東軍の嘱託をしていた。年齢は五二歳になっていた。実は彼は、漁業経営に失敗した後も満洲に残り、第三世代のところで登場した兄の石本鏆太郎と共に、阿片取引に関与していたのである。植民地支配の裏社会に暗躍する人物になり果てていたということである。昭和七年七月、満洲国と馮玉祥との間で阿片取引交渉がこじれ、その解決のため権四郎らは北票から錦洲に向かう列車に乗った。それが途中で騎馬隊に襲われ、ほかならぬ彼一人が拉致されてしまった。関東軍は直ちに救出に動いたが成功せず、けっきょく翌年になって権四郎は遺体となって発見された。翌昭和八年には、実兄の石本鏆太郎の編著で『石本権四郎』という追悼の伝記が大連で出版された。この無惨な死から遡ること三〇年、石本権四郎に関する『満洲紳士録』の紹介文は、「君は曾て旅順の戦闘において倖ひにして蘇生したるを以ていま後屍を満洲に遺棄するの覚悟を以て平和の戦争に従事すへし」と結んでいた。何やら暗示的なものを感じさせる。

明治はどんな時代であったか――エピローグ

本書は、明治を「立志の時代」ととらえるところから出発した。どんな事象、いかなる社会や時代にも、陽と陰、正と負の両面があろう。明治などはそうしたコントラストの際だった時代と言えるかもしれない。それを「立志の時代」と特徴づけることは、明治をポジティブな視点から描いてみるということにほかならない。具体的には、職業自由化時代の波頭に立って生き抜いた人びと、すなわち故郷を出て立身出世を図ろうとした人びとの履歴を分析することによって、明治という時代が持った若さやたくましさを描き出すこと、これが本書の意図であった。用いた資料は『満洲紳士録』である。三九九名の「小成功者」や中堅的人物の立志伝からみえてきた明治は、はたしてどんな時代であったか。

一　郷関を出た若者たち

明治が立志の時代だったということは、本文中に引いた僧月性の詩にもあるとおり、男児が青雲の志を立てて故郷から出なければならない時代だったということを意味した。立身出世を遂げるには郷関を出ることが必要であり、故郷を後にした人物が時代の主役となった。多くの人材が伝統社会から離れ、近代化の流れに身を投じていった。若さと躍動感に満ちた時代思潮を創っていったのも、主として故郷流出者たちであった。『満洲紳士録』の人びともその流れの中にいたのである。

とはいえ、人材の流出と移動には地域差があったようである。西日本と東日本とでは、立身出世志向にかなりの温度差がみられ、九州を筆頭とする西日本の若者のほうが、より積極的に郷里を離れて自立する傾向が強かった。背景には、伝統社会の構造や文化歴史環境の違いなどがあるとみられるが、ともかく文明開化の風は西方ほど強く吹いていたと想像されるのである。

また、故郷流出者のばあい、相対的にいうと地方都市の出身者が多く、当時の社会変動の影響をまともに受けたのが、武士や零細商人・職人など都会の住民であったことを示唆した。とはいえ、若い世代になるほど村の出身者の比率が高くなり、農村がますます人材の主要な供給源になっていったことを裏づけた。とりわけ高学歴者において村の出身者が多く、地主や豪農など田舎の資産家から人材が輩出したことを示した。

しかし、出自については明らかにした者は少なかった。特別語るほどの家柄の生まれでない人物が大半だったようであるが、その中では目立って多かったのが士族である。士族を誇りに思う人物がなお珍しくなかったのである。ほかには商家・豪農・醸造家などの富家や旧家の生まれの者もいたが、続柄では「紳士」の九五％は次三男以下であった。たいていの者が一〇歳代のうちに郷関を出たようである。目的は様々だったと思われるが、判明した者の中では進学が半数にも達し、勉学立身の風潮の高まりを表した。若者はどこに向かったかといえば、東では東京、西では大阪、この二つの大都会が何よりの目的地であった。とりわけ、政治と学問の都たる東京の吸引力は圧倒的で、上京志向に関してはあまねく東西に広がっていた。進学を目指す若者の多くが東京に向かったことも分かった。

二　勉学立身を志して

『満洲紳士録』に紹介されているのは社会的には無名の人びとである。しかし、その半数は中学校・師範学校・高等学校・専門学校・帝国大学、あるいは陸軍士官学校・海軍兵学校・有名私塾等々、中等・高等教育機関の出身者であった。紳士録に収められるような人物となれば、植民地経営創始期の満洲においてさえ、学歴のある人物が多数を占めることになったのであろう。学歴社会の到来を物語る話である。

学歴にはもちろん世代による差がみられた。明治の初等教育を受ける機会のなかった最年長の世代は、実際には寺子屋・塾・藩校などで就学したとみられる。それを基礎にして新時代の中等・高等教育機関に入学したり、そこで教鞭をとる者さえいて、江戸と明治の新旧教育制度の間に「接ぎ木」現象がみられた。維新直前の五年前後以降の生まれになると、「紳士」の中には早くも高学歴者が登場し、東京専門学校や慶応義塾などに入る者が増えた。人気の高かった法律系のほか、商業・語学・医学系の学校の出身者も少なくなかった。と同時に、中村敬宇や馬場辰猪など有名な人物の私塾で学んだ若者もまだいた。

明治維新期生まれの「学制」第一期生に当たる世代になると、勉学立身志向はますます強まり、専門学校生の中には新たに技術工学系の学生が増加し、土木工学の技術者として成功する人物も出てきた。工業化の進展を反映したものであった。実学への需要が一層拡大してきたわけであるが、それは一面では高学歴者=「書生」の地位低下を意味したのであった。さらに、西南戦争後生まれの最も若い世代では、進学熱の大衆化を背景に苦学生が増えてきた。自分で学費を工面しながら初志を貫徹した青年が「紳士」の中にもいた。

三　立身出世は遂げられたのか

では、それぞれなりの立身出世を願って飛び込んだ実社会において、職業の選択移動はどのようにおこなわれたのか。そこには世代や学歴による明らかな違いもみられた。

旧幕期をよく知る第一世代の人びとは、明治維新を迎えた時にはみな一〇歳以上、最年長者は三〇歳になっていた。学歴があっても中学校卒がほとんどで、専門学校や高等学校、あるいは大学卒はいなかった。しかし、出自の点では社会的に高位の人物が目立った。たとえば、地方名望家の家に生まれ、明治維新期には二〇歳代の若さで、戸長・村長・村議等々の地域の要職に就いた神野良や大谷高寛がそうである。私財を投じてまで地元経済の振興に尽くした上島徳三郎は士族であった。近代的企業家になった例としては、老舗の商家の婿養子ながら、経営を革新して織維工場を興した阿部孝助、近代技術の摂取に情熱を燃やし、地方産業の発展のため活躍した児島幸吉などがいた。これらの人物は、伝統社会から登場した近代化のパイオニアであり、時代の移行期にふさわしい役回りを演じた人びとである。彼らのばあいには、親から家産や経営を継ぐ立場にあったので、立身出世のために故郷を出るという行動はとらなかった。

もちろん故郷を出て立身出世を目指した人物もいた。勉学立身によって外交官になった田島彦四郎、学歴がありながら苦労を重ねた高瀬四郎、親譲りの資産をもとに横浜に出て貿易商になった森本文吉、あるいは裸一貫から身を起こし、土木建築業界で名を挙げた澤井市造や英修作などである。澤井や英は叩き上げタイプの立身出世の典型であろう。他方、戊辰戦争の功労により高級司法官僚に出世しながら、政変によって地位を失い数奇な人生を送った有馬純雄のような異色の人物もいた。

同じく旧幕期にして維新前夜の生まれである第二世代は、明治五年から一〇年代前半のころ職に就いた。すでに職業選択自由の世の中になっていた。社員雇人になった人物がおよそ六割、自営業者が二割五分、残りが経営者等であった。地方の名誉職に就いた者は、第一世代に比べて相対的に減少し、特筆するほどの人物も少なくなった。旧家に生まれた若者が、いきなり地方の名士になれる時代ではなくなったのであろう。雇用先の大半を占めたのは、商業金融サービス業界と「公務その他」である。前者の中には三井物産・三菱組・大倉組・日本郵船・大阪商船・大阪鉄道・九州鉄道・台湾運輸通信部・台湾駅伝社等々が含まれた。勤務医・新聞記者・英語通訳といったインテリらしい職業も数多く登場した。公務関係では、一般の役所のほか警察・監獄・軍隊周辺等々の諸機関で職を得た人物が多く、雇用先は遠く台湾総督府にまで広がっていた。

自営業のばあいは商店主が圧倒的に多かった。雑貨商・綿布織物行商・呉服商・売薬業・金物船具商・海軍用達商・時計店主・美術商・煙草仲買・西洋家具雑貨商・軍酒保・鉄道会社用達等々である。新旧多様な商売が顔をみせていた。これに対して、少数ながら経営者になった人物をみると、鉱山業・紡織被服業・煉瓦製造業・食品製造業・酒造業・人造ゴム製造業・石版印刷業・骨粉製造業・樟脳製造業・学校経営・株式仲買など、工業化の発進や文明開化の時代を映す業種が登場したことが分かった。

学歴の点でみると、低学歴者のばあいには、ほかの世代もそうであるが、人に使われるよりも商店などの自営業を開く傾向が強かった。学歴を武器に組織内で出世する見込みもなかったからであろう。しかし、雇用先としては一番多かったのは意外にも官庁であった。下級官吏や官庁雇い人になった男が多かったのである。転職の頻度はそれほど高くなく、一つの仕事に辛抱する性向がみられたが、職歴多数の者の中には土木建築業・紡織業・食品製造業等の経営者に出世した人物もいた。

当時は中学校卒も立派なエリートだったので、中には若くして村長などの公職に就いた人物もいた。しかし、高等学校や大学を出た者で、故郷の名士におさまった人物はいなかった。中央志向の強い彼らの多くは官僚・銀行員・勤務医などになったのである。自営業に就く傾向はこれら学歴エリートにはほとんどみられなかった。また、実学が売り物の専門学校で学んだ者も、その大半が会社員・勤務医・官吏などに就職していった。要するに、学歴のない若者は自営業を開くことを願い、学歴があれば官僚や会社員となって、組織の中で立身出世を追求していった。そういうことであろう。

職業遍歴という点では、転職の頻度が最も高かったのは社員雇人になった高学歴者やインテリである。この世代では、今村春逸（東京済生学舎卒・勤務医）、荒川勇男（海軍主計学校卒・船舶会社員）、松本外吉（東京和仏法律学校卒・中下級官吏）、安斎源一郎（インテリ・新聞記者）などがそれである。彼らの履歴をみると、なかなか職が定まらなかったとはいえ、それなりに学歴やキャリアに合った職はみつかったようである。他方、学歴はなかったが同じ業界を渡り歩いて腕を磨き名を上げた人物、たとえば土木技師の草分け米島豊次郎、株の仲買人荘伴治、写真師の中島喬木のような人たちもいた。

次の第三世代は、明治一〇年代の後半以降、待望の企業勃興期に社会に出た人びとである。彼らの職業には、経済の近代化の進展を示す特徴がみられたが、それらは先行する第二世代においてすでに出てきたのと同じ傾向のものであった。社員雇人の比率は一層高まり、雇用先の中心は商業金融サービス業と「公務その他」で、商社員・銀行員・運輸会社員・勤務医・軍医・教員等々、ホワイトカラーの先駆けや専門職が増加した。自営業の半数はやはり商店であった。経営者のばあいには、コークス製造・煉瓦製造・自転車製造・精糖・缶詰製造・工業薬品製造・印刷等々の工場、あるいは貿易商社・材木石炭販売・米穀取引所仲買・船舶輸送業・新聞社・サルベージ会社等々にみられるように、工業化の勢いに乗って事業を起こした人物が数多く登場した。

この世代の職歴をみると、学歴社会の到来を告げるかのように、高学歴者ほど専門職・経営者・名誉職等に就いた人物が多く、学歴がないと雑業や肉体労働の仕事に就くケースが多くみられた。しかし、転職は土木建築業や医師などをはじめとして、同じ産業や同じ職種の内部でおこなわれることが多く、キャリアや技術を生かした職業選択を繰り返した例が多かった。

世の中がますます流動化してきたのであろう。多彩な人材が登場したのがこの世代の特徴であった。丁稚小僧から叩き上げの商人になった川島藤蔵や、政治青年から地元実業界の指導者になった山下善五郎は士族であった。官僚から弁護士に転じた値賀連も銀行員になった深水静も帝国大学を出ていた。専門技術者となって活躍したのは、攻玉社出身で耐火煉瓦の開発者小山田篤太郎、土木技師から経営者に出世した有賀定吉、各地の漁場の振興に奮闘した水産技師の早乙女忠国、韓国の病院や野戦病院で活躍した医師町田新八、「外地」で成功した写真技師の三船秋香等々である。あるいは、清国の学校で教鞭をとった柳原又熊、北京に学校を開いた上野政則、日露戦争に際して特殊任務に就いた田実優など、大陸志向型の青年も目立った。

最も若い第四世代は、明治三〇年代の日清・日露戦間期、まさしく日本の産業革命期に働き始めた。社員雇人となった者はさらにふえて七割に達した。しかも、高学歴者が多かったこともあって、大きな会社に採用された若者が珍しくなく、ホワイトカラー時代の到来を告げるような傾向がみられた。学校で修得した専門技術を買われ、国策に乗って新天地満洲に向かった青年も出てきた。他方、苦学生や苦学力行型の青年が目立ったのもこの世代の特徴で、土木工学を修めた佐藤昌一や建築士となった井田茂三郎などがその実例である。

四　近隣アジアも戦場も職業遍歴の場となった

立身出世の時代は上京遊学の時代でもあったが、東京に出てきた若者のその後を追ってみたところ、その多くがやがて地方に流出し、各地を移動していったことが分かった。中央で集中陶冶された人材が、地方に分散供給されるという流れができていったのである。しかも、人材の移動範囲は国内にかぎられることなく、明治の早い時期から海外にまで広がっていった。とりわけ『満洲紳士録』の人物は、そもそも海外志向の強かった人びとなので、そうした傾向が突出したかたちで現れた。

彼らは、働く場所にはあまり拘泥することなく、積極果敢に海外、とくに清国・台湾あるいは朝鮮・極東ロシアなどに出ていった。初めての渡航年齢は二〇歳代が中心で、こうしたところにも「明治の若さ」というものがみられた。文明開化のかけ声と共に始まった社会の流動化は、先端部分においてこのような非土着的な人間、まさしく「人間到るところ青山あり」を地で行くような生き方をする若者を生み出していったのである。

渡航先の中心だった清国と台湾には、明治一〇年代から渡る者もいたが、弾みをつけたのは日清戦争と義和団事変の二つの戦火であった。渡航の目的は、留学・商売・起業・軍用達・雇われ従軍・応召従軍・会社官庁の職務などである。思い切って渡ってみれば、働く機会や起業チャンスが、大陸や台湾にもあったのである。世代的にいうと海外志向が一番強かったのは第二世代であった。明治維新を一〇歳以下で迎えた若者が、最も積極的に職を求めて海外に出ていったのである。そして、学歴的には日清貿易研究所など特殊な学校の出身者と低学歴者の中に海外経験者が多く、中学・高校・大学卒等の学歴エリートは、それほど海外志向が強くなかった。

明治時代には国の命運を賭したいくさが二つもあった。近代社会では軍隊も戦争も社会移動の重要な契機の　つである。『満洲紳士録』の人物のばあいには、半数をこえる者が日清戦争や日露戦争にかかわりを持ったが、満洲開拓の草分けらしい特性がこういうところにも表れていた。戦争への関与の仕方には、通訳・軍夫・用達商・兵士などいろいろあったが、自らの意思で民間人のまま戦場に出た人物の多かったことが目を引いた。とりわけ戦争に協力的だったのは、陸軍士官学校や日清貿易研究所などの出身者で、陸軍通訳などに雇われた者が多かった。低学歴者の中にも戦場に出た者が多かったが、このばあいには商魂たくましく軍用達商に転身した人物が目立った。専門学校の出身者でも、日露戦争の時は四割以上の者が関与したが、とくに多かったのが一般兵士であった。中・高・大学卒をはじめ、高学歴の人間はそれほど戦場には引き寄せられなかったようである。

五　明治の終わりに

やがて、『満洲紳士録』の人物たちは、植民開発の始まった満洲に、自らの人生の新生面を切り開くべく渡っていった。渡満後、彼らの多くはいくばくかの成功を手に入れ、紳士録に登載される栄誉に恵まれた。まだどの人物の遍歴も、それで終わりを迎えたわけではなかったが、『満洲紳士録』刊行の四年後、彼らが駆け抜けた明治は静かに幕を閉じた。

明治の幕開けと共に到来した職業選択社会の下で、伝統社会を離れる自由を得た人びとは、確かに立身出世のため積極果敢な行動を起こした。先の見通しなどできなかった激動の時代に、若さと逞しさ、そしていさぎよさにあふれた人物が、様々な出自から次々と輩出したのである。『満洲紳士録』から一番に読み取れたのはこのことであった。

明治という時代を巧みに特徴づけた司馬遼太郎の言葉を、あえてもう一度引いてみたい。

町工場のような小さい国家のなかで、部分々々の義務と権能をもたされたスタッフたちは世帯が小さいがために思うぞんぶんにはたらき、そのチームをつよくするというただひとつの目的にむかってすすみ、その目的をうたがうことすら知らなかった。

『満洲紳士録』に登場した人物こそ、まさにこの町工場の勤勉なスタッフの実例にほかならないのではないか。職業自由化の明治の世には、それにうってつけの人材が続々と現れ、時代の要請に応えていった。明治の日本人の適応力というものが、けっして生半可なものでなかったことを改めて知ることができたように思える。人が時代をつくり、また時代が人をつくるということである。そして、時代も人も、覇気に富む独特の魅力を持ったのが明治であった。明治の末年に編まれた『満洲紳士録』からつかむことのできた明治の相貌は、やはり「立志の時代」と呼ぶにふさわしいものであった。これをもって本書の結びの言葉としたい。

註

どのように明治を描くか―プロローグ

(1) バルザック『ペール・ゴリオ―パリ物語』鹿島茂訳、藤原書店〈バルザック「人間喜劇」セレクション第一巻〉、一九九九年、三〇頁。
(2) 柳田國男編『明治文化史』第一三巻・風俗、洋々社、一九三四年、五頁(復刻版、原書房、一九七九年)。
(3) 丸山眞男「明治国家の思想」歴史学研究会編『日本社会の史的究明』岩波書店、一九四九年、一八三〜二三六頁。
(4) 司馬遼太郎『坂の上の雲』文藝春秋(文庫版、全八冊)、一九七八年、(八)、三〇九〜三一三頁。
(5) 三谷博『明治維新を考える』有志舎、二〇〇六年、二二〇頁。なお、本稿脱稿後、中村政則『「坂の上の雲」と司馬史観』(岩波書店、二〇〇九年)が出版されたことを付記しておく。
(6) 色川大吉『明治人―その青春群像―』筑摩書房、一九七八年、六〜七頁。
(7) 丸山真男『日本の思想』岩波書店、一九六一年、二六頁。
(8) 前掲柳田編『明治文化史』第一三巻、四頁。
(9) 藤村徳一・奥谷貞次編『満洲紳士録』前編、三生社、一九〇七年、後編、公木社、一九〇八年(以下の註においては、単に『満洲紳士録』とする)。
(10) 『満洲紳士録』から抽出したデータの分析結果を最初に公表したのは、一九八八年の社会経済史学会第五七回大会での報告「明治期における渡満日本人の来歴分析」であった。なお『満洲紳士録』は、その後『日本人物大系11・満洲編』(皓星社・一九九九年)の中に復刻収録された。
(11) 本書が書き上がるまでに、『満洲紳士録』のデータ分析に基づいて筆者が発表した論文は以下の通りである。
①「『満洲紳士録』への社会移動論的アプローチ」『日本植民地研究』第一一号、一九九九年
②「明治期の男子職業移動の実態」『日本大学経済学部経済科学研究所紀要』第三〇号、二〇〇一年

③「世代別にみた明治期の男子職業移動の傾向」『日本大学大学院総合社会情報研究科紀要』第一号、二〇〇一年
④「日本における教育の近代化と人的資源の開発」『開発学研究』第一三巻第一号、二〇〇二年
⑤「明治期における専門学校出身者と準エリート層の形成」『人間科学研究』第一号、二〇〇四年
⑥「明治期における日本人の中国進出」『人間科学研究』第二号、二〇〇五年
⑦「近代化への幕末世代の適応」『日本大学大学院総合社会情報研究科紀要』第九号、二〇〇九年

第一章　立身出世をめぐる議論

(1) 隅谷三喜男編『日本人の経済行動』上下巻、東洋経済新報社、一九六九年。
(2) 同書、上巻、一六五〜二〇九頁。
(3) 安田三郎『社会移動の研究』東京大学出版会、一九七一年、三八七頁。
(4) 横山源之助『日本の下層社会』教文館、一八九九年。
(5) 山田盛太郎『日本資本主義分析』岩波書店、一九三四年。
(6) 中村政則『労働者と農民』小学館、一九七六年。
(7) 平野義太郎『日本資本主義社会の機構』岩波書店、一九三四年。山口和雄『明治前期経済の分析』東京大学出版会、一九五六年。
(8) 渡辺信一『日本農村人口論』南郊社、一九三八年。野尻重雄『農民離村の実証的研究』岩波書店、一九四二年。牛山敬二『農民層分解の構造―戦前編―』御茶の水書房、一九七五年。
(9) 柳田國男『明治大正史―世相篇―』朝日新聞社、一九三一年。
(10) 東畑精一『日本資本主義の形成者』岩波書店、一九六四年。
(11) 隅谷三喜男『日本賃労働史論』東京大学出版会、一九五五年、『日本の労働問題』東京大学出版会、一九六七年など。
(12) 明治史料研究連絡会編『明治前期の労働問題』御茶の水書房、一九六七年。
(13) 森喜一『日本の近代化と労働者階級』日本評論社、一九七九年。
(14) 石井寛治『日本経済史』第二版、東京大学出版会、一九九一年。

(15) 石井寛治『日本の産業革命―日清・日露戦争から考える―』朝日新聞社、一九九七年、一七四〜一七六頁。
(16) 大門正克・安田常雄・天野正子編『近代社会を生きる』吉川弘文館、二〇〇三年。
(17) 前掲司馬『坂の上の雲』(八)、三〇九〜三一〇頁。
(18) 前田愛対話集成Ⅰ『闇なる明治を求めて』みすず書房、二〇〇五年、二〇五頁(初出は、『すばる』二二号、集英社、一九七五年)。
(19) 林屋辰三郎編『文明開化の研究』岩波書店、一九七九年。
(20) 安丸良夫『文明化の経験―近代転換期の日本―』岩波書店、二〇〇七年。
(21) 麻生誠「近代日本におけるエリート構成の変遷」『教育社会学研究』第一五号、一九六〇年、一五五頁。ほかに麻生誠『日本の学歴エリート』玉川大学出版部、一九九一年も参照。
(22) 萬成博『ビジネス・エリート』中央公論社、一九六五年、七六頁。
(23) 勝田守一・中内敏夫『日本の学校』岩波書店、一九六四年、七五頁。
(24) 同書、九五頁。
(25) 天野郁夫『試験の社会史』東京大学出版会、一九八三年、『学歴の社会史』新潮社、一九九二年、『大学の誕生』上下巻、中央公論新社、二〇〇九年など。
(26) 前掲天野『試験の社会史』二四四〜二四五頁。
(27) 天野郁夫「近代日本における高等教育と社会移動」『教育社会学研究』第二四号、一九六九年、八三頁。
(28) 前掲天野『学歴の社会史』二三三〜二三四頁。
(29) 吉田文・広田照幸編『職業と選抜の歴史社会学―国鉄と社会階層―』世織書房、二〇〇四年、一三頁。
(30) 竹内洋『立身出世主義―近代日本のロマンと欲望―』日本放送出版協会、一九九七年、五一頁。
(31) 粒来香「近代都市東京の形成」原純輔編『日本の階層システム１　近代化と社会階層』東京大学出版会、二〇〇〇年、九五〜九六頁。
(32) 前掲丸山『日本の思想』四四〜四五頁。
(33) 見田宗介『現代日本の心情と論理』筑摩書房、一九七一年、一九四頁。

(34) 大門正克「学校教育と社会移動―都会熱と青少年―」中村政則編『日本の近代と資本主義』東京大学出版会、一九九二年、一五八頁。
(35) 門脇厚司編集・解説『現代のエスプリ118―立身出世／学歴社会の心情分析―』至文堂、一九七七年。
(36) 川島武宜「日本の社会と立身出世」前掲門脇編『現代のエスプリ118』三一頁（初出は、『展望』一九五六年九月号）。
(37) 前掲安田『社会移動の研究』三九一～三九二頁。
(38) 原純輔・盛山和夫『社会階層―豊かさの中の不平等―』東京大学出版会、一九九九年、四九頁。
(39) 池田功・上田博編『「職業」の発見―転職の時代のために―』世界思想社、二〇〇九年。
(40) 菊池城司『近代日本の教育機会と社会階層』東京大学出版会、二〇〇三年、一～二頁。
(41) 前掲隅谷編『日本人の経済行動』上巻、一七一頁。
(42) 永谷健『富豪の時代―実業エリートと近代日本―』新曜社、二〇〇七年、二四頁。
(43) 牛島義友『農村児童の心理』巌松堂書店、一九四六年。
(44) 吉田昇「明治時代の上京遊学」石川謙博士還暦記念論文集『教育の史的展開』講談社、一九五二年、四二九～四四三頁。
(45) 報知新聞社通信部編『新人国記・名士の少年時代』三冊（東北篇・関東篇・中部篇）、平凡社、一九三〇年。
(46) 石岡学「生きられた『学歴エリート』の世界」小山静子・太田素子編『「育つ・学ぶ」の社会史―自叙伝から―』藤原書店、二〇〇八年。
(47) 三谷博「社会移動と教育」中村隆英・伊藤隆編『近代日本研究入門』東京大学出版会、一九七七年、一九八頁。
(48) 和歌森太郎『明治の男』光文社〈日本三代の映像2〉、一九六七年、八～九頁。

第二章　データの源泉『満洲紳士録』

(1) 調べたところ岡崎遠光には、『日本小文典』（松栄堂、一八九五年）、『警世評論』（博文館、一八九九年）などの著作があることが分かった。
(2) 藤村徳一についても調べたところ、丘濬山著・宍戸隼太註解『故事成語考註解』の出版者、あるいは『居留民之物語』（朝鮮二昔会、一九二七年）の編輯者であったことが分かった。『満洲紳士録』刊行後も出版の世界で生きていったジャーナリストだったようである。

(3) 上田黒潮という人物は、内田良平らの黒龍会の雑誌に「朝鮮統治私見」という論説を一九一九年に発表している。

(4) 東京二六新聞は、明治二六年に創刊された「二六新報」が、一度休刊した後三七年に「東京二六新聞」と名を改めて復刊したものである。数年後にはまた元の名に戻り、その後も何度か名称変更を重ね、昭和一五年に廃刊となった。日清戦争の時には同紙の従軍記者遠藤又市が孤山で戦死している(明治ニュース事典編纂委員会『明治ニュース事典』毎日コミュニケーションズ出版部、一九八三〜一九八六年、V・六一一頁)。

(5)『満洲紳士録』前編・後編、一〜二頁。

(6)『満洲紳士録』前編「緒言」二頁。

(7)『満洲紳士録』前編、五九〜六一頁。

(8) 横山源之助「海外の人」『明治富豪史』社会思想社、一九八九年、一四八頁(初出は一九〇七年前後)。

第三章 郷関を出た人びとの生き方

(1) 前掲粒来「近代都市東京の形成」九三頁。

(2) 前掲吉田・広田編『職業と選抜の歴史社会学』一〇頁。ただし、農業=地主制の研究においては、地帯構造分析は相当盛んにおこなわれてきた。

(3) 原勝郎『日本中世史』講談社、一九七八年、九七頁(原著は一九〇六年の上梓)。

(4) 広田三郎編『実業人傑傳』第一巻〜第五巻、島田印刷所他刊、一八九五〜一八九八年(復刻版は立体社刊。復刻版の第五巻に全員の名簿が記載されている)。

(5) 前掲牛島『農村児童の心理』六九頁。

(6)『柳田國男全集』第二巻、筑摩書房、一九九七年、三〇三頁。

(7) 前掲麻生「近代日本におけるエリート構成の変遷」一五〇〜一五二頁。

(8) 前掲牛島『農村児童の心理』七二頁。

(9) 志賀かう子『祖母、わたしの明治』河出書房新社、一九八五年(初版は、北上書房、一九八二年)。

(10) 園田英弘・濱名篤・廣田照幸『士族の歴史社会学的研究―武士の近代―』名古屋大学出版会、一九九五年、一八頁。
(11) 同書、三頁。
(12) 福武直『日本社会の構造』東京大学出版会、一九八一年、二六頁。
(13) 福沢諭吉「奮って故郷を去れ」『時事新報』一八八三年五月(『福沢諭吉全集』第九巻、岩波書店、一九六〇年、五二六頁)。
(14) 前掲竹内『立身出世主義』一四六頁。
(15) 徳富健次郎『思出の記』上巻、岩波書店、一九三八年(改版一九六九年)、九三～九四頁。
(16) 同書、下巻、一一九頁。
(17) 前掲大門「学校教育と社会移動」一八四頁。
(18) 生方敏郎『明治大正見聞史』中央公論社、一九七八年、五五頁(底本は、春秋社、一九二六年)。
(19) 加能作次郎『世の中へ・乳の匂い』講談社、二〇〇七年、七一頁(『世の中へ』は、もとは一九一八年一〇月から一二月に読売新聞に連載されたものである)。
(20) 前掲天野『学歴の社会史』八六～八七頁。
(21) 原洋之助『開発経済論』岩波書店、一九九六年、一三二頁。
(22) 前掲東畑『日本資本主義の形成者』一〇二～一〇三頁。
(23) R・ドーア『江戸時代の教育』松居弘道訳、岩波書店、一九七〇年、三〇〇頁。
(24) 前掲三谷「社会移動と教育」二〇一頁。
(25) 前掲天野『学歴の社会史』一五五頁。
(26) 前掲東畑『日本資本主義の形成者』一〇三頁。
(27) 木下真弘著・宮地正人校注『維新旧幕比較論』岩波書店、一九九三年、二〇一～二〇二頁。実際に書かれたのは一八七六～七七年。この記録は、作家の松本清張が所蔵していた文書で、熊本県出身の士族で儒学者、太政官吏だった木下真弘が書いたものである。明治九年から一〇年にかけて、明治新政の成果を旧幕時と比較しながら書き連ねたもので、書名は校注者の宮地正人氏が「便宜的に」つけたものであるという。
(28) 大沢由成・大沢衛校注『青雲の時代史―芥舟録・明治人の私記―』文一総合出版、一九七八年、六一頁および四九頁。

(29) 前掲天野『試験の社会史』二〇二頁。
(30) 前掲生方『明治大正見聞史』六三頁。
(31) 前掲勝田・中内『日本の学校』一〇七〜一〇九頁。
(32) 前掲天野『学歴の社会史』八六頁。
(33) 同書、八九〜九一頁。
(34) 柳田國男『故郷七〇年』筑摩書房〈柳田國男全集第二一巻〉、一九九七年、一八二〜一八三頁（原著は、のじぎく文庫、一九五九年）。
(35) 前掲天野『学歴の社会史』二二三〜二二四頁。
(36) 前掲柳田編『明治文化史』三一九頁。
(37) 篠田鉱造『明治百話』上巻、岩波書店、一九九六年、八二頁（底本は、四条書房、一九三一年）。
(38) 海原徹『明治教員史の研究』ミネルヴァ書房、一九七三年、一一頁。
(39) 前掲園田・濱名・廣田『士族の歴史社会学的研究』二五頁。
(40) 前掲天野『学歴の社会史』四八頁。
(41) 前掲吉田「明治時代の上京遊学」四三七頁。
(42) 尾高邦雄『職業社会学』岩波書店、一九四一年、四〇一〜四〇二頁。
(43) 風早八十二『日本社会政策史』上巻、青木書店、一九五一年、五二頁（底本は、日本評論社、一九三七年）。
(44) 伊藤繁「人口増加・都市化・就業構造」西川俊作・山本有造編『日本経済史』5、岩波書店、一九九〇年、二四五〜二四六頁。
(45) 池田功・上田博編『明治の職業往来―名作に描かれた明治人の生活―』世界思想社、二〇〇七年、五六頁。
(46) 二葉亭四迷『平凡』岩波書店、一九四〇年、六〇頁（初版は一九〇八年）。
(47) 影山喜一「ホワイトカラーの推移」宮本又次・中川敬一郎監修『日本の企業と社会』日本経済新聞社〈日本経営史講座第六巻〉、一九七七年、一八三頁、表Ⅵ・5。
(48) 同書、一八〇頁。

(49) 前掲天野『学歴の社会史』二七七〜二七八頁。
(50) 二葉亭四迷著・十川信介校注『浮雲』岩波書店、二〇〇四年、二七二〜二七四頁（単行本としての初出は、金港堂刊、一八八七〜一八八九年）。なお、戦前のサラリーマンに関する研究としては、大河内一男『日本的中産階級』（文藝春秋新社、一九六〇年）、松成義衛・田沼肇・泉谷甫・野田正穂『日本のサラリーマン』（青木書店、一九五七年）などがある。
(51) 布施昌一『医師の歴史―その日本的特長―』中央公論社、一九七九年、三四頁。
(52) 前掲天野『学歴の社会史』一一三頁。
(53) 橋本鉱市「近代日本における専門職と資格試験制度―医術開業試験を中心として―」『教育社会学研究』第五一集、一九九二年、一三九頁。
(54) 前掲布施『医師の歴史』七三〜七四頁。
(55) 同書、一四八頁。
(56) 同書、一六九〜一七四頁。
(57) 清水勲『ビゴーが見た明治職業事情』講談社、二〇〇九年、二〇七〜二一三頁。
(58) 田山花袋『田舎教師』新潮社、一九五五年、四五頁（初版は、左久良書房、一九〇九年）。樋口一葉「われから」『にごりえ・たけ比べ』新潮社、一九四九年、一九九頁。
(59) 鄭賢淑「自営業層の戦前と戦後」前掲原編『日本の階層システム1』六八〜七〇頁。
(60) 同書、七〇〜七一頁。
(61) 仲田定之助『明治商売往来』続、筑摩書房、二〇〇四年、二七二〜二七三頁（初版は、青蛙房、一九六九年）。
(62) 伊藤整「近代日本人の発想の諸形式」『近代日本人の発想の諸形式』岩波書店、一九八一年、三三頁（初出は、『思想』三四四号・三四五号、一九五三年）。
(63) 前掲鄭「自営業の戦前と戦後」八一頁。
(64) 前掲柳田『明治文化史』三三六頁。
(65) 伊藤桂一『兵隊たちの陸軍史』新潮社、二〇〇八年、一〇二〜一〇三頁（初版は、番町書房、一九六九年）。
(66) 前掲生方『明治大正見聞史』六六頁および四八頁。

（67）佐藤忠男『長谷川伸論—義理人情とはなにか—』岩波書店、二〇〇四年、四三頁（初版は、中央公論社、一九七五年）。
（68）前掲天野「近代日本における高等教育と社会移動」八六頁。
（69）高綱博文『「国際都市」上海のなかの日本人』研文出版、二〇〇九年、三一頁。
（70）高橋亀吉『日本近代経済発達史』第一巻、東洋経済新報社、一九七三年、三三五頁。
（71）前掲生方『明治大正見聞史』五八頁。
（72）前掲司馬『坂の上の雲』（三）、四二頁。
（73）檜山幸夫編著『近代日本の形成と日清戦争—戦争の社会史—』雄山閣出版、二〇〇一年。
（74）大谷正『兵士と軍夫の日清戦争』有志舎、二〇〇六年。
（75）加藤陽子『それでも、日本人は「戦争」を選んだ』朝日出版社、二〇〇九年。
（76）石光真清『城下の人』・『曠野の花』中央公論社、一九七八年参照。陸軍の特務員になった石光も写真館を開いて客のロシア人から情報を集める活動をしていた。
（77）柳沢遊『日本人の植民地経験—大連日本人商工業者の歴史—』青木書店、一九九九年。

第四章　第一世代の人びと

（1）前田愛「明治立身出世主義の系譜」前掲門脇編『現代のエスプリ118』八五頁（初出は、前田愛『近代読者の成立』有精堂、一九七三年所収）。
（2）前掲石光『城下の人』一八〇頁。
（3）渡辺尚志編著『近代移行期の名望家と地域・国家』名著出版、二〇〇六年、一二頁。
（4）『満洲紳士録』前編、七四〜七六頁。
（5）神野良の経歴については、木戸照陽編述『日本帝国国会議員正伝』（田中宋栄堂、一八九〇年）も参考にした。また、一八九五年発行の『大日本紳士鑑』（妹尾久造編、経済会本部）をみると、石川県鹿島郡徳田村の項に神野良の名が載っている。
（6）文部省『学制百年史』帝国地方行政学会、一九七二年、二四一頁。
（7）前掲前田『闇なる明治を求めて』二六七頁。

（8）天保八年（一八三七）に筑前国御笠郡乙金村の代々の庄屋役の家に生まれた高原謙次郎は、後年明治の老農の一人として名を残した人物である。維新を迎えて、彼が御笠郡の大庄屋と戸長の兼務を命じられたのは明治四年で、この時三三歳であった。神野ほどではないがやはり若い名望家だったのである（西村卓『「老農時代」の技術と思想』ミネルヴァ書房、一九九七年、一六七頁）。
（9）前掲柳田編『明治文化史』三一七頁。
（10）神野良が七尾鉄道の主要株主の中に名を連ねていたことは、小川功「明治三〇年代の亜幹線鉄道の資金調達と銀行家―総武、房総、七尾、徳島鉄道を中心に―」（『彦根論叢』三一六号、一九九八年、五五～七四頁）に明らかである。
（11）『満洲紳士録』前編、七〇～七一頁。
（12）熊本県庁ホームページ「ようこそ熊本県議会へ」http://www.prof.kumamoto.jp/assembly/contents/gicho/rekidai.html（二〇〇七年三月八日）。
（13）同熊本県庁ホームページ「指定文化財」（二〇〇七年三月八日）。
（14）前掲萬成『ビジネス・エリート』六三～七九頁。
（15）『満洲紳士録』前編、二二一～二二四頁。
（16）久保田高吉編『東洋実業家評伝』博交館、一八九三～一八九四年、第三冊・一四五～一六〇頁。
（17）石井寛治「幕末開港と外圧への対応」石井寛治・原朗・武田晴人編『日本経済史1　幕末維新期』東京大学出版会、二〇〇〇年、三〇～三一頁。
（18）東京百年史編集委員会『東京百年史』第三巻（ぎょうせい、一九七九年）には、工場の所在地を深川区東大工町としているが、おそらくこれは間違いであろう。
（19）「時事新報」明治二三年七月一〇日（前掲『明治ニュース事典』Ⅳ、五二四頁）。
（20）『満洲紳士録』前編、二〇〇～二〇一頁。
（21）「大阪日報」明治一九年七月二〇日（前掲『明治ニュース事典』Ⅲ、三一〇頁）。
（22）前掲三谷『明治維新を考える』二一五頁。
（23）前掲園田・濱名・廣田『士族の歴史社会学的研究』四六頁。

(24)『満洲紳士録』前編、二二六～二二七頁。
(25)『明治維新人名辞典』吉川弘文館、一九八一年、七七頁。
(26)前掲木下『維新旧幕比較論』一一三頁。
(27)落合弘樹『明治国家と士族』吉川弘文館、二〇〇一年、一七七頁。
(28)「東京日日新聞」明治八年一二月三〇日（前掲『明治ニュース事典』Ⅰ、五〇六頁）。
(29)前掲落合『明治国家と士族』一六八頁。
(30)同書、一七六～一八五頁。
(31)『満洲紳士録』前編、一五五～一五七頁。
(32)内田魯庵（紅野敏郎編）『思い出す人々』岩波書店、一九九四年、一三四頁（底本は、春秋社、一九二五年）。
(33)内田魯庵『社会百面相』下巻、岩波書店、一九五四年、九頁（底本は、博文館、一九〇二年）。
(34)『満洲紳士録』後編、五四～五六頁。
(35)「勅令第二五七号」明治二三年一〇月二一日（前掲『明治ニュース事典』Ⅳ、一〇二頁）。
(36)『満洲紳士録』前編、一〇四頁。
(37)高階勇輔「初代市長矢島八郎の軌跡を探る」一九九〇年七月　高崎市ホームページ http://www.city.takasaki.gunma.jp/soshiki/shomu/shishi/dayori/01/kingen.htm（二〇〇九年八月一三日）。
(38)『満洲紳士録』後編、一三二～一三三頁。
(39)『満洲紳士録』前編、二三三～二三四頁。
(40)『日本鉄道請負業史』明治篇、鉄道建設業協会、一九六七年、三二九～三三七頁。
(41)「郵便報知」明治二〇年三月一六日（前掲『明治ニュース事典』Ⅲ、六二一頁）。
(42)「東京日日」明治二〇年一月二五日（前掲『明治ニュース事典』Ⅲ、一一〇頁）。
(43)宮津市ホームページ「美しさ探検隊／地域別探検／由良地域／その他」http://www.miyazu.kyoto.jp~kikaku/dokodoko/yura/sonota.html（二〇〇八年八月二九日）。
(44)前掲見田『現代日本の心情と論理』一八九頁。

(45)『満洲紳士録』前編、四〇~四一頁。
(46)「中外商業新報」明治四一年四月二五日(前掲『明治ニュース事典』Ⅷ、三八六頁)。
(47)「東北新聞」明治三一年三月一日(前掲『明治ニュース事典』Ⅵ、四一四頁)。
(48)前掲柳沢『日本人の植民地経験』三〇頁。
(49)同書、三七~三八頁。
(50)小川功「大正期の泡沫会社―発起とリスク管理―」『滋賀大学経済学部研究年報』一二、二〇〇五年。

第五章　第二世代の人びと

(1)北岡伸一『独立自尊―福沢諭吉の挑戦―』講談社、二〇〇二年、二二五頁。
(2)前掲文部省『学制百年史』三六七~三七二頁。
(3)荒尾精については、井上雅二『巨人荒尾精』(左久良書房、一九一〇年)が最も詳しい伝記評伝である。
(4)岸田吟香は、幕末維新期の先駆的新聞記者である。「東京日日新聞」時代には、日本最初の従軍記者として台湾出兵に従軍したが、その記事「台湾従軍記」が注目を集めた。その後、有名なヘボン博士から伝授された点眼薬を製造販売する楽善堂薬舗を銀座に開いてそれを主業とするようになった。記者時代から清国への関心が強く、楽善堂支店を各地に設けたり、荒尾精の日清貿易研究所設立などに協力した。洋画家岸田劉生は彼の四男である。(『日本近現代人名辞典』吉川弘文館、二〇〇一年)。
(5)「郵便報知」明治二三年一月一一日(前掲『明治ニュース事典』Ⅳ、五八五頁)。
(6)「時事」明治二三年七月一六日(前掲『明治ニュース事典』Ⅳ、五八五頁)。
(7)前掲伊藤『兵隊たちの陸軍史』一一六頁。
(8)『満洲紳士録』前編、二六七~二七一頁。
(9)『満洲紳士録』前編、九〇~九一頁。
(10)幸田文『崩れ』講談社、一九九四年、一〇二頁(初版は、講談社、一九九一年)。
(11)土木建設業史専門委員会編『日本土木建設業史年表』(土木工業協会・電力建設業界、一九六八年)には、明治二五年一一

月に常願寺川全川改修特命工事が、デレーケ技師の設計、佐藤組の請負でなされたことが記されている（七七頁）。
(12) 前掲『日本鉄道請負業史』二一四頁。
(13) 前掲柳沢『日本人の植民地経験』三五〜三七頁。
(14) 『満洲紳士録』前編、一九三頁。
(15) 初期の台湾植民地政策に関する最近の研究成果としては、柏木一朗「日本統治下の台湾と軍隊」・鈴木敏弘「台湾初期統治期における鉄道政策と台湾鉄道株式会社」（阿部猛・田村貞雄編『明治期日本の光と影』吉川弘文館、二〇〇三年）がある。
(16) 大倉財閥研究会『大倉財閥の研究』近藤出版社、一九八二年、七三〜七四頁。
(17) 『満洲紳士録』前編、一一八〜一二〇頁。
(18) 安藤良雄編『近代日本経済史要覧』第二版、東京大学出版会、一九七九年、表3・32および3・34。
(19) 前掲柳沢『日本人の植民地経験』三七〜三八頁。
(20) 『満洲紳士録』前編、二一九〜二二〇頁。
(21) 「日本新聞」明治二五年三月六日（前掲『明治ニュース事典』Ⅳ、六二〇頁）。
(22) 「時事新報」明治二六年九月二九日（前掲『明治ニュース事典』Ⅴ、七五二頁）。
(23) 野崎左文（青木稔弥・佐々木亨・山本和明校訂）『増補私の見た明治文壇1』平凡社〈東洋文庫〉、二〇〇七年、二六〜三五頁（底本は、春陽堂、一九二七年）。
(24) 同書2、一八〇頁。
(25) 「国民新聞」明治二九年七月一日（前掲『明治ニュース事典』Ⅴ、三八二頁）。
(26) 『満洲紳士録』前編、一四二〜一四三頁。
(27) 前掲仲田『明治商売往来』続、二七二〜二七三頁。
(28) たとえば日光東照宮表門、同陽明門、上野の不忍池、芦ノ湖などを撮影したものである。
(29) 宇智吉野郡編『吉野郡水災史―明治弐十弐年―』明治二四年。複製版が一九七七年に十津川村から出版されている。蒲田文雄・小林芳正『十津川水害と北海道移住』（古今書院〈シリーズ日本の歴史災害2〉、二〇〇六年）も参照。
(30) 『満洲紳士録』前編、二三一〜二三二頁。

(31)「毎日新聞」明治二一年三月九日(前掲『明治ニュース事典』Ⅳ、五九九頁)。
(32)篠崎嘉郎『大連』大阪屋號書店、一九二一年、一五頁。
(33)前掲柳沢『日本人の植民地経験』一三二頁。
(34)『満洲紳士録』前編、二三一〜二二四頁。
(35)外務省外交史料館・日本外交史辞典編纂委員会編『新版日本外交史辞典』山川出版社、一九九二年。
(36)朝倉治彦編『明治官制辞典』東京堂出版、一九六九年、七七頁。
(37)前掲臼井他編『日本近現代人名辞典』。
(38)『満洲紳士録』前編、二四一〜二四二頁。
(39)財団法人日本公衆衛生協会ホームページ「協会概要」http://www.jpha.or.jp/jpha/home.html(二〇〇四年八月五日)。
(40)『満洲紳士録』前編、六八頁。
(41)「郵便報知」明治一六年九月三日(前掲『明治ニュース事典』Ⅲ、五二九〜五三〇頁)。
(42)土方苑子編『各種学校の歴史的研究—明治東京・私立学校の原風景—』東京大学出版会、二〇〇八年、一四〇頁。
(43)『満洲紳士録』後編、一一〇〜一一二頁。
(44)『満洲紳士録』前編、九八〜九九頁。
(45)『満洲紳士録』前編、一〜四頁
(46)明治二一年というのは誤りではないか。荒尾精の伝記によれば日清貿易研究所ができたのは明治二三年である。
(47)前掲『日本鉄道請負業史』一二五頁。
(48)『満洲紳士録』前編、九二〜九四頁。
(49)『満洲紳士録』前編、一八九〜一九〇頁。
(50)下中彌三郎編『東洋歴史大辞典』上巻、臨川書店、一九八六年(初版は、平凡社、一九三七年)。
(51)『近代日本総合年表』岩波書店、一九六八年。
(52)「台湾日々新報」大正八年一月一三日〜二九日(神戸大学附属図書館デジタルアーカイブ、新聞記事文庫)。
(53)『満洲紳士録』後編、七三〜七四頁。

(54) 前掲朝倉編『明治官制辞典』一八四頁。
(55) 『満洲紳士録』前編、二四頁〜二六頁。
(56) 日外アソシエーツ『学校名変遷総覧―大学・高校編―』二〇〇六年、三七〇頁。これによると、海南私塾は現在の高知県立高知小津高等学校の起源に当たる。
(57) 松原一枝『幻の大連』新潮社、二〇〇八年、七八頁。
(58) 同書、七八頁。
(59) 山田豪一『満洲国の阿片専売』汲古書院、二〇〇二年、八〜九頁。
(60) 伊藤武一郎『満洲十年史』満洲十年史刊行会、一九一六年、三〇二頁。
(61) 前掲山田『満洲国の阿片専売』二一八頁。
(62) 満洲国時代に阿片密売で暗躍した里見甫の足跡を追った佐野眞一『阿片王―満洲の夜と霧―』（新潮社、二〇〇五年）では、石本兄弟のことはまったく触れられていない。
(63) 『満洲紳士録』後編、二三〜二四頁。
(64) 荻野富士夫『外務省警察史』校倉書房、二〇〇五年、七七頁。
(65) 同書、八六頁。
(66) 金文子『朝鮮王妃殺害と日本人』高文研、二〇〇九年、三〇七頁。
(67) 前掲荻野『外務省警察史』八七頁。
(68) 同書、八七頁。

第六章　第三世代の人びと

(1) 内田義彦『「日本」を考える』藤原書店、二〇〇一年、一五八頁。
(2) 前掲前田『闇なる明治を求めて』二一八頁。
(3) 前掲内田『「日本」を考える』一五八頁。
(4) E・H・キンモンス『立身出世の社会史』廣田照幸他訳、玉川大学出版部、一九九五年、一四九頁。

(5) 前掲丸山「明治国家の思想」二二〇頁。
(6) 磯田光一『鹿鳴館の系譜―近代日本文芸史談―』文藝春秋、一九八三年、一〇八頁。
(7) 前掲萬成『ビジネス・エリート』八二頁。
(8) 中野目徹『書生と官員―明治思想史点景―』汲古書院、二〇〇二年、一四五頁。
(9) 前掲天野「近代日本における高等教育と社会移動」八三〜八四頁。
(10) 明治一四年に、東京外国語学校の露語科に入学した二葉亭四迷（本名長谷川辰之助）は、そこで文学に開眼したこともあって、学校が東京高等商業学校に改変されると即刻退学してしまった。ほかにもこの合併改称に反対して中退した学生が少なからずいた。
(11) 上村貞子編輯『官公私立諸学校改訂就学案内』博文館〈日用百科全書第三七編〉、一九〇四年、一六〜一七頁。
(12) 中村光夫『明治・大正・昭和』新潮社、一九七二年、二五頁。
(13) この点に関しては、前掲拙稿「明治期における専門学校出身者と準エリート層の形成」を参照。
(14) 「朝野新聞」明治一八年八月一一日（前掲『明治ニュース事典』Ⅲ、一一三頁）。
(15) 『満洲紳士録』前編、二五一〜二五三頁。
(16) 「朝野新聞」明治二八年二月一二日（前掲『明治ニュース事典』Ⅳ、三六六頁）。
(17) 「国民新聞」明治二九年一二月二九日（前掲『明治ニュース事典』Ⅴ、三三三頁）。
(18) 読売新聞社「読む年表・二〇世紀と昭和天皇」（『読売年鑑』一九八九年版別冊）。
(19) 福沢諭吉『時事小言』明治一四年（『福沢諭吉全集』第五巻、岩波書店、一九五九年、二三一頁）。
(20) 『満洲紳士録』前編、四九〜五〇頁。
(21) 田山花袋『時は過ぎゆく』岩波書店、一九五二年、三七頁（初版は、新潮社、一九一六年）。
(22) 「官報」明治二三年三月二六日（前掲『明治ニュース事典』Ⅳ、七八七頁）。
(23) 広田照幸『陸軍将校の教育社会史―立身出世と天皇制―』世織書房、一九九七年、八四頁。
(24) 『満洲紳士録』前編、一七三〜一七七頁。
(25) 『満洲紳士録』前編、七三〜七四頁。

(26)『満洲紳士録』前編、五三〜五四頁。
(27)『農商務省商工局臨時報告』明治三〇〜三八年、第五巻第四分冊が江崎らの報告書である。復刻版が、松村敏監修でゆまに書房から二〇〇二年に出版されている。
(28)江崎鼈甲店のホームページ参照。http://www.ezaki-bekko-ten.co.jp/sub-omisegoannai.html(二〇〇八年九月一〇日)。
(29)前掲伊藤『満洲十年史』三〇二頁。
(30)『満洲紳士録』前編、一九一〜一九二頁。
(31)前掲伊藤『満洲十年史』一九七頁。
(32)福沢諭吉『実業論』明治二六年(前掲『福沢諭吉全集』第六巻、一五二〜一五三頁)。
(33)『満洲紳士録』前編、五一〜五二頁。
(34)田口卯吉「青年独立の困難」『東京経済雑誌』四四九号、明治二一年一二月一五日(『鼎軒田口卯吉全集』第八巻、吉川弘文館、一九二九年、一六七〜一七四頁)。
(35)鈴木恒夫・小早川洋一「明治期におけるネットワーク型企業家グループの研究」『学習院大学経済論集』第四三巻第二号、二〇〇六年。
(36)前掲柳沢『日本人の植民地経験』九三頁。
(37)同書、一三二頁。
(38)『満洲紳士録』前編、九四〜九六頁。
(39)二葉亭四迷『平凡』岩波書店、一九四〇年、五九頁(初版は、如山堂、一九〇八年)。
(40)『満洲紳士録』前編、一二九〜一三一頁。
(41)樽本照雄「劉鉄雲と日本人」・周力「劉鉄雲と中根齋」http://www.biwa.ne.jp/~tarumoto/s1002.html(二〇〇八年一〇月六日)。
(42)『満洲紳士録』前編、六六〜六八頁。
(43)前掲日外アソシエーツ『学校名変遷総覧』一二六頁。
(44)前掲柳沢『日本人の植民地経験』三七頁。

(45)『満洲紳士録』前編、二一七〜二一八頁。
(46) 東京工手学校に関しては、茅原健『工手学校—旧幕臣たちの技術者教育—』(中央公論新社、二〇〇七年)に、誕生からいまに至るまでの歩みがいろいろな人物のエピソードを織り込みながら書かれている。
(47) 田口卯吉「工手学校開校式祝詞」『東京経済雑誌』四一二号、明治二一年三月(前掲『鼎軒田口卯吉全集』第八巻、一四六〜一四七頁)。
(48) 峯崎淳「日本の土木を歩く」社団法人日本土木工業協会ホームページ http://www.dokokyoor.jp/ce/ce080/aruku-01.html(二〇〇八年一〇月三一日)。
(49) 中村尚史「後発工業化と中央・地方—明治日本の経験—」東京大学社会科学研究所編『20世紀システム4 開発主義』東京大学出版会、一九九八年、二五二頁。
(50) 福山誠之館同窓会ホームページ、誠之館歴史史料、野口孝一「江木塔の写真師たち」http://wpl.fuchu.jp/~sei-dou/rekisi-siryo/z0690egitou.htm(二〇〇九年八月二〇日)。
(51)『満洲紳士録』前編、一二一〜一二四頁。
(52)『満洲紳士録』前編、一三五〜一三六頁。
(53)『満洲紳士録』前編、二五〇〜二五一頁。
(54) 唐沢信安『済生学舎と長谷川泰—野口英世や吉岡弥生の学んだ私立医学校—』日本医事新報社、一九九六年、一九五頁。
(55)「時事新報」明治二四年八月二二日(前掲『明治ニュース事典』Ⅳ、二四〇頁)。
(56)「時事新報」明治二四年八月二二日(前掲『明治ニュース事典』Ⅳ、二四〇頁)。
(57)「時事新報」明治四五年三月一二日(前掲『明治ニュース事典』Ⅷ、六五八頁)。
(58)『満洲紳士録』前編、一八三〜一八四頁。
(59) 前掲土方編『各種学校の歴史的研究』三頁。
(60)『満洲紳士録』前編、二四〇〜二四一頁。
(61) 日置英剛編『新国史大年表』第六巻、国書刊行会、二〇〇六年、八一〇頁。
(62) 瀬戸武彦『青島《チンタオ》から来た兵士たち—第一次大戦と独逸兵俘虜の実像—』同学社、二〇〇六年、五五〜五六頁。

(63) 並木徹「花ある風景」(27)(「銀座一丁目新聞」二〇〇〇年七月一日号)http://www.hb-arts.co.jp/00701/hana/htm(二〇〇八年九月二八日)。
(64) 『満洲紳士録』前編、五九～六一頁。
(65) 前掲日外アソシエーツ『学校名変遷要覧』一三四頁。
(66) 「朝野新聞」明治一二年四月二三日(前掲『明治ニュース事典』Ⅱ、五二三頁)。
(67) 「郵便報知」明治一五年一〇月二一日(前掲『明治ニュース事典』Ⅱ、四八四頁)。
(68) 「朝野新聞」明治二一年二月二九日(前掲『明治ニュース事典』Ⅳ、五九七頁)。
(69) 『満洲紳士録』前編、二八～三一頁。
(70) 前掲篠崎『大連』二三九頁。
(71) 『満洲紳士録』後編、一二一～一二三頁。
(72) 宮崎滔天(島田虔次・近藤秀樹校注)『三十三年の夢』岩波書店、一九九三年、三九頁(元々は一九〇二年一月から六月に新聞「二六新報」に連載されたもの)。
(73) 『満洲紳士録』前編、二六二～二六四頁。
(74) 『満洲紳士録』前編、一四四～一四六頁。
(75) 「新聞雑誌」明治六年一〇月(前掲『明治ニュース事典』Ⅰ、四〇七頁)。
(76) 「大阪日報」明治一九年七月二〇日(前掲『明治ニュース事典』Ⅲ、三一〇頁)。
(77) 『満洲紳士録』前編、一七七頁。
(78) 経志江『近代中国における中等教員養成史』学文社、二〇〇五年、二四六頁。
(79) 「日本新聞」明治三六年四月一六日(前掲『明治ニュース事典』Ⅶ、二一五頁)。
(80) 『満洲紳士録』前編、二六四～二六五頁。
(81) 中島真雄については、橋川文三の「中島真雄のこと」というエッセイがある。それによると、中島は中国における新聞事業の先駆者で、「順天時報」(明治三四年創刊・北京)、「満洲日報」(明治三八年創刊・営口)、「盛京時報」(明治三九年創刊・奉天)などは彼の創刊によるものであった。また、『対支回顧録』、『続対支回顧録』の編者としても知られ、昭和一八年に八五

歳で死去した（『橋川文三著作集』第七巻、筑摩書房、一九八六年、一五一～一五四頁）。

(82) 田中正明『大亜細亜先覚傳』象山閣、一九四二年、二五八頁。あるいは、葛生能久『東亜先覚志士紀傳』上巻、黒龍会、一九三三年、七三九～八六五頁参照。

(83)「江木姉妹小伝」http://www.cc.rim.or.jp/~hustler/archive/egi.html（二〇〇四年八月五日）。

(84)『満洲紳士録』前編、一五三頁。

(85)『満洲紳士録』前編、九二頁。

(86) 福田實『満洲奉天日本人史』謙光社、一九七六年、五二頁。

(87)『満洲紳士録』前編、一〇五～一一一頁。

(88) 前掲大谷『兵士と軍夫の日清戦争』七頁。

(89) 大江志乃夫『日本の参謀本部』中央公論社、一九八五年、七〇頁。

(90) 井上貞治郎「私の履歴書」（『レンゴーの歴史』）http://www.rengo.co.jp/history/inoue/page11.html（二〇〇八年六月一六日）。

(91)『満洲紳士録』前編、二五三～二五八頁。

(92) 前掲柳沢『日本人の植民地経験』二五頁。

(93) 同書、二五頁。

(94)『満洲紳士録』前編、八〇頁。

(95)「区内散歩・写真大尽（だいじん）鹿島清兵衛」（広報・区のお知らせ『中央』）http://www.city.chuo.tokyo.jp/koho/old/121015/san1015.html（二〇〇四年八月五日）。

(96) 明治の文豪坪内逍遙の養女くには、鹿島清兵衛と妻（元芸者）との間に生まれた娘であった（飯塚くに『父逍遙の背中』中央公論社、一九九四年）。

(97) 北大附属図書館「北方資料高精細画像電子展示」http://ambitious.lib.hokudai.ac.jp/hoppodb/photo/doc/0B054010000000.html（二〇〇四年八月五日）。

(98) 中世の大衆歌謡集『梁塵秘抄』などを通じて、日本の歌の心を究めようとしてユニークな活動を続けた音曲家の桃山晴衣

（二〇〇八年一二月死去）は、本名を鹿島晴江といい、鹿島清三郎の孫である。（父は洋画家の鹿島大治。

第七章　第四世代の人びと

（1）前掲竹内『立身出世主義』一四六～一五四頁。
（2）前掲日外アソシエーツ『学校名変遷総覧』一四九頁。
（3）野中正孝編『東京外国語学校史―外国語を学んだ人たち―』不二出版、二〇〇九年、五一七頁および五四三頁。
（4）同書、四六二頁。
（5）前掲日外アソシエーツ『学校名変遷総覧』二四四頁。
（6）前掲竹内『立身出世主義』一六九～一七〇頁。
（7）『満洲紳士録』前編、二三九頁。
（8）『満洲紳士録』前編、一二頁。
（9）『満洲紳士録』前編、七～九頁。
（10）『満洲紳士録』前編、一五三～一五四頁。
（11）前掲日外アソシエーツ『学校名変遷総覧』二九八頁。
（12）『満洲紳士録』後編、二一頁。
（13）「東京朝日」明治三九年一一月三〇日（前掲『明治ニュース事典』Ⅶ、三四四頁）。
（14）「時事新報」明治四五年三月一二日（前掲『明治ニュース事典』Ⅷ、六五八頁）。
（15）『満洲紳士録』前編、三三～三四頁。
（16）前掲伊藤『兵隊たちの陸軍史』一〇三頁。
（17）前掲司馬『坂の上の雲』（五）、三〇頁。

あとがき

かつて私の身近にも明治をよく知る年寄りたちがいた。近しい親戚の者が顔を揃えるお盆の時などに、彼らが楽しげに語ってくれた思い出話は、遠い明治の世が目に浮かんでくるようで、子供にとっても興趣に尽きないものが多かった。今でも懐かしくよみがえってくるが、たとえばこんな話は最も忘れがたいものの一つである。聞かせてくれたのは新宿百人町にいたおばあさんである。

おまえさんね、父さんがこの人を連れて染め物屋の親方んとこへいったときにさ、親方に頼んだんだよ。――弟子入りさせようっていうときに何ですが、奉公のほうはかならず辛抱させますから、印半纏を着せるのは何とか勘弁ねがえまいか。これでも士族の倅なもんだから――ってね。頭下げてさ。

「この人」というのは私が一緒に暮らしていた祖父のことで、話をしてくれたおばあさんはその姉である。ふたりにはほかに兄弟姉妹がいたが、父親、つまり私の曾祖父は川越（後に前橋）の松平家の下級藩士であった。幕末には武州松山に造営された陣屋に移り、そこで維新を迎え武士の身分を解かれた。祖父が生まれたのは西南戦争の少し後である。世は挙げて勉学立身の時代。士族ならばなおのことであった。ところが、兄や弟とは違って私の祖父は、机に向かうのがどうにも苦手。学校に上がっても、「お千代〜、お千代〜」っとべそをかきながら姉の後をついて回る始末。そんな調子だったので、学校を終えると祖父は奉公に出されることになった。その行き先が染め物屋だったのである。

小学生だった私にとって、この話で一番印象に残ったのは印半纏の件《くだり》である。明治の士族、それも維新まで刀を差していた曾祖父のような世代であれば、身分制度がなくなって職業自由の世の中に変わっても、侍としての自負は捨てきれなかったに違いない。たとえどれほど出来の悪い息子でも、士族は士族、職人のもとに徒弟奉公に出すのは、いかにも口惜しいことだったのであろう。それで、職人身分をてきめんに表す印半纏を着ることだけは、何とか免れさせてやりたい、という親心が働いたのである。あのころはこんなエピソードがそこら中にあったに違いない。

徒弟となった息子にも同じようなこだわりがあったのかどうか。祖父に確かめたことはなかった。実際はどうだったかというと、親方のもとできっちりと修業を積んで、祖父は一人前の染め物職人に成長したのである。喜寿を過ぎたころでも、知り合いから頼まれれば、夏の盛りでも庭に出て刷毛を手に洗い張りに精を出し、仕上げに木槌で反物を叩いていた。大工仕事、畑仕事、庭造り、魚釣り、茸狩り、麺打ち等々、何でも器用にこなす祖父は、親戚中の孫やひ孫から敬愛される口数少ない好好爺であった。常住坐臥、その暮らしぶりには簡素な型があり、ぶれも無駄も見られなかった。若いころの修業で身についたものであろう。

とはいえ、祖父の技は一代かぎりで終わった。世継ぎに恵まれなかったため迎え入れた婿養子は、職人仕事とは縁のない兜町に通う大学出の証券マンであった。これが私の父である。その実家は、維新のころには村塾を開いていたちょっとした豪農であった。幕末をいくらか遡った時分の祖先には、医師にならんと志を立て、単身江戸に出ながら、不運にも自らが病に仆れ、この世に思いを残した若者がいたそうだ。そういえば祖父の弟も、岩倉鉄道学校を出た技師であったが、鉄道建設工事のため全国を回っている最中、二〇代の若さで遠い九州の地においてあっけなく病没したのだという。すでに許嫁もいたとかで、祖母たちも今更のように哀しげな様子であった。

文献資料と睨めっこしながらの作業が続くなか、しばしば頭に浮かんできたのがこうした年寄りたちの昔話である。

昭和も戦後生まれの私が、大正の向こうにある明治に親しみを感じるのは、子供のころに年寄たちからいろいろな話を聞かされたためであろう。当時は、そういうものが後々こんなふうに生きてくるとは思いも寄らなかったが。

本書の主題は、立志の時代としての明治の相貌を描くことであった。この仕事は、かつて満洲史研究の成果として『満洲《マンチユリア》―起源・植民・覇権―』と題する本を書いていたころに、たまたま国会図書館で『満洲紳士録』に出会った時に始まった。それから二〇年。やっと実を結んだ次第である。途中しばしば中断期間があったこと、データの統計処理に手こずったこと、構想がいつまでも煮詰まらなかったこと、だいたいそんな理由のため長い時間を費やす結果となった。書き下ろしのスタイルで臨んだことも、脱稿が遅れた原因の一つとなったようである。

大分以前のことになるが、ある先学から、「たとえてみれば、理論の研究はロッククライミング、歴史の研究は登山のようなものですよ」という示唆に富む言葉を頂いた。これは私にとって座右の銘になったが、なるほど歴史の研究というのは、山頂が見えなくても地道に歩を進めていく登山に似ているかもしれない。亀にも笑われそうな歯がゆい歩みになってしまったが、それでも頂上にたどり着くまでには随分と汗もかいた。出来上がってみれば、むろん意を尽くせなかった点も目につく。しかし、とうに還暦を過ぎてしまった身である。これで十分満足というのが今の正直な気持である。永らく勤めた大学でも間もなく定年の日がやって来る。そういう節目の年に、記念の一書を世に出すことができ、何とも嬉しいかぎりである。

感謝の思いは、なにを置いてもまず『満洲紳士録』の編者と「紳士」たちに向けられるべきであろう。もし彼らが拙著を読んだとしたら、どんな感想を持ち、いかような評価をしてくれることか。ありえもしない彼らとの対話を、自問自答しながらの執筆となったが、礼を欠いたところも多かったに違いない。けれども、つねに明治の先人たちに畏敬の念を抱きながらの作業であった。それだけは理解してほしいと思うが、ともあれ妄言多謝である。学恩ということでは、学生時代の指導教授暉峻衆三先生のことに触れねばならない。先生は、八〇歳をこえた先年、ご苦労のすえ自著の英訳書を完成されたが、いつに変わらぬ心魂込めた恩師の仕事ぶりは、私にとってこの上ない叱咤激励となった。有り難いことである。

本書の出版にあたっては吉川弘文館のご理解を賜ることになった。原稿を持ち込んでから半年余り、このような形の作品に仕上げられ、著者としては喜びに堪えない思いである。末尾になってしまい誠に恐縮であるが、ここに記して深く謝意を表するものである。

二〇一〇年五月吉日

小峰和夫

著者略歴
一九四五年　埼玉県に生まれる
一九七六年　東京教育大学大学院文学研究科博士課程単位取得退学
現在　日本大学生物資源科学部教授、経済学博士(日本大学)

〔主要著書〕
満洲《マンチユリア》―起源・植民・覇権―　田口卯吉と東京経済雑誌(共著)　満洲とは何だったのか(共著)

満洲紳士録の研究

二〇一〇年(平成二十二)七月一日　第一刷発行

著者　小峰《こみね》和夫《かずお》

発行者　前田求恭

発行所　株式会社　吉川弘文館
郵便番号一一三―〇〇三三
東京都文京区本郷七丁目二番八号
電話〇三―三八一三―九一五一(代)
振替口座〇〇一〇〇―五―二四四番
http://www.yoshikawa-k.co.jp/

印刷＝株式会社 理想社
製本＝誠製本株式会社
装幀＝山崎　登

ISBN978-4-642-03795-2

索　引

あ　行

か　行

さ　行

た　行

な　行

は　行

ま　行

や　行

ら　行

わ　行

『満州紳士録』登載者一覧

世代	氏名	生年	年齢	出身地
第一世代	有馬純雄	1837	70	鹿児島県鹿児島市
	小松力太郎	1841	66	東京府東京市麹町永田町 2 丁目
	高柳信昌	1845	62	長崎県北高来郡諫早村
	阿部孝助	1848	59	江戸小石川水道町
	澤井市造	1850	57	京都府下加佐郡由良町
	神野　良	1851	56	石川県鹿島郡徳田村
	大久保子之吉	1852	55	茨城県新治郡安飾村下軽部
	大谷高寛	1853	54	熊本県天草郡本渡町 804 番地
	高瀬四郎	1853	54	大分県下毛野郡高瀬村
	上島徳三郎	1853	54	三重県一志郡稲葉村
	榊　増介	1853	54	鹿児島県日置郡田布施村尾下 22 番地
	森本文吉	1853	54	山梨県東八代郡永井村
	田中安之助	1854	53	静岡県浜名郡新居町
	西屋飛良来	1855	52	石川県金沢市
	中村直吉	1855	52	岡山県岡山市 4 番町
	野坂清之助	1855	52	広島県水主町
	田島彦四郎	1855	52	鹿児島県出水郷
	小笠原吉太郎	1856	51	長崎県佐世保市元町
	英　修作	1857	50	広島県安芸郡仁保島村
	吉村信貞	1857	50	長崎県佐世保市相生町
	田中頼之助	1857	50	山口県阿武郡萩町
	祖山恒次	1857	50	三重県桑名矢田磧
	久保章一	1857	50	広島県広島市鍛冶屋町
	児島幸吉	1857	50	鳥取県鳥取市瓦町
	宮崎宗朝	1857	50	石川県金沢市河原町
	上田金城	1857	50	熊本県熊本市妙本寺町 22 番地
第二世代	中島喬木	1858	49	愛知県名古屋市北三丸
	村上鶴蔵	1858	49	岡山県
	野上豊吉	1858	49	広島県高宮郡中筋村
	荒井省吾	1858	49	長野県
	平岡佳吉	1858	49	佐賀県杵島郡武雄町
	稲垣鎌次郎	1858	49	愛知県名古屋市
	野口智明	1858	49	山梨県北巨摩郡大草村
	古川五郎	1859	48	山梨県北都留郡丹波村
	新開　貢	1859	48	徳島県勝浦郡小松島村
	川上惣吉	1859	48	熊本県天草郡牛深町
	高橋源吉	1859	48	新潟県中頸城郡高田町府古区
	大町登佐	1860	47	福岡県
	高間弥之助	1860	47	広島県広島市
	竹田三郎	1860	47	愛媛県三豊郡粟島村

学歴または出身学校	満洲における現職
	公園取り締まり 旅順座主 帝国軍人後援会満州支会幹事長 阿部組店主 澤井組長 神井洋行主 土建請負倉庫業 天草組長 孝枝洋行主 製茶，菓子製造販売業 榊組長 貿易商 伊勢作洋行主任 富山組売薬舗監督 用達(雑貨販売) 活版所主 居留民会長 薬房主 英組長 吉村商会主 裕和盛監督 武井洋行大連主任 久保洋行主 児島商会主 宮崎工程局長 陸軍用達
啓明学校 陸軍士官学校 藩校 東京外国語学校(中退) 司法省正則法学校(中退) 海軍兵学校(中退)	
	写真館主 村上組長 野上組主 宝商行主任 平岡組長 土建請負業 居留民会委員 東洋ホテル 新開洋行主 行政委員 歯科医 志岐組満韓総支配人 ブッシュ兄弟商会員 竹田商店山張所主任
東京専門学校 塾(室孝次郎)	

世代	氏名	生年	年齢	出身地
（第二世代）	中野初太郎	1860	47	福島県会津
	日野文平	1860	47	宮城県仙台市
	森本梅吉	1861	46	兵庫県
	成田十郎	1861	46	栃木県小山町
	井上杢之助	1862	45	大阪府大阪市西区靱南通５丁目
	荘　伴治	1862	45	東京府東京市神田区南神保町
	新富音松	1862	45	山口県厚狭郡藤山村
	小川　清	1862	45	広島県備後国深安郡下加茂村
	中田従古	1862	45	島根県松江市
	稲松松之助	1863	44	長崎県長崎市上筑後町
	柏井権三郎	1863	44	大阪府中河内郡意岐部村大字荒本
	萬玉惣太郎	1863	44	徳島県板野郡撫養町大字木津
	小松海蔵	1863	44	福岡県小倉市小倉新屋敷
	西崎清七	1863	44	福岡県宗像郡福間
	松岡徳次郎	1863	44	長崎県南高来郡島原村字魁
	五十嵐重太郎	1864	43	福島県会津
	伊野佐一郎	1864	43	熊本県天草郡小田庄村
	石本鑽太郎	1864	43	高知県長岡郡八幡
	西川玉之助	1864	43	兵庫県多紀郡篠山
	竹内繁次郎	1864	43	滋賀県甲賀郡石辺村
	田中友次郎	1864	43	山梨県中巨摩郡三恵村
	松本亀太郎	1864	43	高知県安芸郡田野村
	藤井小次郎	1864	43	山口県阿武郡萩町
	藤野　栄	1864	43	愛媛県伊予郡松前村大字筒井
	小林勇次郎	1864	43	愛媛県名古屋市小林町
	下田吉兵衛	1864	43	長崎県南高来郡安市村
	伊藤小三郎	1864	43	佐賀県佐賀郡神野村
	川上賢三	1864	43	佐賀県東松浦郡呼子村大字呼子
	志方虎之助	1864	43	長崎県北松浦郡吉井村
	乾　丑太郎	1865	42	神奈川県三浦郡横須賀市元町
	大羽豊吉	1865	42	宮崎県東臼杵郡北浦村
	川北筑太郎	1865	42	滋賀県滋賀郡膳所町
	吉田　耕	1865	42	京都府京都市下京区珠数屋町
	辻川要助	1865	42	長崎県志岐郡石田村
	高阪景顕	1865	42	鳥取県鳥取市東町
	菊池音之助	1865	42	長野県南佐久郡北相木村
	森尻甲一郎	1865	42	群馬県韮川郡台の郷
	針生安次郎	1865	42	宮城県仙台市河原町
	野矢市太郎	1865	42	東京府東京市本所区押上町 14 番地
	坂本　格	1865	42	福岡県八女郡豊岡村大字本分
	箕輪正英	1865	42	福井県

学歴または出身学校	満洲における現職
塾(中村敬宇)	三省洋行主
東京外国語学校	日野商会主
	牛荘ホテル主
福島県師範学校　栃木県医学校	医師
	日の出ホテル主
	徳海屋商会主
	秋田商会主任
	三和洋行主
塾(馬場辰猪)	松庫洋行主任
	大和商会主
	柏井洋行主
	庄野支店主
	澤井組代表
	日新館主
	土建請負業
	橋本組出張所主任(土木建築業)
	伊野商会主
帝国大学予備門	特許阿片総局総弁
第三高等学校　セントラル大学(米国)	クンストアルベルト商会顧問
	鉄道輸送業
	東亜興業合資取締役
	昌図公司長
	藤井組長
	矢野商会主任
	小林商会主
	順吉洋行主
	横浜正金銀行出張所主任
唐津中学	運送業
医術開業試験合格(独学)	医師
	十字堂主
	日本貿易商会主
	川北組長
	吉田運漕店主
	辻川商行主
	高阪洋行主
	東信医院長
	陸海軍用達業
	長春興支店長
	泰安客桟
東京法学院	日東洋行主
陸軍教導団	支那語学校校長

世代	氏名	生年	年齢	出身地
（第二世代）	井上利八	1866	41	広島県沼隅郡水呑村
	堀内高一	1866	41	長野県東筑摩郡錦部村
	小笠原長政	1866	41	福岡県田川郡大任村
	大草村明	1866	41	宮崎県都城
	河盛恒治郎	1866	41	大阪府堺市新在家町
	田中得三郎	1866	41	埼玉県北足立郡南平柳村
	上野　作	1866	41	福岡県福岡市船津町
	氏家嘉作	1866	41	福島県伊達郡睦合村
	矢野健次郎	1866	41	静岡県田方郡網代町
	安斎源一郎	1866	41	群馬県勢多郡桂萱村字三俣
	荒川勇男	1866	41	鹿児島県鹿児島市二本松馬場
	坂井慶治	1866	41	新潟県新発田町
	太田秀次郎	1866	41	長野県小諸町
	加悦喜一郎	1866	41	長崎県長崎市引地町
	海南右門	1866	41	新潟県苅羽郡柏崎町
	河崎安次郎	1866	41	京都府京都市下京区諏訪町的場 121 番地
	上野正太郎	1866	41	鹿児島県日置郡伊作村
	松本外吉	1866	41	石川県金沢市
	権太親吉	1866	41	山梨県甲府市和田平町
	北村文徳	1866	41	滋賀県滋賀郡仰木村
	幡田義之助	1867	40	山口県玖珂郡柳井
	西野菊次郎	1867	40	山口県赤間関市後地村
	大浦元三郎	1867	40	熊本県鹿本郡大浦村
	金子　基	1867	40	愛媛県伊予郡三津浜町
	中牟田五郎	1867	40	佐賀県佐賀市
	秋富久太郎	1867	40	山口県厚狭郡藤山村
	安部林右衛門	1867	40	岩手県上閉伊郡土淵村
	南　元枝	1867	40	高知県香美郡夜須村
	田仲角平	1867	40	福岡県遠賀郡折尾村大字則松
	図師庄一郎	1867	40	宮崎県延岡
	野村綱吉	1867	40	鹿児島県鹿児島郡伊敷村下伊敷
	木原千楯	1867	40	熊本県熊本市上通町 59 番地
	島崎隆一	1867	40	石川県羽咋郡志雄村
	七里恭三郎	1867	40	新潟県北蒲原郡新発田町
	米島豊次郎	1868	39	富山県高岡市
	中村敏雄	1868	39	山口県都濃郡福川村
	森本喜與蔵	1868	39	兵庫県篠山藩
	飯塚松太郎	1868	39	岡山県御津郡鹿田村
	市田三郎	1868	39	滋賀県彦根町
	今村春逸	1868	39	大分県日田郡中川村
	梁瀬和紀	1868	39	長崎県南松浦郡福江村

学歴または出身学校	満洲における現職
	井上公司主
	宝商行主
	奉天館
	大草洋行主
	河又支店長
	鹿嶋組員
	志岐組出張所主任
	氏家組長
静岡県師範学校	山縣大連主任
	満洲日報支店主任
海軍主計学校	荒川工程局長
シカゴ商業学校	成三商行主
明治法律学校	民団役所理事
	加悦商会主
	有馬組出張所主任
	河崎組長
	北辰公司
東京和仏法律学校	郵便電信支局長
	権太商店主
	居留民会理事
	喜久洋行主
	西野商会主
独逸学協会学校(専修科)	大浦洋行主
	玉井商店主任
帝国大学(林学士)	東亜興業合資社長
	秋田商会支店主任
	満韓塩務公司専務取締役
獣医医術開業試験・医術開業試験合格(独学)	家畜病院長
	志岐組主任
日本法律学校　高等文官試験合格	満洲商業株式会社支店長
鹿児島造士館高等学校	三義商会主
明治法律学校	長春興木原兄弟商会主
	東洋洋行主
東京外国語学校　明治法律学校	日本人会長
原塾	志岐組技師
	宅合名会社満洲総支配人
兵庫県立薬学校	合名会社博済堂代表，薬剤師
日清貿易研究所	飯塚工程局長
	近江洋行主
東京済生学舎	遼東病院長
	梁瀬洋行主

世代	氏名	生年	年齢	出身地
(第二世代)	向野堅一	1868	39	福岡県鞍手郡新入村
	後藤勇太郎	1868	39	東京府東京市下谷区南稲荷町
	石光真清	1868	39	熊本県熊本市京町1丁目111番地
	長谷川辰次郎	1868	39	新潟県南蒲原郡森町
	村上　真	1868	39	熊本県熊本市東坪井町8番地
	則武佐五郎	1868	39	岡山県岡山市南方町346番地
	山下五郎	1868	39	熊本県上益城郡七滝村
	柳原　蚊	1868	39	島根県杵築
	寺田駒二郎	1868	39	滋賀県滋賀郡下阪本村唐崎
	三崎賢二	1868	39	大阪府下三島郡茨木町大字茨木
	柴田虎太郎	1868	39	岡山県下勝山町
第三世代	加藤宇太郎	1869	38	香川県高松市塩屋町
	吉弘寛英	1869	38	福岡県三池郡三池町
	武石房吉	1869	38	秋田県雄勝郡山田村
	中根　斎	1869	38	熊本県八代郡鏡町
	永清文次郎	1869	38	長崎県長崎市樺島町
	中島完平	1869	38	長崎県西彼杵郡時津村
	永井八次郎	1869	38	熊本県飽託郡中緑村
	柳原又熊	1869	38	熊本県熊本市寺原町
	前田豊三郎	1869	38	岐阜県可児郡平牧村
	松岡作次郎	1869	38	新潟県岩船郡八幡村
	有賀定吉	1869	38	長野県諏訪郡落合村
	佐川重蔵	1869	38	大阪府
	佐藤吉太郎	1869	38	長崎県長崎市西泊郷
	岡野平九郎	1869	38	山口県熊毛郡浅江村
	米田謹七	1869	38	愛媛県喜多郡五十崎村
	中村得三郎	1869	38	大分県中津
	松村東一	1869	38	大分県東国東郡安岐町
	柴田顕一	1869	38	福岡県
	岩崎源三郎	1870	37	長崎県長崎市酒屋町
	長谷川栄太郎	1870	37	京都府京都市下京区
	千村春次	1870	37	山口県都濃郡徳山町
	大庭仙三郎	1870	37	静岡県浜松町
	世津谷鋭次郎	1870	37	岡山県岡山市広瀬町
	田辺源吉	1870	37	福井県
	田中良蔵	1870	37	兵庫県美方郡村岡町
	田辺猛雄	1870	37	高知県幡多郡十川村
	村上常之進	1870	37	愛知県宇摩郡野日村
	上田久衛	1870	37	愛媛県喜多郡粟津村
	松倉善家	1870	37	熊本県熊本市
	河野林太郎	1870	37	鹿児島県始良郡蒲生村

学歴または出身学校	満洲における現職
日清貿易研究所	茂林館
	書画骨董商
陸軍士官学校	日清通商株式会社長春出張所長
	長谷川組主
春日猶興学舎	瑞穂洋行主
塾(日笠義塾：漢学)　台湾総督府国語学校	則武木局長
第一高等学校	秋田商会支店長
東京専門学校(中退)	安東新報主筆
	寺田商会主
大阪英和学舎　塾(三楽館：漢学)	金平洋行主
横浜英語学校	大倉組社員
	加賀藤洋行主
	志岐組支店副支配人
同志社	松茂洋行総支配人
熊本医学校(中退)	大倉洋行員
	行政委員
長崎医学専門学校	開業医
	吉村商店出張所主任
	日本塩業公司庶務課長
	前田洋行主
新潟中学校	三重洋行出張所主任
東京工手学校	菅原工務所支店長
大阪商業講習所	佐川洋行主
	佐藤商会主
	喜久旅館
	米田洋行主
東京高等商業学校	正金銀行支店長
塾(荒木塾：漢学)	遼東通運公司社員
明治法律学校	柴田組長
	肥塚大連支店主任
	宝円洋行主
	千村商店主
	山葉洋行主任
	鹿嶋組代表
	朝日屋主人
	御門商会主
東京医科大学	田辺医院長
	村上商会主
慶應義塾	上田商会主
日清貿易研究所	東肥洋行主
	力武精米所支店主任

世代	氏名	生年	年齢	出身地
（第三世代）	青木参次郎	1870	37	鹿児島県鹿児島市堀江町
	佐藤至誠	1870	37	宮崎県西臼杵郡七折村
	島崎傳治	1870	37	埼玉県北埼玉郡下忍村
	塩田傳吉	1870	37	山口県赤間関市岬之町
	庄司鐘五郎	1870	37	島根県松江市
	杉田数二	1870	37	福井県福井市篏川上町
	渡辺　武	1870	37	山形県米沢市藏之内町
	川上浄介	1870	37	鹿児島県垂水村
	横田正基	1870	37	高知県北村
	高橋貞二	1870	37	愛媛県新居郡泉川
	山中良徹	1870	37	福井県敦賀町字3番地
	小嶋余四三	1870	37	京都府天田郡福知山町
	井上泰三	1871	36	兵庫県出石郡
	鳥飼武二郎	1871	36	兵庫県揖保郡龍野村
	富永鏻太郎	1871	36	愛知県名古屋市北三丸
	小山田篤太郎	1871	36	奈良県添上郡柳生村大字柳生
	川久保鐵三	1871	36	大阪府大阪市天王寺
	勝　卓郎	1871	36	岐阜県恵那郡遠山村大字上手手向
	川上泰蔵	1871	36	熊本県天草郡島子村
	早乙女忠国	1871	36	栃木県河内郡姿川村大字幕田
	中野福松	1871	36	山口県下関東南部町
	増田又七	1871	36	埼玉県北葛飾郡豊岡村
	高野吉太郎	1871	36	茨城県水戸市
	後藤吉太郎	1871	36	茨城県稲敷郡清田村
	三船秋香	1871	36	秋田県由利郡河内村
	樋口智一	1871	36	佐賀県杵島郡武雄町
	細　駿郎	1871	36	広島県安芸郡牛田村字1370番地
	河内圭司	1871	36	宮城県仙台市
	下村　亘	1871	36	徳島県出来島町
	戸田芳助	1872	35	愛媛県新居郡飯岡村
	値賀　連	1872	35	長崎県北松浦郡平戸村
	土屋熊吉	1872	35	千葉県山武郡横芝町
	九鬼栄助	1872	35	大阪府大阪市西区幸町4丁目
	山崎信樹	1872	35	高知県長岡市
	山田浩三	1872	35	長崎県南松浦郡大浜村
	坂本和吉	1872	35	高知県香美郡佐古川逆川
	三谷末治郎	1872	35	香川県三豊郡粟井村
	加藤久雄	1872	35	長崎県南高来郡島原村
	岩間徳也	1872	35	秋田県由利郡本荘町16番地
	高野吉之助	1872	35	鹿児島県鹿児島市泉屋町101番地
	高井要作	1872	35	長野県下伊那郡松尾村

学歴または出身学校	満洲における現職
	商店主
東京和仏法律学校	石炭商
東京工手学校	営口工程総局副工程司
	塩田洋行主
欧露遊学	荘司商会主
	杉田洋服店大連支店主
	武富組主任
明治法律学校	満洲日報支局通信員
	帝国軍人後援会
	達磨商会主
	山中組長
塾(漢学数学)	印刷会社重役
神戸商業講習所	三井物産奉天支店長
	幸武洋行主
	土建請負業
奈良県中学校　攻玉社(土木科)	臭水屯煉瓦製造所主
明治法律学校	川久保洋行主
	永盛洋行主
	川上組主
東京水産講習所	関東都督府技師
	中野商行主
	営口工程総局顧問
	磯部合名支配人
	川村洋行支配人
	写真館主
	台湾館主
	細洋行主
	河内組主
	下村洋行主
慶應義塾	松茂洋行支配人
東京帝国大学	弁護士
	南総洋行主
	東清公司金升洋行主
第二高等学校　帝国大学法科(中退)	盛京書局自由通信社
	山田洋行主
明治法律学校	白川公司支配人
日清貿易研究所	関東洋行主
	崎陽館主
秋田中学校　東亜同文書院	関東州公学堂南金書院長
	江口公司支配人
	英治洋行主

世代	氏名	生年	年齢	出身地
（第三世代）	安原武平	1872	35	徳島県名西郡高原村
	荒井　栄	1872	35	北海道勇仏郡植苗村
	清水友三郎	1872	35	愛知県名古屋市長者町 33 番地
	平岩曼三郎	1872	35	長崎県平戸
	井上三之助	1873	34	長崎県高来郡島原
	板谷丈夫	1873	34	兵庫県宍栗郡山崎町
	一瀬忠次郎	1873	34	長野県下伊那郡飯田町
	橋本新平	1873	34	大分県大野郡今市
	林　継次郎	1873	34	岐阜県稲葉郡島村東島
	太田垣市	1873	34	兵庫県朝来郡梁瀬村
	梶野喜重郎	1873	34	愛媛県松山市木屋町
	金子四郎	1873	34	東京府東京市浅草区小島町 19 番地
	河野　栄	1873	34	愛媛県喜多郡喜多
	安達　都	1873	34	宮城県仙台市
	島崎金一	1873	34	佐賀県杵島郡大町村
	白川友一	1873	34	香川県綾歌郡造田村字今田
	森脇源馬	1873	34	高知県長岡郡大津村
	石川宗雄	1873	34	香川県丸亀市字地方
	川上好次郎	1873	34	長野県南佐久郡川上村
	高橋庄之助	1873	34	北海道札幌市北三条西 3 丁目
	榎本　要	1873	34	兵庫県神戸市南仲町
	小岩信吉	1873	34	岐阜県岐阜市稲東
	城戸小四郎	1873	34	京都府京都市
	三橋寛吉	1873	34	佐賀県三養基郡麓村
	大庭船太郎	1873	34	鳥取県鳥取市
	岡村　泉	1873	34	群馬県北甘楽郡富岡町
	鹿島清三郎	1874	33	大阪府大阪市北区冨田町
	米田悦治	1874	33	福岡県京都郡行橋村
	中島右仲	1874	33	長崎県埴科郡中之条村
	野澤長次郎	1874	33	富山県
	間原徳太郎	1874	33	茨城県新治郡土浦町
	白井　潔	1874	33	京都府京都市洛東東清水 3 丁目
	角　慶一	1874	33	佐賀県藤沢郡小鹿島村大字中村
	井上健蔵	1874	33	大分県下毛郡桜洲村 423 番地
	浜井松之助	1874	33	島根県松江市
	吉原常三郎	1874	33	福岡県福岡市
	紅田小一	1874	33	福岡県田川郡金川村大字糒
	湊　守麿	1874	33	広島県広島市西新町 28 番地
	天春又三郎	1874	33	三重県桑名郡益生村
	飯田正蔵	1874	33	山口県阿武郡萩町堀内村
	鳥合八十二	1875	32	長崎県北高来郡諫早村

学歴または出身学校	満洲における現職
	安原洋行主
	日清通運公司昌図支店長
横浜商業学校	東亜煙草株式会社主事
日清貿易研究所	万義和商会主
	井上洋行主
京都医学専門学校	同仁医院長
医術開業試験合格（独学）	一瀬病院長
	写真館主
	英組主任
	大連競売所主
愛媛中学校	陸軍用達
東京専門学校	海関幇弁
大洲尋常中学校	喜多商行主
日比谷中学校	三泰公司主任
東京済生学舎	病院長
東京成城学校	白川鉄道通運公司
	泰東公司
日清貿易研究所	居留民会長，日本人会幹事長
	日清公司
	満洲運輸公司
	榎本組長
	東洋煙草会社主任
	鳳凰公司主
	山縣支店主任
東京高等商業学校	三井物産社員
	岡村洋行主
絵画塾（野口暁斎師）	御門写真館主
	米田洋行主
東亜同文書院	東三洋行主
	小樽木材大連出張所長
	松茂洋行会計主任
	丸重洋行主
	小笠原薬房支店支配人
	井上洋行主
	大阪屋號書局主
日清貿易研究所　東京高等商業学校	東亜煙草株式会社専売所主事
	三信洋行主
江田島海軍兵学校	守平洋行主
	水道電気（株）支配人
東京中学校	永田薬房主任
滋賀県商業学校　陸軍教導団	力武洋行支店主任

世代	氏名	生年	年齢	出身地
（第三世代）	大久保易治	1875	32	宮城県仙台市
	辻　慶太郎	1875	32	佐賀県小城郡三日月村大字織島
	南條盤二	1875	32	群馬県邑楽郡館林町
	上野政則	1875	32	宮崎県宮崎町
	山下永幸	1875	32	高知県長岡郡本山村
	深水　静	1875	32	熊本県芦北郡津奈木村
	小鳥井虎雄	1875	32	長崎県東彼杵郡彼杵村
	木村政平	1875	32	福岡県企救郡板櫃村
	塩谷友輔	1875	32	東京府東京市下谷区御徒士町 3 丁目 7 番地
	長谷川和平	1875	32	新潟県中蒲原郡川東村
	上原茂吉	1875	32	香川県高松市
	阿部照太郎	1875	32	東京府東京市下谷区上野町
	清水虎蔵	1875	32	鳥取県東伯郡倉吉字堺 1 丁目
	塩川峯吉	1875	32	福岡県若松町
	星野耕作	1876	31	石川県鳳至郡櫛比村
	大森弘資	1876	31	愛媛県越智郡今治町
	田実　優	1876	31	鹿児島県日置郡上伊集院村
	高橋捨一	1876	31	福井県福井市
	谷口五兵衛	1876	31	鹿児島県噌唹郡志布志
	曽根新三	1876	31	京都府京都市間町
	中村栄吉	1876	31	栃木県宇都宮市宿郷
	鉄谷政造	1876	31	長崎県長崎市大村町
	菊池吉蔵	1876	31	山形県西村山郡大名村
	三好真文	1876	31	広島県
	宮城静雄	1876	31	千葉県市原郡菊間村
	渡辺茂一郎	1876	31	鹿児島県鹿児島市西千石町 48 番地
	和登佐吉	1876	31	大阪府南河内郡柏原村
	鎌田善太郎	1876	31	香川県大川郡志度町
	中井国太郎	1876	31	愛媛県北宇和郡立間尻
	野村龍次郎	1876	31	鹿児島県揖宿郡山川村
	山中総太郎	1876	31	高知県安芸郡中山村
	藤谷房之助	1876	31	山口県熊毛郡島田村
	河野正二郎	1876	31	鹿児島県鹿児島市
	古賀角左右衛門	1876	31	長崎県南松浦郡大浜村
	京谷松次郎	1876	31	石川県江沼郡山城村
	宮本五市	1876	31	大分県下毛郡大江村字蠣瀬
	三浦久三	1876	31	山口県山口町堅小路
	嶋名福十郎	1876	31	鹿児島県鹿児島市下龍金町 179 番地
	石丸秀太郎	1877	30	福岡県三井郡小郡村
	伊東幸蔵	1877	30	神奈川県神奈川市西之町
	西川　博	1877	30	長崎県長崎市馬町

学歴または出身学校	満洲における現職
	石橋駅機関庫主任
薬剤師試験合格・医師開業試験合格(独学)	弘済医院長
	日本製粉(株)出張所主任
第五高等学校	営口中等商業学堂教習
	運送業
第五高等学校　東京帝国大学(政治学科)	正隆銀行支配人
長崎医学専門学校	医院長
	関東魚市場専務取締役
	中村文治商店出張所主任
東京済生学舎	医師
	高松洋行主
慶應義塾	三林煙公司代理店(煙草販売)
	三七商会主
	塩川商会主
大阪商業学校　東京水産伝習所	明治工程局主任
東京工手学校	営口道台工程総局絵図師
善隣書院(支那語)	石油綿布卸売
	高橋組長
	土建請負業
東京支那語学校	曽根洋行主
	栄昌洋行主
東京高等商業学校(中退)	鉄屋出張所店主
	東和公司
	日華洋行主
英和学校	写真館主
鹿児島高等中学造士館	渡辺公司
	和登商行
	鎌田洋行主
東京水産講習所	製粉会社常務
	日升洋行主
中央法学院	昌図公司支店長
山口中学校	湧起公司主任
東京高等商業学校	第一銀行主任
	古賀洋行主
	東清公司鉄嶺支店長
大分県立中学	東清通運公司主任
	三浦組主
鹿児島高等中学造士館	隆泰公司
	東組長
小学卒後，塾で英語・漢学を３年間学ぶ	伊東洋行主
京都帝国大学(理科大学土木工学科)	西川工務所主任

世代	氏名	生年	年齢	出身地
（第三世代）	川島藤蔵	1877	30	三重県津市八幡町
	川畑喜十郎	1877	30	鹿児島県鹿児島市
	請　昌作	1877	30	和歌山県東牟婁郡新宮町
	山西又一	1877	30	広島県高田郡吉田町
	山下善五郎	1877	30	佐賀県東松浦郡呼子村
	松元藤太郎	1877	30	鹿児島県鹿児島市堀江町
	出島定一	1877	30	島根県那珂郡井野村
	片岡林吉	1877	30	愛知県知多郡坂井村
	田中藤吉	1877	30	奈良県吉野郡吉野村飯貝
	村木助治	1877	30	兵庫県揖保郡神部村那波野
	矢島栄一郎	1877	30	長野県諏訪郡上諏訪町
	境　岬	1877	30	福岡県三池郡上池内村
	杵淵孫蔵	1877	30	神奈川県横浜市初音町
	伊木虎吉	1878	29	熊本県下益城郡隅庄町
	長谷川吉次郎	1878	29	大阪府大阪市東区船越町２丁目
	中馬龍造	1878	29	兵庫県姫路市
	大関誠一郎	1878	29	新潟県中蒲原郡白根町
	高柳　昇	1878	29	長崎県長崎市下筑後町
	辻　嘉六	1878	29	岐阜県厚見郡
	黒沢易徳	1878	29	秋田県秋田市
	朽網宗一	1878	29	福岡県三潴郡大莞村
	山田福太郎	1878	29	東京府東京市京橋区築地２丁目１番地
	山田　馨	1878	29	新潟県
	松井甚四郎	1878	29	富山県中三川郡上市町
	増田英一	1878	29	愛媛県今治町
	伊藤　寿	1878	29	福島県安達郡二本松町
	今山忠次郎	1878	29	大阪府大阪市東区釣鐘町２丁目
	芳谷政次郎	1878	29	香川県高松市南新町
	伊藤兵一	1879	28	奈良県奈良市
	井阪濱五郎	1879	28	茨城県久慈郡金郷村
	鎌田兼助	1879	28	大阪府北河内郡星田村
	臼井忠三	1879	28	神奈川県横浜市
	山下作次郎	1879	28	和歌山県西牟婁郡日置村
	町田新八	1879	28	鹿児島県肝属郡垂水村
	松本圓次郎	1879	28	三重県阿山郡上野町
	伏見喜久太	1879	28	岡山県岡山市
	児玉宗敬	1879	28	東京府東京市京橋区五郎兵衛町
	鈴木長吉	1879	28	東京府東京市京橋区本港町
	石原正太郎	1879	28	富山県婦負郡百塚村
	林　房吉	1879	28	滋賀県犬上郡彦根町字芹橋
	岡部　直	1879	28	熊本県天草郡今津村

学歴または出身学校	満洲における現職
	永順洋行奉天主任
	川喜鉄工所主
	松江木局主任
広島中学校	英人旗昌洋行員
	漁民義団山下組長
	松元商会主
三井物産会社海外修学生	商社
	梅原商会支店員
	田中ビルブローカー
	村木洋行主
	長寿堂薬房主
京都医科大学	安東同仁医院長
	三友洋行主
	熊本旅館主
	荷捌洋行主
京都薬学校	中馬薬局主
東京専門学校	井上公司社員
日清貿易研究所	東省公司
	吉川組長
順天中学校	海関幇弁
東京高等商業学校	志岐組商業部主任
東京工手学校　東京高等工業学校(中退)	建築請負業
	営口煉瓦製造所主任
富山中学　第四高等学校　帝国医科大学	営口同仁病院院長
コロムビア大学	江商合資会社主任
東京済生学舎	清国衛生顧問
	丸越呉服支店主
塾(藤沢南岳：儒学)	高松号主
	官庁用達
水戸中学　東京高等商業学校	営口海関職員
	商業会議所議員
東京工手学校	飯塚工程局員
専修学校	東亜洋行主
高山歯科学院	歯科医
愛志社(三重県)　岩倉鉄道学校　東京工手学校	工程総局測量士
慶應義塾	原田商会運輸部主任
	川村洋行副支配人
	日清通運公司主任
東京高等商業学校	石原洋行主
京都薬学校	泰成公司員
九州学院	遼東新聞支局長

世代	氏名	生年	年齢	出身地
(第三世代)	渡辺作左衛門	1879	28	鹿児島県鹿児島市西千石町 48 番地
	高瀬　敏	1879	28	大分県下毛郡高瀬村
	津村専一	1879	28	福岡県山門郡沖端村筑紫
	柳沢広三郎	1879	28	長野県更級郡更府村 197 番地
	矢中龍次郎	1879	28	茨城県北条町
	松島敬三	1879	28	熊本県八代郡瀧峰村大字東川田
	木村欽一	1879	28	佐賀県鹿島
	杉山武一	1879	28	東京府東京市神田区東龍閑町 8 番地
第四世代	井田茂三郎	1880	27	島根県
	石本権四郎	1880	27	東京府東京市
	柄澤秀三郎	1880	27	新潟県中蒲原郡村松町
	川崎喜三郎	1880	27	東京府東京市四谷区伝馬町 1 丁目
	田中常松	1880	27	三重県一志郡高岡村
	中元朋蔵	1880	27	京都府丹後郡宮津町
	上野源次	1880	27	福井県今立郡岡本村字大瀧
	野尻浅次郎	1880	27	愛知県名古屋市花車町
	山本雪三	1880	27	山口県佐波郡富海村
	佐藤昌一	1880	27	東京府東京市麻布区新門前町 1 番地
	岩崎清次郎	1880	27	鹿児島県揖宿郡今泉村
	長谷川作次	1880	27	石川県金沢市下伝馬町
	渡辺武夫	1880	27	宮城県仙台市東 4 番町
	高浜麟太郎	1880	27	長崎県西彼杵郡蚊焼村
	村井周次郎	1880	27	長崎県東彼杵郡川棚村
	久米甚六	1880	27	佐賀県佐賀郡嘉瀬新村
	増井茂松	1880	27	三重県宇治山田市河崎町
	古賀羊太郎	1880	27	佐賀県佐賀郡新北村
	甘利四郎	1880	27	長野県上水内郡三輪村
	斎藤　進	1880	27	長崎県壱岐郡某村
	大谷要造	1881	26	大阪府大阪市北区伝馬市場
	小笠原辰次郎	1881	26	長崎県佐世保市元町
	内海専吉	1881	26	広島県蘆品郡府中町
	杉山清一	1881	26	山口県大津郡三隅村
	二本松亀蔵	1881	26	福島県相馬郡小高町字岡田
	土井朝松	1881	26	長崎県北高来郡小野村
	和登良吉	1881	26	大阪府南河内郡柏原村
	藤川栄三	1881	26	佐賀県小城郡晴田村
	諸石熙一	1881	26	佐賀県愛沢郡西嬉野村
	森井貫之	1881	26	兵庫県揖保郡龍野町
	岩田彦次郎	1882	25	神奈川県足柄下郡二川村
	榊原康吉	1882	25	愛知県知多郡半田町
	芝田小三郎	1882	25	和歌山県西牟婁郡瀬戸鉛山町

学歴または出身学校	満洲における現職
	薩摩屋旅館主
慶應義塾	高瀬洋行主
長崎医学専門学校	杏林医院
仙台医学専門学校	吉長鉄路公司顧問医
錦城中学校	穴原商会主任
東亜同文書院	昌図公司支店長
日本法律学校	吉林法政学館教習
	日清通商株式会社員
東京工手学校	営口道台工程総局副工程司
日本中学　明治学院(中退)	不詳
慶應義塾	蔬菜市場専務取締役
	萬松号支店主任
	材木販売業
	徳芳紙煙局
兵庫県商業学校　東亜同文書院	営口中等商業学堂教習
	服部洋行主
台湾協会学校	東洋協会員
大阪商業学校(支那語学科)　攻玉社	営口道台工程総局絵図司
	岩崎組主
東京外国語学校	三井洋行支店主任
東亜同文書院	知県衙門応聘者
長崎中学校　法学院(中退)	合同公司
長崎医学専門学校	杏林医院
東京高等商業学校	日陽商会支店主任
東京外国語学校	巡警総局兼交渉局顧問
東京外国語学校	同興桟主
東京外国語学校	日本人会理事
	斎藤洋行主
	大谷商会支配人
長崎第五高等学校医学部薬学校	小笠原薬房第三支店主
東京歯科医学院	歯科医院長
藤中学(中退)	山田洋行主任
	熊沢洋行主任
熊本医学校	清国巡警局
	和登洋行主
陸軍教導団	雑貨商
佐賀県立中学校	兵士(徴兵)
東京専門学校	森泰号薬房
錦城学校(大阪)	岩田洋行主
名古屋商業学校	小栗洋行出張所主任
東亜商業専門学堂	東亜洋行行員

世代	氏名	生年	年齢	出身地
(第四世代)	城　始	1882	25	熊本県熊本市京町
	瀬尾栄太郎	1882	25	徳島県阿波郡
	石垣清一	1882	25	和歌山県伊都郡名倉村
	稲垣兵治	1882	25	京都府相良郡中和東村
	中村順之助	1882	25	福島県若松市大町
	倉岡　岩	1882	25	鹿児島県薩摩郡平佐村字平佐
	坂元国尾	1882	25	石川県羽咋郡樋川村字柳瀬
	羽生秀雄	1883	24	東京府南足立郡千住町元中組
	西宮房次	1883	24	東京府東京市芝区田町5丁目4番地
	野村健次	1883	24	香川県小豆郡前羽町
	秋山保太郎	1883	24	石川県能美郡小松町
	藤平泰一	1883	24	富山県射水郡櫛田村
	小出英吉	1883	24	東京府東京市麻布区六本木町1番地
	東海林光治	1883	24	神奈川県足柄下郡湯本塔の沢
	馬場善吉	1884	23	兵庫県揖保郡林田村
	松井　徹	1884	23	長崎県北松浦郡小佐々村
	広瀬吉太郎	1884	23	富山県西砺波郡石動町
	石合忠一	1884	23	大阪府大阪市東区高麗橋3丁目7番地
	小柳雪生	1884	23	熊本県葦北郡水俣村
	出雲喜之助	1886	21	石川県能美郡小松町
	妹尾君美	1887	20	鳥取県西伯耆郡巌村
生年不詳	岩田熊吉			滋賀県
	寺本泰巖			不明
	白井喜之次			新潟県
	井上好徳			東京府東京市芝区三田四国町28番地
	早間正志			広島県甲山町
	柏原孝久			東京府
	柳生亀吉			福岡県小倉
	近藤九一			高知県
	安東貞元			不詳
	佐藤吉太郎			長崎県長崎市西泊郷

学歴または出身学校	満洲における現職
工業学校(私立)	営口道台工程総局製図司
東京外国語学校	松茂洋行主任　行政委員
	木本洋行主
	金二商会主
東亜同文書院	清国知県衙門顧問
東京外国語学校	天益桟主
	日清通商株式会社員
東京専門学校	江守組員
	三井物産社員
	野村洋行主
	英治洋行主
	藤平洋行主
塾(善隣書院)	無職
東京外国語学校	東亜煙草株式会社出張所主任
東京専門学校　専修学校	大里精糖会社営口主任
平戸中学猶興館　東亜同文書院	松茂公司
	広瀬洋行主
	日本刀剣公司主任
東京外国語学校	日本人会事務所員
石川県中学校	名利洋行主
中央商業学校	関東洋行主(日本製粉公司代理店)
	炭鉱業
	駐錫本派本願寺布教師
甲申学舎(簿記学校)	白井旅館
東京高等商業学校	三井物産支店長
	陳列館長
府立中学	東亜通信社支局主任
	柳生組長
	松茂洋行主任
	居留民会理事
東京外国語学校	佐藤商会主